JN294253

国際貿易関係論講義

山下　睦男
仙頭　佳樹

はしがき

　1985年3月24日に、今は亡き恩師であった碓井陽一先生（当時は、北九州大学名誉教授）と山下（当時、八幡大学）および仙頭（神戸市外国語大学）の3人で、北九州貿易協会より「貿易論講義」という書名のテキストが上梓されてから、およそ20年の歳月が流れてしまった。

　刊行後の数年間は、それぞれが関係する大学でテキストとして使用されてきたが、碓井先生が残念ながら他界されてからは、資料の陳腐化やそれぞれの考えもあって、独自の新たなテキストを使用して今日に到っている。

　この20年の間に、日本では、バブル崩壊後の90年代の「失われた10年」に続くデフレ不況に見舞われ、05年2月16日の内閣府発表の04年10－12月期の国内総生産（GDP）速報でも、3四半期連続のマイナス成長が報告され、脱デフレか、それとも景気後退の局面なのか、見方が二分されているようであるが、いずれにしても、相変わらず日本経済に元気がないと考えるのは私1人ではあるまい。

　また、もう一方で世界に目を転じてみると、中国の04年の総輸出額が日本を抜いて米・独に次ぎ世界第3位になり、日本にとって戦後初めて米国を抜いて最大の貿易相手国となったが、近い将来にそうなるであろう事は予想の範囲内であったにもかかわらず、実際、そうなったという事実を突きつけられると、いささか驚きを隠せないと同時に、世界経済の新たなる流れを実感せざるを得ないのである。また、05年2月16日には、温室効果ガスの削減を先進国に義務づけた京都議定書も発効し、先進国にせよ開発途上国にせよ、また好むと好まざるとにかかわらず、世界のすべての国々の人々が結束し、共存して生活する地球の環境を改善しようとする画期的プログラムも、いよいよ実行に移されたけれども、さらにまた、その他の数多くの世界の1部、或いは世界全体を巻き込んだ政治・経済的連携の勢いを目の当たりにするにつれ、グローバリゼーションの高まりを沸々と感じる。

　そのような国内外の緩やかな面もあれば激しい面も呈する状況に対して、少しでも解明の糸口にでもなればと考え、20年前の「貿易論講義」を骨格として、

はしがき

「不易」（変わらないもの）は残し、「流行」（変わるもの）は変え、加えるべきは大幅に新たに補足するという原則の下に本書を上梓した次第である。

本書は4部より構成されている。すなわち、第1部は貿易理論と日本の貿易と題して、比較優位の理論、要素賦存比率理論、プロダクト・サイクル論、産業内貿易と規模の経済・製品差別化および国際収支の構造を解りやすく説明し、それに即した日本の貿易のこれまでの変化が解明されている。

第2部では、貿易実務が取り上げられ、貿易マーケティング、オファー、「値段」の意味、見積書の問題、インコタームズ、信用状、船積書類、貿易取引における危険と対策および貿易保険が取り上げられ、現在の国際物流の急激な変化や手続の電算化にもかかわらず、失ってはならない貿易実務の基本原則が説明されている。

第3部では、躍進著しい中国経済が取り上げられ、中国独特の求償取引による物資協力、企業の経営規模の日中比較および流通業の現状と流通業改革案が取り上げられ、1979年の改革開放政策以降の、とくに流通業に焦点を当てた歴史、現状、問題点および対策という観点から説明がなされている。

最後の第4部では、中日関係論と題して、近代科学技術と経済との関係から見た中日比較研究の説明がなされているが、結局、ここで追求されているテーマは、中日両国が、古代は別にして、近代以降、似たような歴史を辿っていたにもかかわらず、一方は小国でありながらも先進国にその名を連ね、逆に、もう一方の大国の中国は、歴史ある4大文明の1国でありながらも、1840年のアヘン戦争以降、日本を含む列強諸国の侵略を100年以上もの長きにわたって受け、そして、1949年の建国以降、56年後の現在、依然として開発途上国の位置にあるけれども、その原因はどこにあったのかという疑問に置換することが可能であり、その原因を追求した部分である。

執筆に際しては、第1部を仙頭（神戸市外国語大学）が、第2部から第4部までを山下（九州国際大学）が担当し、全体の構成については、基本的には、可能な限り統一を図るようにした積もりであるが、それぞれの独自性も尊重しているので多少の違和感もあるかもしれない。

我々の研究を一冊の書物として出版するまでに、恩師の故碓井陽一先生を始めとして、多くの先生方や同僚からさまざまな助言や刺激を頂いてきたが、この場を借りて心よりお礼申し上げる次第である。

最後に、本書が完成するまでに、福岡から北九州まで何度も足を運んで頂き、

3冊目（山下）の関係までに深まった弦書房の三原浩良社長よりの心温まりながらも厳しい「校閲」にお礼を申し上げたい。
　2005年3月24日

著　者

目　次

はしがき …………………………………………………………………… 3

第1部　貿易理論と日本の貿易

第1章　貿易の理論 …………………………………………………… 9

第1節　比較優位の理論（比較生産費説）
第2節　要素賦存比率理論（ヘクシャー・オリーン定理）
第3節　プロダクト・サイクル論
第4節　産業内貿易と規模の経済・製品差別化
第5節　国際収支の構造

第2章　日本貿易の発展 ……………………………………………… 21

第1節　戦後貿易の再建と復興 ── アメリカからの援助と朝鮮戦争 ──
第2節　貿易と為替の自由化 ── 市場開放への途 ──
第3節　資本自由化と産業の国際化
第4節　国際通貨危機と2度の石油危機 ── 激動の70年代 ──
第5節　レーガノミックスからプラザ合意 ── 円高・ドル安へ ──
第6節　日本経済のグローバル化

第3章　地域統合と日本のFTA ……………………………………… 51

第1節　GATT（WTO）と地域統合
第2節　地域統合の類型と経済的効果
第3節　日本のFTA戦略

第2部　貿易実務

第4章　貿易マーケティングからみた海外市場調査の要点・販売経路・"Offer"について ……………………………………………… 69

第1節　海外市場調査についての基本的考え方
第2節　海外市場調査の具体的実施項目
第3節　海外市場調査における基礎調査事項
第4節　相手市場選定のために必要な格付け
第5節　販売経路の考察と"Offer"について
　①直接輸出と間接輸出
　②直接輸出と間接輸出の長所と短所
　③直接輸出の経路

④海外での工場の設立
　　　⑤間接輸出の販売経路
　　　⑥Offerとは？
　　　⑦貿易実務の立場からみた申込書や承諾書の書き方
　　　⑧Offerや承諾書を書く時の注意事項

第5章　貿易取引における「値段」の意味 ……………………………… 85
　　第1節　米国のメーカーからの見積書についての疑問
　　第2節　貿易取引におけるTrade Terms（貿易用語）の意味
　　　〔資料①〕インコタームズ2000（Incoterms 2000）の取引条件　　90
　　　〔資料②〕Incoterms 2000 ── Introduction　　91
　　　〔資料③〕Proposals for Incoterms 2000　　119
　　第3節　貿易取引における"貿易条件（値段）"の選び方
　　第4節　米国におけるF.O.B.の意味について
　　第5節　輸出値段の算定における原価要素について
　　第6節　輸出値段の算定における諸留意事項
　　第7節　貿易取引における値段算定と決済方法との関連

第6章　信用状の機能と活用・船積書類の重要性・貿易取引
　　　　　上の危険と対策 ……………………………………………… 141
　　第1節　信用状とは何か？
　　第2節　L／Cのチェックポイント
　　第3節　L／Cの利用法（売手の立場から）
　　第4節　信用状の取引について注意すべき点
　　第5節　船積書類の重要性と活用
　　　①貿易取引における船積書類の重要性
　　　②船積書類の種類と意義
　　　③船積書類のチェックポイント
　　第6節　貿易取引における危険と対策
　　　①貿易取引における危険について
　　　②貿易マンのための海上保険の知識
　　　③貿易マンのための輸出保険
　　　〔資料④〕貿易保険法　　152

第3部　中国の経済
第7章　中国型求償取引による物資協力について ……………………… 177
　　第1節　はじめに

第 2 節　物資協力の歴史、背景および条件
第 3 節　物資協力の発展段階とその成果
第 4 節　物資協力の現状
第 5 節　物資協力の理論的分析

第 8 章　企業の経営規模に関する一考察 —— 日本との比較を中心に …… 197

第 1 節　歴史と現実
第 2 節　分析と思考
第 3 節　発展と対策

第 9 章　流通業の現状と流通業改革案 …………………………………… 213

第 1 節　流通業の基本的状況
第 2 節　流通企業の問題点
第 3 節　流通業改革案

第 4 部　中日関係論

第10章　近代科学技術と経済との関係からみた中日比較研究 …………… 233

第 1 節　問題意識と研究方法
第 2 節　環境と思想

補　節　ニーダム逆説

第1部　貿易理論と日本の貿易

第1章　貿易の理論

第1節　比較優位の理論（比較生産費説）

各国はなぜ貿易をするのか。また、どのような財を輸出し、どの財を輸入するのか。それは貿易により双方が利益を得ることができるからである。それではその貿易利益はどのような要因によって生み出されるのであろうか。基本的には国内では生産費が高くつく財の国内生産をやめ、その代わりに安い外国産の財を輸入し、それと交換に外国よりも安く生産できる財を輸出するという貿易パターンが決定することで、それにより貿易からの利益を得ることができるということである。以下では「労働が唯一の生産要素であり、商品の価値はそれを生産するのに社会的に必要な労働時間によって規定される」という労働価値説を基に、リカード（D. Ricardo、1817年）に従って、説明していく。彼は、ある国にとって両財が絶対的費用で表して高くても、相対的に考えれば、どちらかの財が相対的に安く生産でき、その財が輸出可能であることを示した。すなわち、貿易は絶対優位ではなく、相対的な生産性（効率性）のみが重要であることを明らかにした。表は有名なリカードの設例で、イギリス（英国）とポルトガルの2国がラシャ（毛織物）とブドー酒の2財を生産し、各財の費用（価格）は生産に必要な労働量とする。

第1-1表　**比較生産費説の例**

	英国	ポルトガル
ラシャ　（1単位）	100人	90人
ブドー酒（1単位）	120人	80人

この表では、ポルトガルは両財とも費用の面で絶対的優位にある。というの

は、ラシャとブドー酒を生産するのに、労働の生産性が絶対的に優位なのでポルトガルはイギリスよりもそれぞれ少ない労働投入ですむからである。言葉を変えれば、ポルトガルは両財とも安く生産可能である。しかし、ポルトガルは両財とも安く生産可能であるが、その絶対的優位にも程度の差がある。以下で、両国間の両財のコストを比較していく。

$$\frac{英国のラシャのコスト（100人）}{英国のブドー酒のコスト（120人）} < \frac{ポルトガルのラシャのコスト（90人）}{ポルトガルのブドー酒のコスト（80人）}$$

上の式は比較生産費と呼ばれるもので、ブドー酒に対するラシャの比較生産費は、英国（左辺）がポルトガル（右辺）よりも小さいことが分かる。それゆえに、ラシャのコストは絶対的にはポルトガルの方が安いが、相対的には英国の方がポルトガルよりも低いことが分かる。それゆえにリカードによれば、貿易パターンとしては両財ともに生産費が高い英国がラシャの生産に特化して、ポルトガルへ輸出することにより利益が得られると示されている。ポルトガルは逆にブドー酒の生産に特化し、それを英国に輸出することになる。

貿易の方向を決める比較優位の理論を一般的に表すと、「各国が比較優位にある産業、すなわち他の財と比較して相対的に安く生産できる産業に特化し、その財を外国と自由に交換すること、すなわち自由貿易は、貿易に参加しているすべての国に利益をもたらす」となる。その理由としては、英国内ではラシャのコストが100に対してブドー酒のコストは120なので交換比率としては、その逆数となり、ラシャ120単位に対してブドー酒100単位となる。それゆえに、英国内ではラシャ1単位は100／120（＝0.8）単位のブドー酒と交換されるが、ポルトガルへ輸出すれば、90／80（＝1.125）単位のブドー酒と交換できるからである。逆にポルトガルでもブドー酒1単位は80／90（＝0.88）単位のラシャとしか交換されないが、英国へ輸出すれば120／100単位のラシャと交換してもらえるからである。両国ともに貿易からの利益を享受できることになる。

＜注意＞貿易後のラシャとブドー酒の最終的な交換比率は、両国の貿易前の交換比率の間で決まるが、それがどこで決定するかについては、両国の需要条件を付け加えたミル（J.S. Mill）の相互需要説により説明される。需要・供給曲線を使った図で分かるように、交換比率（価格比率）は需要曲線と供給曲線の両方が交わる点で決定されるが、リカードの説明では供給側のみの条件しか示

していない。

　比較優位の理論に対しては、貿易をしない状態と貿易が始まった時点での静態的な比較であり、その時点の利益を表していて、激しく揺れ動く現実の経済には必ずしも適用できないという批判がある。例えば、ある財の国際価格がある時点で高価格でも、10年、20年たてば割安になるかも知れない。長期に、さらには動態的に考えれば、産業構造も変化していく。しかし、比較優位の理論に従えば、例えば現在農業に比較優位を持つ農業国はいつまでたっても農業国に特化させられる理論となり、それゆえに比較優位の理論は現状固定論となる。そのため、これをもっと動態的に理解する必要がある。さらに、比較優位の理論では、完全雇用を前提に生産要素の完全移動が行われるので、比較優位構造の変動と国際分業の変化に対応する生産要素移動の時間的ズレが生じ、そこで必要とされる調整コストが無視されている。しかし、現在のように技術進歩や技術革新がスピードアップされ、産業構造変化がめまぐるしく変化する時代には比較優位の変動による失業問題は短期的には解決せず、貿易摩擦が発生していることにも注意をしなければならない。そのため、より摩擦の少ない国際経済関係を樹立するために、積極的に自国の産業構造を比較優位に従って転換していく積極的産業調整政策が必要となる。

第2節　要素賦存比率理論（ヘクシャー・オリーン定理）

　リカードは貿易の方向を決め、貿易利益を生み出す要因として諸国間での生産費の差、すなわち生産技術（労働の生産性）の差をあげていたが、生産技術は時とともに諸国間に移転し、最終的にはすべての国の間で技術が同じになることになる。そのようなケースでもなぜ生産費差が生ずるのかについて明らかにしたのは、ヘクシャー（E. Heckscher）とオリーン（B. Ohlin）で、要素賦存比率理論もしくはヘクシャー・オリーン定理と呼ばれている。これは、比較生産費差の発生する原因を各国の生産要素賦存量の差に求めた理論である。2国間で生産技術に差異がなくても、2国間で生産要素の相対的な豊富さに差があれば各財の生産コスト格差が存在し、貿易の利益が生ずることになり、それぞれの国は相対的に豊富に存在している生産要素を集約的に用いて生産する財に比較優位が生まれ、そうでない財に比較劣位が生まれるという貿易パターン決定を明らかにした。この理論は、労働豊富な国は労働が豊富なことから労働の価格である賃金が相対的に安くなり、その労働を集約的に使用する財が相対的

に安く生産できることから労働集約的な財に比較優位を持ち、逆に資本豊富な国は資本集約的な財に比較優位を持つことを明らかにしたものである。

＜注意＞ この理論からは、さらに自由貿易により両国間で財の価格が均等化すれば、両国での生産要素の価格も均等化する傾向にあるという「要素価格均等化理論」が導かれている。これは資本や労働などの生産要素が国際間で移動しなくても、財が自由貿易されれば生産要素の価格も国際的に均等化するというものである。

レオンティエフ（W.W. Leontief）は産業連関表を使ってアメリカの貿易を分析し、ヘクシャー・オリーン定理を実証しようとした。その結果、1947年のアメリカの輸出財産業の資本／労働比率（14.07）は輸入代替産業（18.18）よりも低いことが示され、実証面からは資本が豊富と考えられていたアメリカが労働集約財を輸出し、資本集約財を輸入していることが示された。この様にヘクシャー・オリーン定理および一般常識とは矛盾する結果が出たので、これを「レオンティエフの逆説」と呼ぶ。その後、各国の計算が試みられたが、その結果は要素賦存比率理論と合致するもの、逆説的なものと様々であった。これを契機にこの理論の諸前提について理論的、実証的な研究が行われてきた。これらの生じた主要な理由としては、以下のものがあげられる。

①労働の質的相違

理論では労働を同質としているが、熟練労働と未熟練労働では大きな違いが存在する。当時、アメリカの労働者は外国よりも3倍の労働の生産性を持っていた。教育水準と労働生産性は高い相関関係にあり、教育水準が高いほど熟練労働となっている。そのため教育投資を資本に換算すると逆説は生じなくなる。

②地域構造への配慮

例えば、1960年代および70年代の日本は開発途上国に対しては、資本豊富国と考えられるが、他の先進国に対しては労働豊富国と考えられていた。その時、日本は開発途上国に対しては資本集約財を輸出し、先進国に対しては労働集約財を輸出しているとすれば、要素賦存比率理論は成立することとなる。

③要素集約性の逆転

経済の発展段階のよく似た国では、生産に関しての要素集約性の逆転は余り重要ではないかも知れないが、資本の希少な開発途上国では、当初、紡績産業が農業よりも労働集約的であっても、経済が発展して工場などが建設されるようになると、紡績産業が農業に比べて資本集約的になることになる。その時、

要素賦存比率理論は理論的に必ずしも成立しないことになる。

第3節　プロダクト・サイクル論

多くの製品には、人間のライフサイクルと同様に製品サイクル（product cycle）があり、そのサイクルの各過程では生産形態（すなわち要素集約性）や貿易形態は大きく異なることにこの理論は着目している。まず初期の「新製品」段階では生産工程は未確立であり、常に市場の反応を考慮しながら改良が行われる。この段階では生産はR＆D（研究開発）集約的、すなわち科学者・技術者集約的である。この段階では科学者・技術者を多く賦存する国が比較優位を持っている。さらに生産技術が変動的で少量生産のために、冒険的投資をしなければならないので、資本は低価格でなければならない。また、その生産工程は未確立で新たな投資のためコストがかさむために価格は高くなるので、国内市場を確保するためには、高所得水準でなければならない。これらの条件のそろった先進国（特にアメリカ）に比較優位がある。上の条件が満たされれば、新製品が登場し、徐々にではあるが、需要は拡大し、生産技術も安定化していく。それと共に新製品は標準化（規格化）し、それと同時に少しずつ多様化（製品差別化）していく。ここで標準化とは、さまざまな規格を統一し、共通化することで、大量生産が可能でコストダウンができることである。

製品の規格化、標準化が進み、生産も技術的に確立されてきて、技術格差による独占が失われてくると、大量生産が可能となり、生産費が低下するという規模の経済という「成長製品」の段階に入る。この生産と販売の成長段階では経営資源（経営管理の知識、マーケティング能力、原料・資金の調達力、商標や信用、消費者サービスなど）および技術的熟練労働を多く賦存する国が比較優位を持つこととなる。ライバル企業も出現し、価格競争は激化していく。そのため他の先進国への特許譲渡や直接投資が行われる。それゆえに、大量生産方法、技術開発、製品差別化、および大量販売方法が重視される。

［例］家庭用VTRの普及は、規格化に伴う「規模の経済」による価格の低下という要因がもっとも大きかった例の1つである。1976年に登場したときには低価格の普及タイプで256,000円だったものが、1981年に20万円を割り、1987年には85,000円となった。これには標準化も大きく関わっている。新製品として登場した頃は各社が独自の規格を持っていたが、標準化は最終的にソニーが開発したベータ方式と日本ビクターのVHS方式の争いになった。しか

しソニーがアメリカゼニー社を除いて OEM（相手先商標製品、もしくは相手先ブランド販売）を認めなかったのに対して、ビクターは松下電器とともに積極的に欧米向けの OEM 供給に徹し、国際的シェアを拡大させることに成功した結果、最終的に VHS 方式が採用されている。

　さらに高度の標準化がなされてくると、生産工程は確立され安定するために使用される機械装置も規格化されていて、未熟練労働での生産が可能となり、低賃金の未熟練労働豊富国がこの財の生産に比較優位を持つこととなる。

　国際市場は安定しており、宣伝などはもはや必要なく、大量生産方法も固定化されているため、国際競争力として最も重視されるのは生産コストとなる。生産方法などが固定化されていると、費用（コスト）として最も重要となるのは変動費用である低賃金労働（未熟練労働あるいは半熟練労働の数と賃金水準）となり、開発途上国が比較優位を持つこととなる。技術開発国は直接投資を通じて生産拠点をつぎつぎと低賃金労働の豊富な国へ移動（直接投資）させることになる。

　このように製品の技術段階に応じて比較優位の要因が変化することを説明したのがプロダクト・サイクル論（R & D 論；W.D. Gruber、R. Vernon、D.B. Keesing：雁行形態論；赤松要）である。1つの財の生産技術でも発展段階に応じて変化するから、特定の国が全段階を通して比較優位を持つことはできない。この理論は時間の経過と共に貿易パターン、すなわち比較優位の要因が変化することを明らかにした。すなわち、現在は比較優位にある産業でも将来は比較劣位産業になる可能性があることを示して、貿易パターンの動態的変化について言及している。

　例えば、日本では戦後長い間、石炭産業や繊維産業に比較優位があり、それらの財が輸出されていたが、現在石炭産業は次々と閉山となり廃業に追い込まれている。また繊維産業も近年輸出額よりも輸入額が上回り、輸入産業となった。また、最新の技術集約的新製品を作り出している企業も、直接投資などにより生産技術を外国に移転し、やがて海外での生産が輸出にとって変わるようになり、さらには本国へ輸出される（逆輸入）ようになっている産業も数多くある。

＜雁行形態型経済発展＞東アジア経済は日本からアジア NIES さらに ASEAN、中国、ベトナムと、先頭を走る日本を追って（キャッチアップ）、労働集約財から資本集約財へと次々に付加価値の高い分野にダイナミックに比較優位を移し

ながら、経済発展を遂げている。これはちょうど日本を先頭にして空を飛ぶ雁の群れのように見えるために「雁行形態型経済発展」と呼ばれている。

第4節　産業内貿易と規模の経済・製品差別化

　上記の古典的貿易論によれば、貿易パターンは各国の生産技術（労働の生産性）や生産要素の賦存状況に基づく比較優位によって決定され、各国は比較優位財を輸出し、比較劣位財を輸入することになる。当然、これらは異なる産業間の貿易となり、産業間貿易といわれている。その代表的なものが、異質的な諸国間での一次産品（燃料や鉱物などの原材料、食料など）と工業品の貿易で、これは一般的には垂直分業（貿易）と呼ばれている。

　これに対して、主に先進国間で見られる貿易形態で、比較優位には基づかず、同質的な諸国間で同じ産業内の同じ工業品（同一の商品分類に属する財）が輸出されると同時に輸入されることがある。これは産業内貿易と呼ばれ、垂直貿易に対して、水平分業（貿易）とも呼ばれている。この産業内貿易を表す指数として、次の産業内分業指数（H.G. Grubel, P. Lloyd）が使用されている。

$$\{(X_i + M_i) - |X_i - M_i|\} / (X_i + M_i) = 1 - \{|X_i - M_i| / (X_i + M_i)\}$$

iは第i産業を表し、XとMは輸出と輸入である。輸入と輸出が同じになるほど、この指数は1に近づき、産業内貿易が進展していることを示し、逆に輸出または輸入の一方がゼロに近いほどこの数値はゼロに近づき、産業内貿易がほとんど行われないことを示している。

　産業内貿易には①工程間分業（同一産業・異生産段階品の交換）と②製品差別化分業（同一産業内差別化品の交換）の2つがある。前者は、同種産業の生産の中の1つの工程を各国で行う分業で、機械化され、量産化された機械部品生産（先進国に比較優位）と労働集約的な組立工程（開発途上国に比較優位）との交換など（自動車のエンジンとその組立、電機製品の部品とその組立など）であり、これらの貿易は、要素賦存比率理論（ヘクシャー・オリーン定理）により説明される。後者は製品差別化（Product Differentiation）された消費財の交換など（自動車、カメラのフィルムなど）で、これらの産業内貿易は、多国籍企業の進展に伴い先進国間で多く見られているが、従来の古典的貿易理論では説明できないので、新しい理論が必要となる。これを説明しているのが、次の規模の経済（内部的規模の経済）と製品差別化である。すなわち、各国間で生産要素の賦存度などに違いがなくても（同質的な諸国）、財に規模の経済が存在し、製品差別

化が可能な場合には、貿易が生じて各国相互に利益をもたらす可能性がある。

　規模の経済性は現代の貿易パターンを決定する1つの要因と考えられている。特に工業品は差別化されており、同質的な工業諸国間でもそれぞれの国で差別化されたそれぞれの財の生産に特化することで規模の経済を実現することが可能で、それぞれの財を貿易することで貿易の利益を得ることが可能となる。一般的にそれぞれの企業が生産を増加したときにその財の平均コストが次第に低下していく場合、「規模の経済」（Economies of Scale）があるという。

　不完全競争下での「規模の経済」を想定して、産業内貿易の生ずる要因を考えてみる。独占的競争市場では、多くの企業が自由な参入・退出の下で生産活動を行い、製品差別化された製品を生産しているとする。これらの差別化された財は相互に不完全に代替財である。さらに消費者は消費の多様化を好むものとする。すなわち、同じ量の財を消費するならば、同一の財を消費するよりも異なる財を消費するほうが望ましいと考えるとする。

　現代企業の生産活動の特徴としては生産量の拡大とともに平均コストが低下するという内部的規模の経済が見られる。それと同時に各企業間の競争激化のために「製品差別化」がある。実際に同種商品と言ってもブランド、デザイン、品質など製品差別化が行われており、自国財を輸出していても、自国にない同種類の外国の差別化された財も輸入しているのが普通である。これらは他企業が生産している同種の財とは完全に代替的ではない、いわゆる不完全代替財として扱われる。ブランドや品質の違いに応じて製品の差別化が進んだ財の場合、個別商品毎の国内の需要量は限られたものとなり、それらをすべて国内生産によって満たす場合には、「規模の経済」を活用できず、生産は極めて非効率となる。すなわち、多品種少量生産ではコストが高くついてしまう。そこでこの様な場合、一定の生産規模を確保し、少しでも大量生産してコストダウンするために貿易が発生しやすいと考えられる。各国の消費者は消費の多様化を好むと仮定しているので、貿易が始まると消費が可能となる財の数は増加し、消費者は多様化された財の中から自分が最も好む財を消費できるという利益が生じることになる。そのため各国の消費者は外国の製品差別化された財に対する需要が増加する。両国の間で比較生産費格差がなくても、各企業はお互いに相手国の生産していない財を生産できることから、各企業は生産量を増加させるという規模の経済の利益が発生する。

　規模の経済が存在する場合は、規模の経済そのものが貿易を生じさせ、この

貿易が国と国との生産構造の格差を作り出すと言える。また規模の経済に基づいた貿易パターンは予測が出来ない。しかし、この貿易の場合は、各国内で資源の再配分が行われて貿易の利益は必ず生じることになる。

　製品差別化が生まれる根拠は、売手（生産者）側と買手（消費者）側の両方にある。売手側の理由としては、不完全市場での各企業の生産技術条件に大差がないときには、いかに規模の経済を活かしてコストを引き下げるかが問題となる。さらに価格競争は競争企業の値下げ対抗策などによってその効果が減殺され、ひいては各企業相互にとって採算割れの危険のあることなどがあげられる。もちろん、どのような差別化商品でも貿易されるわけではない。デザイン、品質、性能のすぐれた差別化商品で、販売条件やサービスなどの点で他社製品よりも優れた特異性を持たせることによって、自社製品に対する新しい需要を喚起しようとするものである。また、買い手側の理由として、所得水準の向上などによる需要・ニーズの多様化なども製品差別化の誘因となる。所得水準の向上による需要構造の多様化に伴い、技術や品質、用途、デザインなどで製品差別化が進み、競争手段は価格よりもむしろ非価格面に重点が置かれ、全く同じ種類の工業製品が輸出されると同時に輸入されている。この場合、2国間で相互に輸出するには、双方の国の経済発展段階や技術がある程度成熟している必要がある。

第5節　国際収支の構造

　国際収支表（Balance of Payments）とは一定期間（通常1年ないし1カ月）、自国（居住者）が外国（非居住者）と行うすべての経済的取引、①財貨およびサービスの売買、②債権・債務の増減、③無償取引などの移転の受払いなどを体系的に記録したもの、すなわち1国の対外経済均衡の総括的な指標である。ここで居住者とは、国籍に関わりなく、国際収支表の作成国に居住している個人と法人のことであり、非居住者とは、外国に居住している個人と法人のことである。たとえば、企業の子会社は、進出先の国で1年以上の永続的な活動をする条件のほかに、会計や納税などの面で本社から独立している場合、進出先の居住者とみなされている。国際収支は次の4つの項目からなる。

　①経常収支（Current Account）
　(1)貿易・サービス収支
ａ貿易収支

これは財貨いわゆる「モノ」の輸出入で、収支統計では取引時点としては所有権の移転があった時点を考えるが、通関統計では貨物が税関を通過した時点を考える。輸出は、FOB 価格（本船渡し価格で、運賃・保険料を含まない価格）、輸入については収支統計では FOB 価格だが、通関統計では運賃・保険料込みの CIF 価格で計算されている。

b サービス収支

目に見えない財いわゆる「サービス（用役）」の取引で、実際は 9 項目に分類されているが、ここでは主なものだけをあげる。①輸送（運賃、港湾経費、用船料など）、②旅行（旅行者が外国を観光あるいは業務目的で使用した財貨とサービスなど）、③通信サービス（居住者と非居住者の間で取引される電話、ファクシミリなどの通信サービス）、④保険サービス（様々な保険サービス料で、損害保険金は次に述べる「経常移転収支」、生命保険金は資本収支の中の「投資収支」に計上）、⑤金融サービス（信用状や外国為替取引などに伴う金融仲買サービスやその他付随的サービス）、⑥その他（短期的に外国で行う建設工事などの建設サービス、特許権や著作権使用料を計上する特許権等使用料、音楽や映画などの個人、文化、娯楽サービスなど）

(2)所得収支

a 被雇用者報酬（非居住者としての労働者、たとえば国境労働者や季節労働者に支払われる報酬）

b 投資所得（居住者の対外金融資産に関わる利子や配当の受け取りなどで、再投資を含む直接投資収益や証券投資収益および貸付け利息、預金利息の受払い）

(3)経常移転収支

ここで移転とは実物資産あるいは金融資産の無償取引を国際収支に複式簿記方式で記録するための見合い項目のことである。その内容は、政府や民間による食料・医薬品など消費財に関わる無償援助、国際機関への拠出金、政府が非居住者から徴収する税、外国人労働者の本国への送金、居住者が非居住者に提供する災害援助などである。

②資本収支（Capital and Financial Account）

(1)投資収支

a 直接投資（1 国の居住者特に企業が海外での企業経営の目的のために、新規もしくは既存の外国の実物資産や株式を取得することで、日本では、株式の出資比率にして 10 ％以上を持つ場合）

b 証券投資（経営支配を目的としない利殖目的の株式投資、債権、およびオプション、スワップなどの金融派生商品の購入や売却）
c その他投資（貿易信用、借款、現預金など）
(2)その他資本収支
　政府による相手国の資本形成のために行う無償援助、政府や民間による債務免除、相続税・贈与税などの資本移転など
　③外貨準備増減
　外貨準備とは、通貨当局が対外支払いに当てるために保有している外貨資産（主としてドル）、金、SDR、IMFリザーブ・ポジションなどのことで、これらの増減を表している。
　④誤差脱漏
　国際収支表はすべての対外取引を記録しているが、実際には税関、輸送会社、銀行などから提出される報告を基にFOB価格やCIF価格を推計している。そのために数字の上で貸借の不一致が生じ、それらを調整するための調整項目がこの誤差脱漏である。
　このような国際収支については、収支の均衡が問題となる。一般的に国際収支の均衡とは、一定期間にわたって、継続的に、大量の失業なしに開放経済を維持できるような国際収支の状態を意味する。逆に国際収支の不均衡とはこれが維持できないものである。
　一般に、不均衡は構造的不均衡と一時的不均衡に分けられる。例えば、季節変動、天候、および景気循環などの要因により収支が黒字になったり、赤字になったりすることがあるが、これらは典型的な一時的不均衡である。例えば、景気循環の拡張期（好況期）には国際収支は輸入超過などにより赤字となるが、景気の収縮期（不況期）には輸出ドライブ（国内経済の不況で内需が不足しているため、企業に輸出促進の圧力がかかること）などにより輸出超過となり、この黒字で拡張期の赤字が相殺される。これも一時的不均衡の例である。
　これに対して、構造的不均衡とは、かなりの長期間をとっても国際収支の黒字または赤字が解消されない場合で、この発生理由は様々なものがある。生産技術の大きな変化、消費者の需要のシフト（例えば、アメリカの消費者のアメリカ車に対する需要から日本車に対する需要のシフトなど）や外国への長期投資ブームなどが起こると、構造的不均衡が発生しやすくなる。また、労働の生産性の上昇率と貨幣賃金上昇率の差が各国、各産業で異なり、物価上昇率も各国間で

異なっていることから構造的不均衡になることが多くなる。

　さらに1国の経済的な実力は、国際収支の黒字や赤字となって現われることが多くなりなる。経済成長率、物価上昇率、および労働の生産性などの点ですぐれた業績をあげている国は、国際収支が黒字になり、逆の場合は国際収支が赤字になる傾向があるからである。

　このような国際収支の赤字がいつまでも続くと、固定相場制の下では外貨準備（Gold and Foreign Exchange Reserves）が底をつき、国が破産しかねない。また変動相場制の下でも為替レートの急激な変化により経済が混乱する場合が生ずる。一時的不均衡では特別にその是正措置は取る必要がないが、構造的不均衡の場合は国際収支の均衡を図ろうとして何らかの調整政策を実施しなければならない。

　しかし、ここで述べた国際収支は何をもって国際収支と呼ぶのかについては、いろいろと意見が分れるところである。上の例でも、国際収支を主として経常収支と考えている場合もあれば、単に貿易・サービス収支と考えている場合もある。その中で経常収支は、その国の生産活動と直接結びついていて、有効需要の増減、従って雇用水準の変動に直接的に関係していることから最も基礎的・基本的な国際収支の項目と考えられている。

＜注意＞世界全体としてみれば、ある国が貿易黒字とすれば、必ず同額の赤字国がどこかに存在する。その場合、貿易のやりとりを一種のゲームと考えれば、これは「ゼロ・サムのゲーム」となり、1国の黒字は必ずどこかの国が赤字になっていることを示している。そのため、1国が黒字をいつまでも続ければ世界各国から非難されることになり、貿易摩擦へと発展する場合がある。

参考文献
〔1〕井川一宏・林原正之・佐竹正夫・青木浩治『基礎国際経済学』、中央経済社、2000年。
〔2〕池本清編『テキストブック国際経済学（新版）』、有斐閣、1997年。
〔3〕木村福成『国際経済学入門』、日本評論社、2000年。
〔4〕仙頭佳樹『最もやさしい国際経済学 ── 国際貿易・国際マクロ ── 』、多賀出版、2003年。

第2章　日本貿易の発展

戦後の日本経済および貿易の発展は驚異的なものがある。（第2-1図）輸出は1951年の約5000億円から1970年の6.8兆円、1980年の28.6兆円、1990年の40.7兆円、2000年の49.5兆円へと、輸入はアメリカからの援助を含めた約7900億円から28.2兆円、30.6兆円、37.0兆円へと飛躍的に拡大してきました。日本の代表的輸出製品も当初の繊維製品などを中心とする軽工業品から、鉄鋼、自動車、家電製品などの機械製品、さらに付加価値の高い商品へと変貌を遂げ、貿易大国へと成長してきた。また輸入品も初期の原材料・燃料から軽工業品、さらに最近では機械機器などの製品輸入が急上昇し、輸入構造が高付加価値化しているのが特徴となっている。以下では、この日本貿易の発展足跡を見ていく。

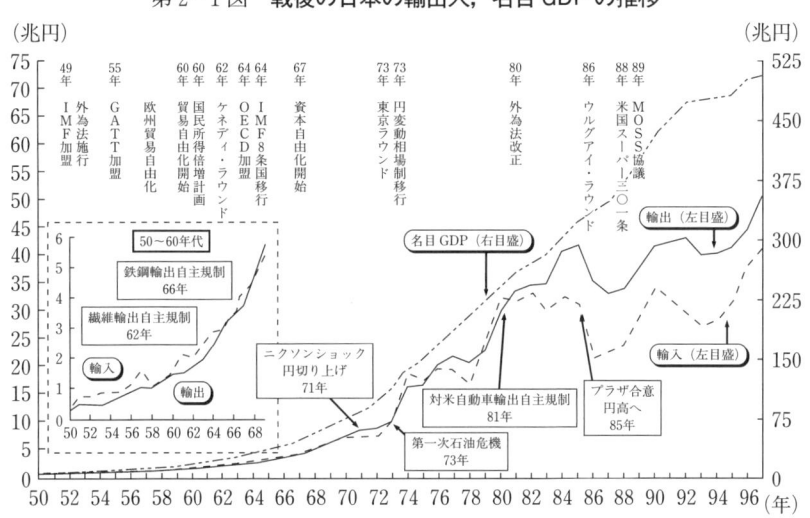

第2-1図　戦後の日本の輸出入，名目GDPの推移

（資料）　大蔵省「貿易統計」、経済企画庁「国民経済計算年報」
（出所）　『通商白書』平成10年版　P.150

第1節　戦後貿易の再建と復興 —— アメリカからの援助と朝鮮戦争 ——

　敗戦により日本の産業は壊滅的打撃を受けることとなった。戦後の占領軍の対日管理方針は、徹底した非軍事化と民主化に主眼が置かれ、そのために財閥解体、集中排除、農地改革、労働の民主化などが短期的に実施された。アメリカ当局は、貿易管理権を全面的・直接的に総司令部の支配下に置くことを発表した。（1945年9月）これらの状況下で、政府は貿易機構の整備に取り掛かり、同年11月に貿易庁の設置を決め、翌12月に開庁となった。これにより総司令部の下での輸出入に関する一元的機関が成立した。当時の決済手段は、主としてアメリカの援助ならびに賠償以外の輸出により獲得されたドルが充当されたが、輸出品および貿易外収支（現在のサービス収支に近似）の外貨建ての受け払いは、総司令部の特別勘定を通じて経理された。貿易庁は貿易業務の官庁であるため、貿易実務を代行する機構として、業者の品目別輸出入代行機関が総司令部の許可の下に設置され商品の多様化とともに増大し、70以上を数えるようになった。そこで、政府は4つの貿易公団（鉱工品、繊維、食料品、原材料）を設置し、1947年7月から業務を開始した。当時の貿易の最大の特徴は輸出入の大部分がアメリカとの間で行われていたことで、1945年9月～翌年12月までの間で輸出入に占めるアメリカのシェアは、それぞれ77％、97.5％であった。輸入品は、主食、砂糖その他食糧が約56％、続いて綿花その他繊維原料が35％、石油3％などである。輸出は輸入額の1／3程度で、生糸が約55％、金属および鉱産物14％、石炭10％などである。

　1947年8月から部分的に民間貿易が始まった。しかし、これは政府による貿易資金特別会計による国営貿易であり、実態としては、海外からの買い付け業者（バイヤー）が来日して、日本からの輸出品を選択するにとどまっていた。また、輸出品については政府が国内から円で買い取って輸出し、外貨を受け取るものであった。その場合、政府は輸出入品の品目別に異なった円・ドルの交換比率を適用し、外国為替レートは設定されなかった。当時、1ドルに対して輸出品では、綿糸250円、セメント320円、生糸420円、陶磁器600円など平均340円であり、輸入品では銑鉄67円、塩103円、小麦165円、重油284円など平均160円であった。これは実質的に高い輸入品に対して輸入補給金を、安い輸出品には輸出補給金が支出されていることと同じ効果を持つために、貿易資金特別会計は大幅赤字となり、その穴埋めにはアメリカからの援助である

ガリオア（占領地救済資金）・エロア（復興資金）が使用された。

1948年に入ると、米ソ（現在のロシア）の冷戦を背景に対日管理方針は、日本経済の自立を強く求める方向に変化し始めた。対日援助の増大に始まり、8月からは外国貿易業者と日本輸出業者との直接取引法を規定した「新輸出手続」が実施され、制限つき民間貿易の再開となった。さらに、アメリカの対日貿易政策は、12月の「経済安定9原則」へと進展していった。これは均衡予算、徴税促進、信用拡張制限、賃金安定、物価統制などの政策であったが、これが単一為替レート設定の前提条件であった。

1949年に入ると、従来の商工省と貿易庁が通商産業省（通産省）へと発展的に解消され、貿易公団の整備や改組が行われ、外国為替管理委員会が設置された。これらの条件が整った後に総司令部は4月に1ドル＝360円の単一為替レートを設定した。均衡予算およびこの単一為替レート設定に始まるドッジ・ライン実施の結果、戦後インフレは急速に収束し、経済統制も順次撤廃され、自由経済への移行が進行することとなった。（これは、当時デトロイト銀行頭取のドッジ氏が実施した上記の原則を具体化したものであった。）その反面、企業は深刻な資金不足となり倒産が続出し、失業者が増大し、日本経済は一転しデフレ状態に陥った。

第2-1表　**占領期の貿易**

	ドル建て（100万ドル）					円建て（100万円）		
	輸出	輸入			輸出入差額	輸出	輸入	輸出入差額
		計	アメリカ援助	商業勘定				
1945年9月〜46年12月	103	305	192	112	△202	2,259	4,135	△1,875
47年	174	524	404	119	△350	10,152	20,270	△10,118
48年	258	683	461	222	△425	52,022	60,287	△8,265
49年	510	905	535	370	△395	169,841	284,455	△114,614
50年	820	974	361	613	△154	298,021	348,196	△50,175
51年	1,355	2,217	180	2,037	△862	488,777	737,241	△248,464
52年	1,273	2,028	5	2,022	△755	458,243	730,352	△272,108

（注）　△はマイナス、援助の合計は2,138百万ドルとなる。
（資料）　『日本経済事典』P.9

この不況を救ったのは、1950年6月に始まった朝鮮戦争（'52年休戦）であった。これに伴う国際情勢の急変により、世界市場は買い手市場から売り手市場へ変化し、日本の輸出は急増した。（第2-1表）同時に、多額の特需が発生した。1950年に1.5億ドルだったものが、'51年5.9億ドル、'52年8.2億ドル、'53年8.1億ドル、'54年6.0億ドルと、ドッジ不況の滞貨を一掃するとともに、輸出の増大とあいまって鉱工業生産は急速に増大し、その経済拡大による輸入増加をまかなった。（1952年では、この特需収入は外貨収入の40％に近いものであった。）

　1951年9月の対日講和条約調印による日本の独立と前後して、日本開発銀行、日本輸出入銀行など一連の政府関係金融機関が新設され、政府資金の活用と長期資金供給の道が開かれ、その後の国内需要の盛り上がりを支えた。しかし、この特需ブームも長続きはしなかった。対外的には、中国貿易の禁止、アメリカからの輸入増大、東南アジア市場における競争の激化などにより、輸出の行き詰まりを強め、さらに1953年7月の休戦協定の成立を契機として、アメリカは不況に突入し日本の輸出は減少せざるを得なくなり、国際収支は8億ドルもの特需があるにもかかわらず、3.8億ドルもの赤字となり外貨準備高は急減し、独立後始めての外貨危機を迎えた。そのため、金融引締め政策や輸入担保率の引き上げに見られるような輸入制限政策がとられ始めた。（輸入担保とは、輸入業者が輸入承認の申請を行うときに、外国為替銀行に対して一定の担保を積み立てさせる制度）

　1954年に入ると、西ヨーロッパにおける景気上昇、それに続くアメリカ、カナダの景気回復に伴い、日本の国際収支も黒字に転化していった。日本での、これ以降の国際収支悪化の主因は、景気の拡大による輸入拡大であった。いわゆる「国際収支の天井」と呼ばれ、外貨準備高不足による成長の制約である。1960年代の景気循環は、ほぼ同様のパターンを繰り返すことになる。1954～56年を通じて輸出は増大を続け、一方輸入は1954、55年とほぼ横這いで、1956年（神武景気）には旺盛な投資ブームを反映し輸入は急上昇し、1957年には国際収支は赤字となり、再びデフレ政策がとられることとなった。この引き締め政策の効果はすぐに現れ、その年の後半には国際収支は輸入の縮小等により黒字に転化していった。1958～60年（59、60年は岩戸景気）にかけて国際収支は好調に推移し、飛躍的な経済成長を実現することになったが、1961年には国際収支の壁に突き当たり、引き締めによる調整を必要とした。（第2-

2図）現在では国際収支が成長の制約要因となることはない。なぜなら、変動為替レート制の下では政府は為替市場に介入する必要がないからである。

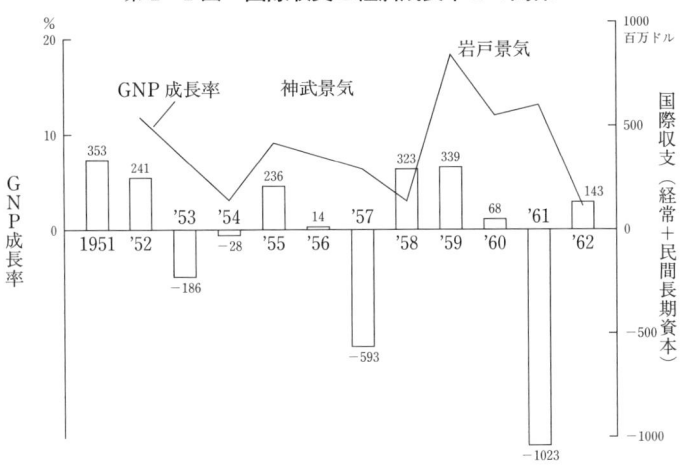

第2-2図　国際収支と経済成長率との関係

(資料)『日本貿易図説』P.31

第2-2表　技術導入の推移

	1950〜60		1961〜70	
	件　数	構成比%	件　数	構成比%
軽　工　業	226	7.7	1,997	16.5
食　　品	46	1.6	189	1.6
繊　　維	88	3.0	910	7.5
窯業・土石	25	0.9	163	1.3
プラスチック製品	13	0.4	392	3.2
重化学工業	2,388	81.8	8,811	72.9
金　　属	488	16.7	1,108	9.2
一般機械	498	17.1	3,552	29.4
電気機械	396	13.6	1,532	12.7
輸送機械	121	4.1	428	3.5
化　　学	885	30.3	2,191	18.1
合　　計	2,920	100.0	12,083	100.0

(資料)『新編国際貿易総論』P.119

1956～61年の実質経済成長率は年率10.6%と1951～55年の9.2%を上回るものであった。この高い成長率は、海外からの技術導入を中核とする技術革新が、この時期に至って急速に広まり、大規模な技術革新投資が次々と実施されていったこと、その結果生産コストが下がり、価格競争力が強化されて輸出が増大したことによるものであった。技術導入は1950～60年では化学分野が技術導入全体の30%を超え、機械、金属等を含めた重化学工業部門では80%も占めていた。この技術導入は60年代にも引き継がれ、その後の70年代80年代の日本工業の国際競争力の基礎を築くこととなった。（第2-2表）

第2節　貿易と為替の自由化 ── 市場開放への途 ──

　経済、特に貿易の自由化は、戦後の世界経済の潮流でもあった。1929年の世界恐慌の反省から大戦末期の1944年連合国政府間でIMF（国際通貨基金）協定とIBRD（国際復興開発銀行）協定の2つからなるブレトン・ウッズ協定が締結され、1947年には輸入制限の撤廃と関税の引き下げによる貿易拡大を目指すGATT（貿易と関税に関する一般協定）が締結され、戦後の自由貿易が推進された。

　日本における貿易の自由化が本格的に推進されたのは、1950年代後半に入ってからである。1959年末には輸出の統制が基本的に撤廃された一方で、輸入に関しては外貨資金割当制（FA制）の下で政府統制が長く続いていた。（輸入自由化品目の内容は自動承認制（AA制）と自動割当制（AFA制）となっている品目で、それ以外が非自由化品目である。）それは日本の産業の国際競争力が弱く、輸入自由化をすれば国際収支は赤字となり、外貨不足となるためであり、また自動車や機械等の当時の幼稚産業を始めとした国内産業の保護育成のためでもあった。（これらの産業は、現在世界でも最も競争力の高い産業であるが、当時は高い関税と輸入制限で保護されていた。）日本は、1953年にIMFおよびIBRD、1955年にはGATTに正式加盟したが、IMFについては14条国（国際収支擁護を目的とした為替制限を認められた国）、GATTについては12条国（上記の目的のために貿易統制を認められた国）という、いわば半人前での加盟であった。日本の輸入自由化促進の直接的な端緒となったのは海外、特にアメリカからの強い働きかけであった。1959年の対米輸出の急増に伴い、この年戦後初めて対米貿易収支が黒字となり、日本への輸入自由化の早期実施を迫る機運が強くなってきた。こうした中で国内的にも経済同友会（貿易為替に対する

第2-3表　貿易自由化の推移

実施年月	自動承認制（AA）の拡大	外貨資金自動割当制（AFA）の拡大	自由化率（％）
1959. 1	13品目（ラード、大豆など）を除き地域差別を撤廃		33
4	オリーブ油、時計油など24品目追加		34
10	パルプ、化学医薬品など146品目追加		34
11		制度創設、事務用機械など48品目に適用	34
1960. 1	ココア、バターなど83品目追加 アバカ、銅合金くずなど4品目の地域差別撤廃	消費材など36品目追加	37
4	コーヒー豆、ニッケル鉱石など304品目追加 鉄鋼くず、牛脂、粗製ラードの地域差別撤廃	コンクリートミキサー、家庭用ミシンなど282品目追加	41
7	牛皮の地域差別撤廃 化学製品など35品目追加	医薬品など36品目追加	42
8	北ベトナム原産のリン鉱石、オレンジ油を追加	ゴルフボールなど2品目追加	42
10	銑鉄の地域制限撤廃 ココア豆、亜鉛鉱石など236品目追加	身辺細貨など231品目追加	44
1961. 1	干しぶどう1品目追加		44
4	原綿、原毛、ラジオ、ミシンなど547品目追加	バス、トラック、普通鋼鋼材など130品目追加	62
6	アルミニウム、普通鋼鋼材など128品目追加	普通鋼鋼材など25品目AA制へ移行	63
7	鳥獣肉粉など4品目追加 大豆、精製ラードの地域制限撤廃	インスタントコーヒーなど3品目追加	65
10	ニッケル、冷凍えび、絹糸など353品目追加	懐中・腕時計、メロンなど162品目追加	68
12	絹織物、普通板ガラスなど42品目追加	普通旋盤、大型冷蔵庫、工業用ミシンなど130品目追加	70
1962. 4	化繊用パルプ、特殊鋼などを追加 ネガリスト方式に切替え（ネガリスト残存492品目）	繊維機械、工作機械の一部、新聞用紙などを追加	73
10	原油、石綿、ごま油、綿織物などを追加（ネガリスト残存262品目）	マンガン鉱石、製紙用パルプ、浴用石けん、インスタントティー、工作機械などを追加	88
11	メリヤス編み物、ベッドリネンなどを追加（ネガリスト残存254品目）	じゅうたん、かみそりの刃などを追加	88
1963. 4	銅地金、モリブデン鉱などを追加（ネガリスト残存229品目）	コーヒー、生鮮バナナ、非鉄金属の関連品を追加	89
8	粗糖、合成繊維などの追加（ネガリスト残存192品目）	化粧品、板ガラスなどを追加	92

（資料）　『日本貿易読本』P.58

第2-4表 **為替自由化の推移**（1959年以降）

年　月	お　も　な　内　容
1959. 1	為銀の為替持高規制緩和、標準決済方法の通貨制限緩和
4	指定通貨9通貨から14通貨に拡大、渡航滞在費引上げ、代理店手数料など送金緩和、輸入ユーザー品目拡大
9	米ドル相場自由化
10	為銀の総合為替持高のわくを3割拡大
11	為銀12行の現地貸付けわく、および11行の外銀無担保借入れわくの拡大
1960. 2	輸出入貨物保険自由化、沖縄渡航など緩和、交互計算制度全商社に拡大、輸入ユーザンス大幅緩和
3	為銀の短期信用授受自由化
4	商社の為替持高集中制度発足
7	非居住者自由円勘定創設、円為替導入、業務渡航緩和、商社の海外事務所開設基準緩和
8	商社の海外支店の外銀からの外貨借入れわくを撤廃、為銀の現地貸付け・資金借入れ自由化
10	外国船用船自由化（タンカー以外）
11	輸入ユーザンス品目制限撤廃、期限90日以内を120日内に延長、短期外資借入れ許可基準を緩和
1961. 1	雑送金緩和
2	戦前取得株式の配当金送金自由化
5	非居住者円に振替性付与、証券投資の緩和
6	石油、石炭を除く運賃支払自由化、貿易付帯経費送金大幅自由化
10	輸出の標準決済期間延長（一覧後5ヵ月、船積み後6ヵ月まで）
1962. 1	指定支払通貨の制限廃止、為銀の保有通貨制限廃止
6	為銀の外貨準備金制度発足
8	株式売却代金の送金制限期間短縮（6ヵ月へ）
11	貿易付帯経費送金さらに自由化、外国船用船1年以内自由化
1963. 1	外貨準備金制度の改正
3	貿易外経常取引および資本取引きの自由化方針発表
4	為替変動幅を平価1ドル=360円の上下0.75％、合計1.5％に拡大、あわせて為替平衡操作を実施、業務渡航の制限緩和、運輸・保険の対外支払自由化（1年以内のもの）、株式元本の据置期間撤廃
7	円ベースによる株式の自由取得制度廃止

（資料）『日本貿易読本』P.63

提言）や経団連（為替貿易の早期自由化についての決意）などから自由化を積極的に受け入れようとする動きも強まり、政府は1960年6月に「貿易・為替自由化計画大綱」を決定し、これが以後の自由化の基本方針となった。1959年1月の自由化率は33％であったが、1962年には自由化された品目を列挙する「ポジティブ・リスト」方式を廃止し、非自由化品目だけを列挙する「ネガティブ・リスト」方式に改め、大幅自由化を実施した結果、10月には非自由化品目は262品目（61年末で492品目）に激減し、自由化率は88％、翌年8月には自由化率92％を達成した。（第2－3表）

　為替の自由化についても同様に進められてきた。1959年4月には指定通貨が拡大され、外貨金融の規制も1960年以降大幅に緩和された。輸入ユーザンス（輸入手形の支払猶予）の供与では品目による制限がなくなり、期間も3ヶ月から4ヶ月に延長された。海外現地での買い付けや外国銀行からの借入限度の規制もなくなった。さらに、円の交換性拡大、運輸・保険業務の自由化等が実施されていった。（第2－4表）

　1956年以降は貿易収支における黒字の増大によって国際収支も継続的に黒字を計上し、したがって外貨準備高も次第に増加してきた。そのため為替の自由化も進められて、1963年懸案であったGATT 11条国（国際収支擁護を目的とした輸入制限を認められない国）について1964年IMF 8条国（上記目的とした為替制限を認められない国）に移行し、同年にはOECD（経済協力開発機構）にも加盟し、先進諸国への仲間入りを果たすこととなった。自由化が国内産業と雇用に及ぼした影響は、石炭鉱業以外は影響もほとんどなく、当時自由化を深刻視していた重化学工業も逆にグローバルな自由化の恩恵を大いに享受する結果となった。

第3節　資本自由化と産業の国際化

　日本の国際収支は、1965年以降貿易収支の大幅出超による国際収支の黒字基調が定着してきた。日本の国際競争力が急速に強くなったのには2つの理由がある。第1は重化学工業化を通じて、1950年以降の技術導入のよるわが国の長年の設備近代化努力が結実し、最新技術を駆使した良質・安価な製品の供給が実現されたからである。第2は世界的なインフレの進行の中で、欧米先進諸国の輸出・卸売物価の上昇率が日本よりも上回っていたため、価格面での輸出競争力が強化されたためである。そのため「国際収支の天井」という成長制

約要因が解消される中で、1966～70年までの実質成長率は平均11.6％と終始一貫して高かった。この間に、1967年には英ポンドの切り下げや西ドイツの不況、さらにはドル防衛（ベトナム戦争など）の影響を受けて、日本の輸出が鈍化し、国際収支が赤字に転化したため、金融引き締めが行われたものの、早期に国際収支が回復したため、国内景気の拡大傾向は中断されることはなかった。この結果、日本経済の国際水準は急速に高まり、GNP（国民総生産）は1968年には自由世界でアメリカに次いで第2位となった。こうした中で、1968年5月にはケネディ・ラウンドによる関税一括引き下げが決定し貿易の自由化が進む中で、さらに日本としてはOECDに加盟する際に留保していた資本自由化を、先進国の一員としてどのように履行するかが問題となった。日本企業の国際競争力が強化され、貿易収支の大幅出超が定着しつつあった中で、第1次自由化措置が1967年7月に実施された。対内直接投資の自動認可制が部分的に採用され、鉄鋼、セメント、紡績、造船、自動二輪等、特に国際競争力が強いと見られる17業種に対しては100％の資本自由化（外国資本が株式を100％取得可能）が認められ、その他テレビ、医療品、カメラ、時計等33業種については、50％の自由化が行われた。続いて1969年3月および70年9月には第2次および第3次自由化がなされ、これらによって全産業の70～80％、製造業生産の75％に及ぶ分野の資本自由化が進んだこととなった。さらに1971年の第4次自由化以降はポジティブ・リスト方式からネガティブ・リスト方式へ移行し、資本自由化がいっそう前進することとなった。（実質的自由化は1976年をもって完了した）

　日本が自由世界でGNP第2位の経済大国に躍進する中で、日本産業の国際化の比重も高まり、特に工業生産面での国際的地位の向上は顕著なものとなった。1970年の実績で見ると、生産において船舶（世界生産に占めるシェア48.3％）、テレビ（30.2％）、商業車（30.5％）で、アメリカ、ソ連（現在のロシアなど）、西ドイツをしのいで世界の頂点に立ち、合成繊維、合成樹脂、合成ゴム、鉄鋼、乗用車、化学肥料、セメント等で世界の2、3位を争い、工業生産全体の水準もアメリカ、ソ連に次いで世界第3位に進出した。（第2-5表）

　輸出の増大も著しく、1960年に約40億ドルに過ぎなかった輸出も1965年には約83億ドル、1970年には約190億ドルと10年間で約5倍となり、アメリカ、西ドイツに次いで第3位の輸出大国となった。輸出の拡大とともに貿易

第2-5表　主要商品の世界生産に占めるシェア　　　　　　　　　　　　　（単位：％）

		1960年	1970年	1978年			1960年	1970年	1978年
粗鋼（千トン）	①アメリカ	26.0	20.1	17.7	船舶（千総登録トン）	①日　　本	20.7	48.3	31.9
	②ソ　連	18.8	19.6	21.5		②スウェーデン	8.5	7.9	8.5
	③日　本	6.4	15.7	14.5		③西ドイツ	13.1	7.8	3.9
	④西ドイツ	9.8	7.6	5.9		④イギリス	15.9	5.7	5.3
	⑤中　国	5.3	2.9	4.5		⑤フランス	7.1	4.4	4.2
	世界生産量	346,600	592,700	704,200		世界生産量	8,356	21,690	15,407
合成繊維（千トン）	①アメリカ	43.9	33.3	36.1	乗用車（千台）	①アメリカ	52.1	29.2	29.1
	②日　本	16.9	21.0	14.5		②西ドイツ	14.2	15.7	12.4
	③西ドイツ	7.5	10.2	7.6		③日　本	1.3	14.2	19.0
	④イギリス	8.7	6.9	4.2		④フランス	8.9	11.0	11.5
	⑤イタリア	4.8	5.1	4.3		⑤イタリア	4.7	7.7	4.8
	世界生産量	700	4,890	9,770		世界生産量	12,810	22,420	31,520
テレビジョン（千台）	①日　本	21.5	30.2	23.2	商業車（千台）	①日　本	1.6	30.5	31.3
	②アメリカ	33.7	16.5	15.5		②アメリカ	32.4	24.3	31.3
	③ソ　連	10.4	14.9	11.9		③ソ　連	13.6	11.7	7.3
	④西ドイツ	13.0	6.6	7.1		④イギリス	12.4	6.6	3.7
	⑤イギリス	12.8	4.9	4.0		⑤西ドイツ	6.5	4.5	3.0
	世界生産量	16,670	44,800	60,070		世界生産量	3,690	6,960	10,510

（注）　生産順位は70年のもの。商業車はトラック・バス等で、日本、西ドイツは三輪トラックを含む。
（資料）　『貿易論を学ぶ』P.275

　黒字が増大するにつれて、日本企業の海外進出や技術輸出も増加してきた。日本企業の海外直接投資額は、1965年の1.6億ドル、1970年の9億ドル、さらに1973年には約35億ドルと急増し、その内容も資源開発型のものから、工場の海外進出・技術移転型のものへと重点が移っていった。これ以降日本の直接投資は本格化段階に入り、貿易の在り方にも直接投資が大きく影響するようになった。例えば、第2-3図は、繊維、一般機械、電気機械についてわが国の東南アジア向けの直接投資が、貿易のどのような影響を及ぼしたかを見たものであるが、いずれの業種でも直接投資残高が増加するにしたがって、輸出入比率（輸出額／輸入額）が低下していて、徐々に水平貿易（産業内貿易）が進んでいることを示している。

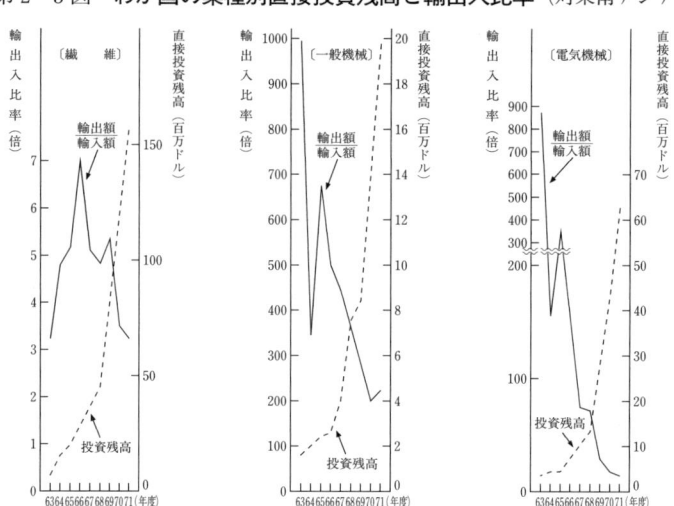

第 2-3 図　わが国の業種別直接投資残高と輸出入比率（対東南アジア）

（資料）『通商白書』1973年版　P.208

第 4 節　国際通貨危機と 2 度の石油危機 —— 激動の 70 年代 ——

　1970 年代は世界経済体制にとっての激動期となった。まず国際通貨体制面では、60 年代の貿易収支赤字とベトナム戦争を通じて深刻化していたドル危機が一挙に表面化し、国際通貨不安が顕在化した。アメリカの国際収支は 1971 年に赤字幅を急速に拡大させ、ついにドルと金とのリンク（1 オンス＝35 ドル）を維持することができなくなり、8 月には金とドルとの交換性停止、10％の輸入課徴金、為替レートの多角的調整等のドル対策を打ち出した。いわゆるドルショック（ニクソンショック）である。これにより一時的に変動相場制（フロート制）への移行を余儀なくされ、20 年以上続いた 360 円レート時代は終焉を迎えた。12 月には多国間の通貨調整（スミソニアン体制）が実現し、円は対ドルで 16.88％切り下げられて、1 ドル＝308 円となった。しかし、その後も日本の黒字幅は大きく、1972 年には 2 回の円対策、すなわち黒字削減対策を実施したが、アメリカの国際収支赤字は収まらず、1973 年に入ると国際通貨情勢は一段と緊迫し、2 月には日本および主要先進国通貨は変動相場制に移行し、戦後世界経済を支えてきたブレトン・ウッズ体制は事実上崩壊することとなった。このドルの切り下げは、ドル収入に依存していた産油国に影響

を与え、その後の石油ショックの引き金となった。

　日本経済はこの間の国際収支大幅黒字による多額の過剰流動性が生じ、物価騰勢とインフレ心理を助長し、さらに列島改造ブームによる土地や株式などへの投機が加速した。1972年6月に田中通産相が発表した日本列島改造論は7月に田中内閣が成立したこともあって、一躍ベストセラーとなったが、このブームも半年余りで終わり、インフレの火種だけを残す結果となった。国際的に見ると、国際通貨不安に起因した過剰流動性の問題を抱えて、各国経済の同時的拡大によるインフレが目立ち、特に国際商品価格が高騰していた。これら一次産品価格の急激な上昇は1972～73年の世界的な食糧危機により加速され、そのまま輸入インフレとなって日本にはね返ってきた。こうした中で、1973年4月には日本はインフレ対策を目的とした引き締め政策を実施した。その結果、主要先進諸国の引き締め策の影響も徐々に加わり、内外の物価高騰も多少鎮静化の様相を示し始めた。しかし、70年代に入ってからの発展途上国の資源ナショナリズムの高揚、ドルショックから始まったドルの減価による実質収入の減少、および73年10月に始まった第4次中東戦争を契機として、OPEC（石油輸出国機構）は生産削減ならびにイスラエル支持国への禁輸を発表し、最終的に原油価格は1バーレル2.7ドルから11.7ドル（1974年）へと一挙に4倍に引き上げられた。（上で示したように、この背景には71年のドルショックから続いたドルの減価も起因している）これが禁輸措置とあいまって、異常なインフレ心理が湧き上がり、「狂乱物価」が出現した。すなわち、この石油危機はすでに燃え上がっていたインフレにさらに油を注ぐ結果となり、トイレットペーパーや洗剤等の買占め現象が生じ、年間を通じても20％を超える物価上昇となった。（第2-4図）石油に関する供給不安は、74年3月にOAPEC（アラブ石油輸出国機構）が対米石油禁輸措置の解除を決定したために終わりを告げたが、高くなった石油価格だけが残った。

　石油危機により、石油需要の価格弾力性および所得弾力性が低く、供給の弾力性も低いために、日本だけではなく世界経済は、インフレの高進、国際収支の悪化、さらに世界同時不況の深刻化を増していった。このような石油危機に伴う「物価上昇」「国際収支赤字」「不況」の3つの難問は、例えば不況対策として景気刺激策をとれば物価が上昇し、収支赤字が増大するというように相互の解決策に矛盾を含むところから、「トリレンマ（三重苦）」と呼ばれた。異常なインフレを鎮静化させるための厳しい引き締め政策と国際収支赤字のデフレ

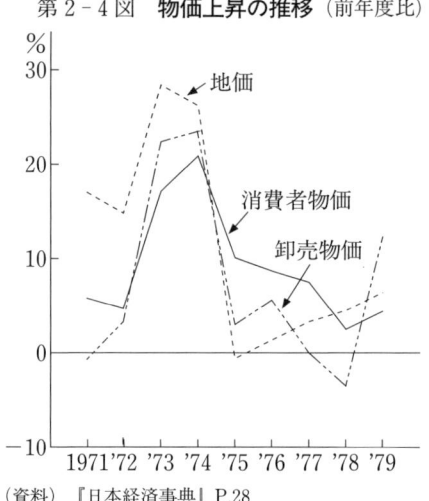

第 2-4 図　**物価上昇の推移**（前年度比）

(資料)『日本経済事典』P.28

効果から、世界経済は極度に縮小し、OECD 主要 7 カ国の実質経済成長率も 1974 年にはゼロ成長、75 年にはマイナス 0.7％を記録した。日本も 1975 年には戦後初めてマイナス成長となってしまった。

　日本経済もこの石油危機から立ち直らせるために、厳しい引き締め政策が実施され、その結果さしもの狂乱物価も鎮静化に向かい、1976 年に消費者物価も 1 桁の上昇にまで落ち着いてきた。同時に、国際収支も 73 年の総合収支 134 億ドルの赤字から 74 年 34 億ドルの赤字、75 年 18 億ドルの赤字と急速に改善を遂げ、76 年には 33 億ドルの黒字を記録するまでになった。これ以後国際収支は黒字基調が定着し、対外経済摩擦（貿易摩擦）を引き起こすこととなった。というのは、欧米諸国では石油危機後の不況から立ち直れないでいたために、日本の輸出は失業の輸出、すなわち近隣窮乏化政策として非難されたわけである。変動相場制下では、理論的には為替レートの変動が国際収支を調整する。実際、円レートは 1977～78 年にかけて急速に上昇し、これにより輸出増勢は鈍化し、輸入の増大をもたらし、ある程度は対外貿易摩擦を緩和した。(第 2-5 図)

　70 年代の世界不況は世界的に保護主義を誘発し、各国で輸入制限措置やアンチダンピング提訴が急増することとなった。このような保護主義を打破するために、日本は積極的に新ラウンドを提唱し 1973 年から東京ラウンドが開始

第 2-5 図　円相場の動向

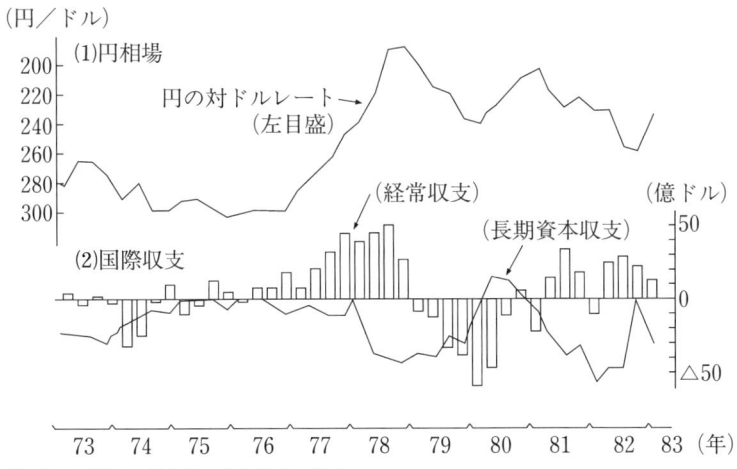

（備考）　長期資本収支は、現先取引を除く。
（資料）　『通商白書』昭和58年版　P.216

され、最終的に 79 年に大幅な関税引き下げとともに非関税障壁に関する協定が締結された。

　世界経済がようやく落ち着きを取り戻しつつあった 1978 年秋にイランの政情不安を契機とする世界的な石油需給のタイトから第 2 次石油危機が発生した。産油国は石油価格を引き上げ、上昇率（2 倍）としては 1 次（4 倍）よりも下回っていたが、上げ幅ははるかに上回るものだった。（前回の 9 ドルから 15 ドルへ）これにより、1977 年以降安定していた卸売物価は 79 年には 12.9％、1980 年には 13.3％の上昇をみた。これは前回の経験から経済的影響は小さなものであったが、政府は数次にわたる公定歩合の引き上げを始めとする引き締め政策を採り、1980 年末から物価は鎮静化することとなった。

　このような内外環境の激変にもかかわらず、日本経済は 70 年代を通じて一段と進展し、いっそう強力なものとなり、高度成長を支えてきたエネルギー消費タイプの素材型産業の競争力は大きく低下したものの、全体としては対外競争力が強化されていった。それは、70 年代の激しいショックの連続に対して日本経済の市場機構が予想以上に柔軟な適応力を示したためであり、さらに一般産業の省エネルギー努力が著しく、特にエネルギー寡消費型産業である一般機械、電気機械、輸送機械、精密機械等の各分野で急速に進み、エレクトロニ

クスを中心に新しく技術革新が進展し、さらにそれに基づいた設備投資が行われ、生産性を伸ばしてきたからである。(第2-6図)

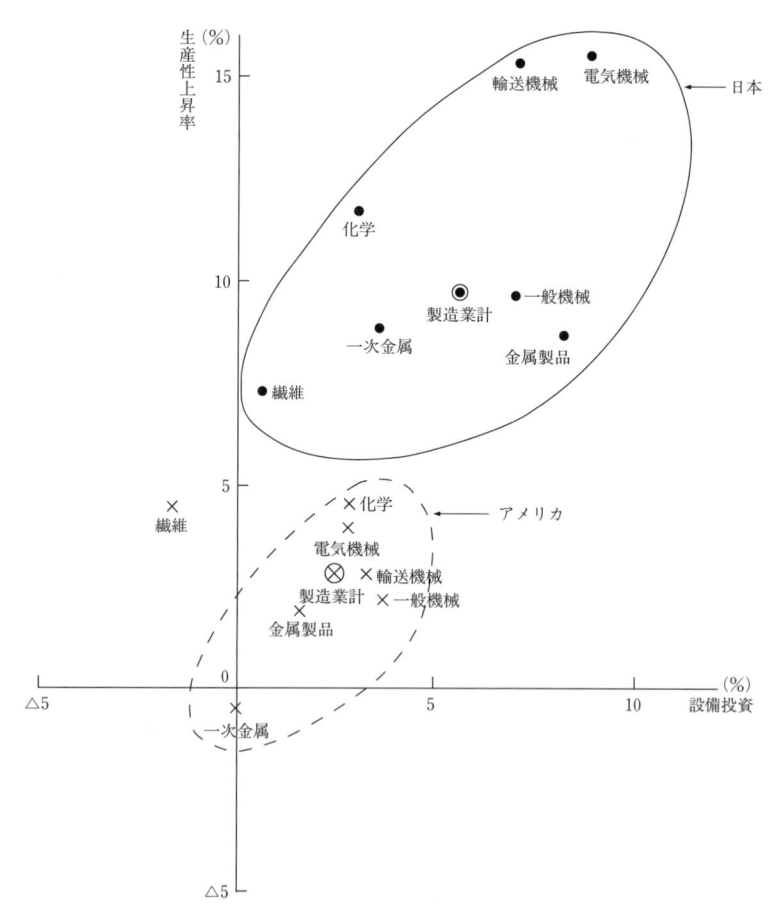

第2-6図　生産性上昇率と設備投資の関係

(備考)　1.　横軸は、実質民間設備投資の年平均伸び率 (65〜80年)。
縦軸は、付加価値生産性の年平均伸び率 (67〜79年)。
2.　付加価値生産性＝$\frac{実質付加価値}{労働者数 \times 労働時間}$とした。
3.　付加価値の実質化については、ダブルデフレーションの手法を用いた。ダブルデフレーションについては、57年版通商白書の付注17参照。

(資料)　『通商白書』昭和58年版　P.145

日本経済は高度成長を続け、産業構造の高度化、高付加価値化が進み、それに対応して輸出を急増させ、輸出構造も高度化させることに成功してきた。ここで高度化とは、従来ある商品に新機能を付加し、品質を高めることにより諸機能において従来からの商品を上回る商品を開発し、代替することで、高付加価値化とは高度化と一体化したものであるが、少ない生産要素でより多くの付加価値を生み出しうる産業を拡大することである。経済発展が進み、経済構造が重化学工業を中心に高度化するとともに、ある程度のタイムラグを持ちながらではあるが、輸出構造も高度化させていき、輸出先も重化学工業品は東南アジアを中心とする発展途上国、軽工業品はアメリカを中心とする先進国市場という中進国の状態から、先進諸国に対しても化学工業品を輸出する状態へと移行し、先進諸国との同質化・一体化の傾向を強めてきたのである。これは、これから起こりうる対外貿易摩擦が不可避となることを意味している。

第5節　レーガノミックスからプラザ合意 ── 円高・ドル安へ ──

先進国経済は第2次石油危機における石油価格の大幅な引き上げによるデフレ効果が浸透する中で、スタグフレーション（高水準の失業とインフレの併存）傾向が深刻化してきた。さらに多くの先進諸国ではインフレ抑制の観点から引き締め政策を続け、これが一因となって世界的高金利を招き、世界経済の停滞に拍車をかけることとなった。

これに対して、わが国においては国内の生産活動の停滞による石油需要の低迷に加え、省エネルギーの推進や石油代替エネルギーの導入による石油価格高騰への適切な対応（第2-7図）、設備投資による労働生産性の向上（第2-6図）や技術革新への積極的対応（研究開発支出の増大）、賃金決定の柔軟性等により、国内経済は他の先進諸国に比べて良好なパフォーマンスを示し、1980年には過去最高の経常収支赤字幅（107.5億ドル）を計上したが、その後改善が進み、1981年には輸出の堅調と輸入の低迷から黒字（47.7億ドル）へと転じている。これはアメリカの景気が相対的に良好で、円安・ドル高による輸出の増加および原油を含む一次産品価格の低下（第2-8図）によってもたらされたものである。

1980年代に入ると、60年代に始まる繊維、鉄鋼、テレビなどに続き更なる貿易摩擦を引き起こしていた。70年代の2度の石油危機によるガソリンの値上げ、および自動車の排気ガスによる公害問題により70年代後半から、日本

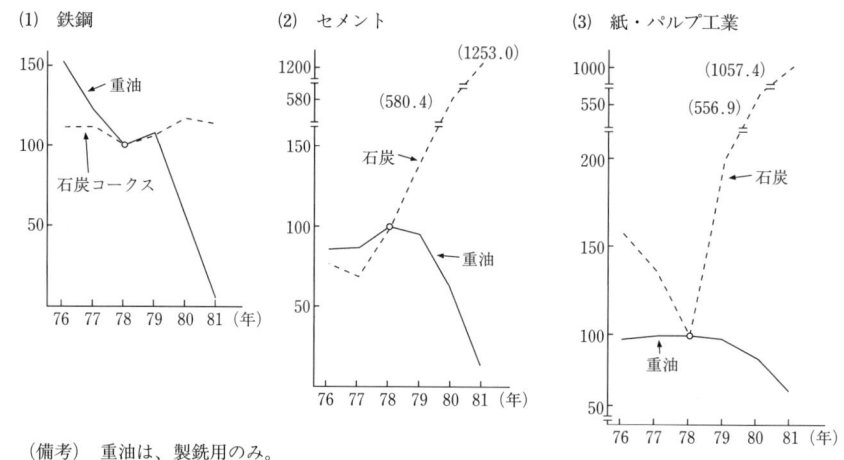

第2-7図　代替エネルギーの進展（78年＝100）

(1) 鉄鋼　　(2) セメント　　(3) 紙・パルプ工業

（備考）　重油は、製銑用のみ。
（資料）　鉄鋼統計年報、鉄鋼統計月報
　　　　『通商白書』昭和57年版　P.246

車に対する需要が一気に増加しアメリカ市場での日本車のシェアが高まり、基幹産業である自動車産業での失業問題が社会不安を引き起こすほどになり、アメリカ政府は日本政府に対して自動車の輸出自主規制を要請し、それを受けて日本は1981年に年間168万台の自主規制に踏み切った。さらにVTRについても1982年から数量制限を受けるなど、貿易摩擦は続くこととなった。

　アメリカでは、レーガン政権が誕生し1981年2月に「経済再生計画」が発表された。いわゆるレーガノミックスである。その内容は、①財政支出の抑制、②大幅な減税、③政府規制緩和、④安定的な金融政策（インフレ心理一掃のための徹底した引き締め政策）で、インフレと低成長を同時に解決するために、減税、歳出削減、規制緩和により労働意欲、貯蓄、投資を刺激し、これらを通じて生産性を高めようとするもので、「サプライ・サイド」から成長率を高めようとしたものである。減税や投資刺激策からの需要効果により成長率は高まったものの、マネタリスト的な金融政策から金利は上昇し、思うような歳出削減が進まず財政赤字の遠因となった。この金利高は海外からの資金流入を促し、ドル高となりアメリカの経常収支赤字はさらに拡大していった。これがいわゆる「双子の赤字」の発生である。

　一方わが国の輸出は、1982年に入ってからは、世界経済停滞を背景に30年

第2章 日本貿易の発展

第2-8図 国際商品総合指数の推移

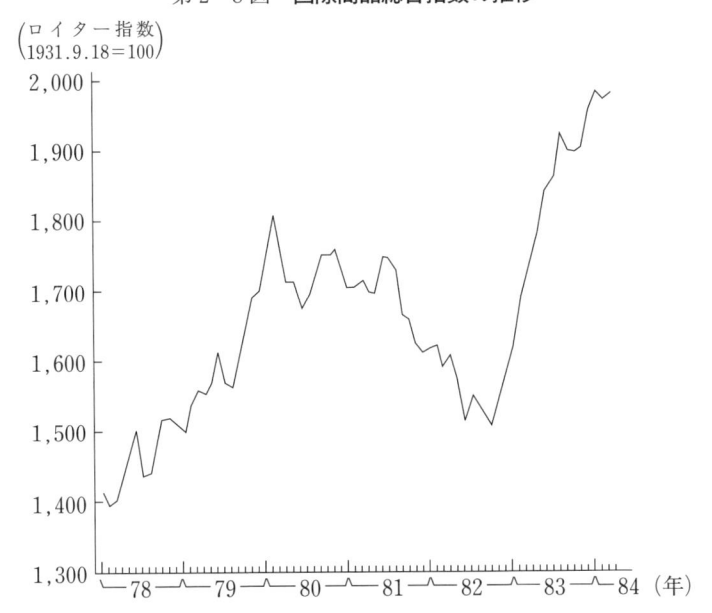

(ロイター指数 1931.9.18=100)

主要一次産品相場　　　　　　　　　　　　　　　　（単位：米ドル）

	小麦	綿花	コーヒー	羊毛	銅	砂糖	ゴム	錫	とうもろこし	大豆
	ブッシェル	100ポンド		キログラム	100ポンド				ブッシェル	Mトン
80	4.70	81.30	208.79	4.2993	101.40	22.09	65.08	761.71	3.00	296.25
81	4.76	72.02	186.44	3.9075	84.02	18.93	50.75	643.98	3.16	288.42
82	4.36	60.03	143.68	3.4314	72.91	18.12	39.07	579.65	2.52	244.50
83	4.28	68.43	142.75	3.1873	77.86	17.57	48.35	589.14	3.23	281.67

（備考）　ロイター指数は月平均指数。
（資料）　『通商白書』昭和59年版　P.32

ぶりに前年比で減少となり、輸入も国内需要の回復ができず、原油を含む一次産品価格の低迷等による輸入価格の低下のため前年比で減少した。これにより、貿易収支は黒字幅を縮小させたものの投資収益の改善等により経常収支全体の黒字幅は拡大した。一方、長期資本収支は内外金利差（アメリカの高金利）等を反映して、過去最高の赤字幅（150億ドル）を記録した。（第2-9図）

　世界経済は1983年に入り、アメリカを中心とした景気の回復により、地域

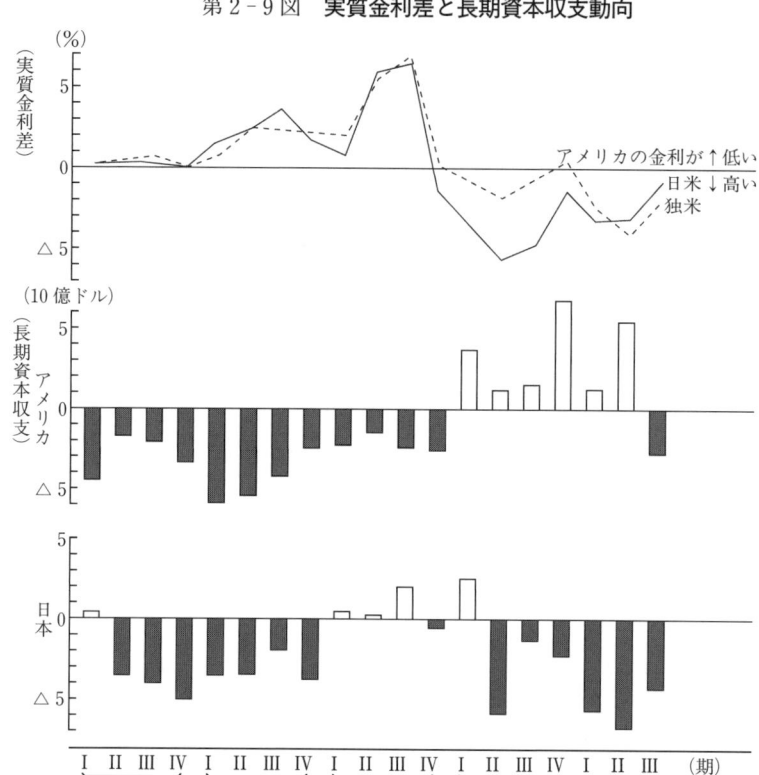

第2-9図　実質金利差と長期資本収支動向

（備考）1．短期金利：アメリカはFFレート、日本、西ドイツはコールレート。
　　　　2．実替短期金利差＝（各国の短期金利－消費者物価の前年同期比上昇率）－（アメリカの短期金利－消費者物価の前年同期比上昇率）。

（資料）『通商白書』昭和58年版　P.165

間格差はあるものの長期不況からようやく脱しつつあり、その中でわが国の国内景気も穏やかな回復を示してきた。また、ドル高基調、さらには原油価格の低下等を背景として、1983年の経常収支は208億ドルと過去最高の黒字を記録するに至っている。

　アメリカの経常収支赤字は世界の全地域に渡り、1983年460億ドルから84年1070億ドルと大幅に拡大し、1985年9月、先進5カ国の蔵相・中央銀行総裁はプラザホテルに集まり行き過ぎたドル高是正のための協調介入を発表した。これが「プラザ合意」である。これをきっかけに円レートは急上昇し始め、発

表時1ドル＝240円だったレートは1987年11月には128円まで円高となった。2年足らずの間に円の価値は約2倍になった。この超円高は日本経済および特に貿易構造に大きな影響を与える結果となった。

　国際貿易と直接投資を通じたわが国の産業構造調整は、このプラザ合意以降急速に進展していった。すなわち、産業活動の国際的展開である。プラザ合意以前からも資源の安定的供給、貿易摩擦の回避、低廉な労働力を求めて海外での現地生産は進展していたが、超円高はこの動きをいっそう活発化させることとなり、日本の直接投資は急速に東南アジアを中心に拡大し、海外現地生産比率も上昇していった。(第2-10図)

　日本の経常収支は、円高の直後にはJカーブ効果のために黒字が拡大したが、その後は円高の効果、景気の回復や製品輸入の増加、さらには旅行収支の赤字も加わり、1987年の870億ドルの経常黒字をピークに減少し始めた。しかし、対米貿易黒字は依然として高水準のまま推移したため、1989年日米首脳会談において両国における貿易と国際収支の調整の上で障害となっている構造問題を解決するための日米構造問題協議の開催が決定し、相互の貯蓄・投資構造や取引慣行など非関税障壁について意見交換がなされた。(日本では公共投資の拡

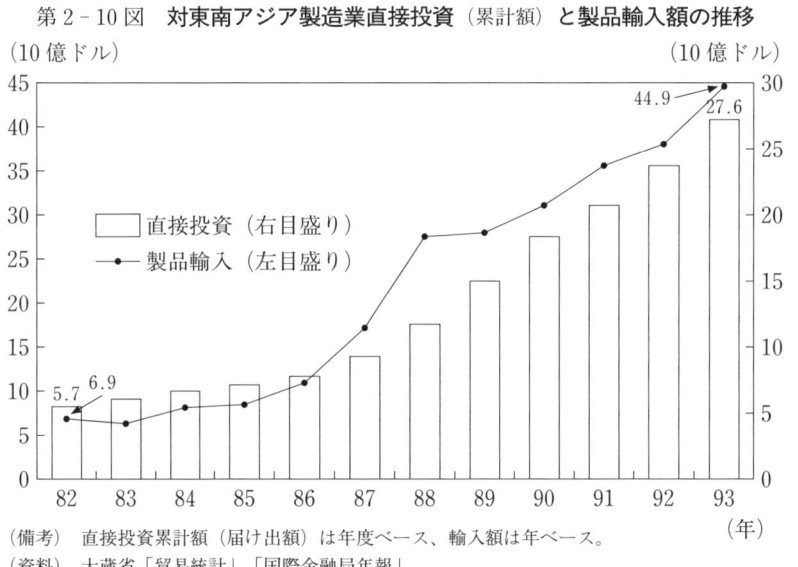

第2-10図　対東南アジア製造業直接投資（累計額）**と製品輸入額の推移**

(備考)　直接投資累計額(届け出額)は年度ベース、輸入額は年ベース。
(資料)　大蔵省「貿易統計」、「国際金融局年報」
(出所)　『通商白書』平成7年版　P.57

大、輸入手続の迅速化、大規模小売店舗の出店手続きなどの規制緩和、系列関係の開放と独占禁止法の運用の明確化など具体的検討事項が検討された。それ以前にもわが国の経常黒字は危機的状況にあり、これを着実に縮小させることを提唱した「前川リポート」が1986年に発表されている。）その後93年には新たな対話の場として日米包括経済協議が開始され広範囲な分野にわたって議論がなされている。

　80年代に入ってからのGATTによらない新しい形態の保護主義や地域主義の台頭およびハイテク製品貿易やサービス貿易の拡大から従来のGATT協定のみでは対応しきれなくなり、GATT機能の強化の必要が生じ、保護主義の抑制、サービスや知的財産などに関する新しいルール作りを推進するために日米が新ラウンドを提唱した。1980年代はEUがギリシャ、ポルトガル、スペインの加盟を決定、さらには1989年には米加自由貿易協定（その後94年にはメキシコが加わり北米自由貿易協定となる）が締結され、世界的に地域主義的な動きが見られるようになった。

第6節　日本経済のグローバル化

　はじめに日本の経常収支を概観してみる。90年代の日本の経常収支は、1991年の円高局面の変化とともに93年から96年にかけての黒字縮小傾向が続き、95年の1ドルが80円を割り込む水準から再び円安傾向となるにつれて次第に黒字拡大を続けてきた。（第2-11図）貿易収支が経常収支と並行して変化している中で、日本の対外資産の積み上げにより、対外投資から得られる利子や配当から得られる所得収支は80年代後半から徐々に増加してきていたが、90年代入るとさらに加速して増加しつづけて2001年の国際収支では、初めて「モノ」の輸出で稼ぐ貿易黒字を、海外の工場への直接投資や外国証券投資で生じた配当や利潤収入の合計である所得収支が上回った。しかし、経常収支は1998年をピークに減少し始めてきた。これは、所得収支は黒字が拡大しているにもかかわらず、国内景気の減速により輸入が伸び悩む一方で、アジア通貨危機を始めとする世界経済の減速により輸出が大幅に減少したことから貿易収支の黒字が縮小し、これが経常収支の黒字の縮小につながった。90年代以降急速に経済のグローバル化が進展したために、対外経済依存度は加速的に高くなったために、世界経済の動向が日本貿易にも大きく影響をもつこととなった。

　従来は国内の景気後退期では輸入が減少することで黒字が拡大するというの

第2章　日本貿易の発展

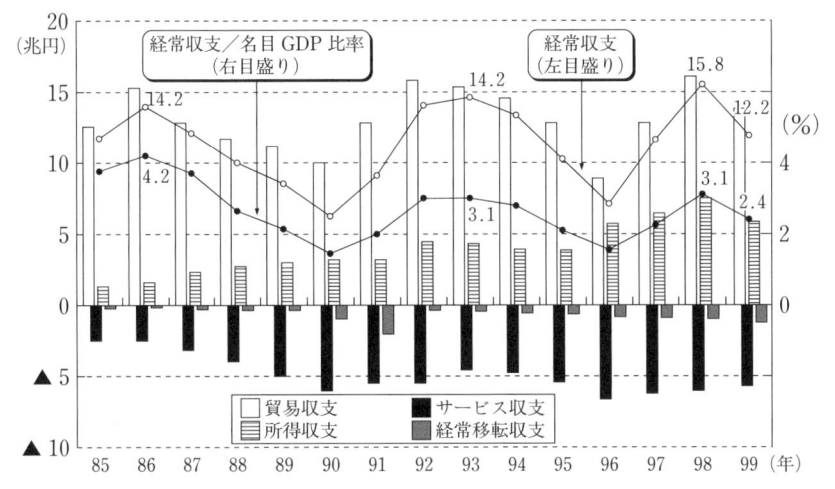

第2-11図　日本の経常収支の推移

（資料）日本銀行「国際収支統計月報」、経済企画庁「国民経済計算年報」
（出所）『通商白書』2000年版　P.47

が一般的であったが、今回は国内景気が後退する中で経常収支黒字が縮小するという特異な状況が生じたためである。しかし、2001年から経常収支は再び増加し始めてきた。これは80年代と比較するとその構成に変化が見られる。現在の経常収支の黒字は貿易・サービス収支の構成比が低下する一方で、対外純資産の増大を背景とした所得収支の構成比が高まっていることにある。

　次に貿易についてみると、1990年代の輸出は基本的には増加傾向にあったが、品目の構成には大きな変化が見られたことが特徴である。特に製造業の海外進出に伴い、製造・組立が比較的に容易で技術的に未熟練な商品の輸出が減少する一方で、高度な技術が体化された製品や部品の輸出が継続的に生み出されてきて、これら国際競争力のある品目が次々に登場することで日本の輸出全体の伸びが支えられてきた。（第2-6表）90年代前半を通じて、耐久消費財（自動車、音響・映像機器など）や工業原料（鉄鋼など）のシェアは低下し続けたが、資本財、特に一般機械や半導体のシェアは上昇してきた。この結果、輸出主力商品は1994年には自動車から一般機械に交代することとなった。この背景の1つは、耐久消費財の輸出先であったアメリカ、EUとの間で貿易摩擦が発生したために輸出から現地生産が軌道に乗ってきたことにより先進国向けの耐久消費財の輸出の減少および現地工場向けの資本財・部品の輸出増加で表さ

第2-6表　**輸出好調品目の変遷**

年	主な品目
2001	特殊取扱品（委託加工品）、自動車の部品及び附属品、携帯電話・デジカメ・家庭用携帯型VTR等、エンジン部品、テレビ・防犯用モニター等、光ファイバーケーブル・偏光材料製のシート等
2000	集積回路、機械類、ダイオード・トランジスターの個別半導体、半導体等製造装置等、コンデンサー、電気機器、テレビ・ラジオ・携帯電話等部品
1999	エンジン、ビデオゲーム・電子ゲーム用具等、発電機等、レコード・テープ等の記録用媒体（録音済）
1998	乗用車、事務用機器（パソコン等周辺機器等）の部品、船舶、医療用または獣医用の機器、バイク、タイヤ、航空機部品
1997	コンピュータ及び周辺機器等、複写機、建設機械、ブラウン管・マイクロ波管（電子レンジ用）等、ギヤボックスその他の変速機
1996	瞬間湯沸器・乾燥機・蒸留用機器等、昇降機・エスカレーター・コンベヤ等、鍛造機・プレス機等、積算回転計・タクシーメーター・走行距離計等
1995	ディーゼルエンジン、ステンレス鋼のフラットロール製品、機械類の部分品、葉巻たばこ・紙巻たばこ、ヨットその他娯楽用・スポーツ用の船舶、銅製の管
1994	電動機及び発電機、据置型VTR・音響機器等の部品、自動車用の電気式の照明用または信号用機器等、遠心分離機・濾過機・洗浄機
1993	バイク・自転車部品、硫酸及び発煙硫酸、銅矢板・溶接形鋼、設計図等、鋳鉄製の管及び中空の形材、麦芽エキス・穀粉・澱粉等
1992	貨物自動車、メッキ鋼板、合成繊維の長繊維の糸の織物、輸送用自動車、エアコンディショナー、ミシン・ミシン針・ボビンケース等
1991	ラジオ・ウォーキングステレオ等、有機合成着色料、写真機・写真用のせん光器具等、マイクロホン・拡声器・ヘッドホン等、紡績準備機械・精紡機等
1990	据置型VTR、レーダー・航行用無線機器及び無線遠隔制御機、自動紙幣支払機・硬貨計数機等の事務用機器、感光性の写真用の紙・板紙等、磁気式テープレコーダーその他の録音機

（備考）　HSコード4桁ベース。
（資料）　財務省「貿易統計」から作成。
（出所）　『通商白書』2002年版　P.67

れている。もうひとつの背景としては、プラザ合意以降の急速な円高を反映して、耐久消費財を中心に生産コストの低いアジアに対して工場進出が加速してきて、現地製品の逆輸入を拡大させたことによる（第2‐12図）。これはわが国の製品輸入の増加を加速させることになった。これらの結果、輸出の約60％は資本財となり、そのうちの約40％がアジア向けで、部品輸出の半分はアジア向けとなっている。

しかし、90年代後半にはいると、一般機械や半導体などの資本財のシェアが低下する一方で、自動車や音響・映像機器などの耐久消費財のシェアが高まっている。（第2‐13図）資本財の輸出の低下は、海外進出が落ち着いてきたことと東アジア通貨危機による影響を反映している。耐久消費財の増加については、音響・映像機器では新製品（DVDプレーヤー、デジダルカメラ、液晶テレビなど）の投入、また自動車ではアメリカやEUなどの国内経済の好調さが影響している。

地域別輸出シェアでは、80年代後半から90年代を通じて、上で示したようにアメリカ向けのシェアが低下する一方でアジア向けの輸出シェアは上昇し続けた。（第2‐14図）1991年以降にはアジア向け輸出がアメリカ向け輸出を超え、第1位の輸出地域となった。（2003年現在で中国、ASEAN、NIESで

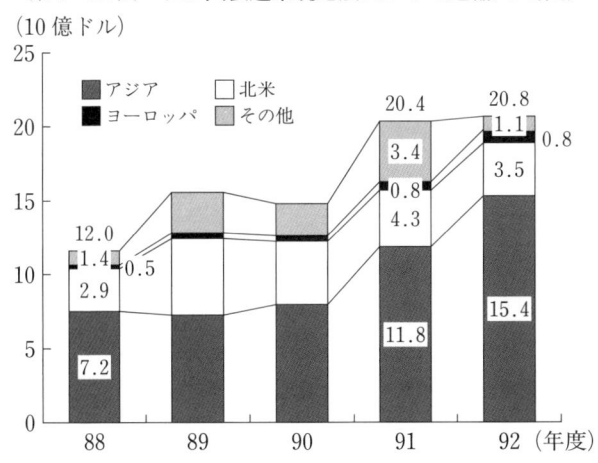

第2‐12図　わが国製造業現地法人からの逆輸入の推移
（10億ドル）

（備考）　海外現地法人売上高×日本向け輸出比率（回収率で補正済）で算出。
（資料）　通商産業省「海外事業活動基本調査」、「我が国企業の海外事業活動」
（出所）　『通商白書』平成7年版　P.58

第2-13図 　輸出における品目別シェア

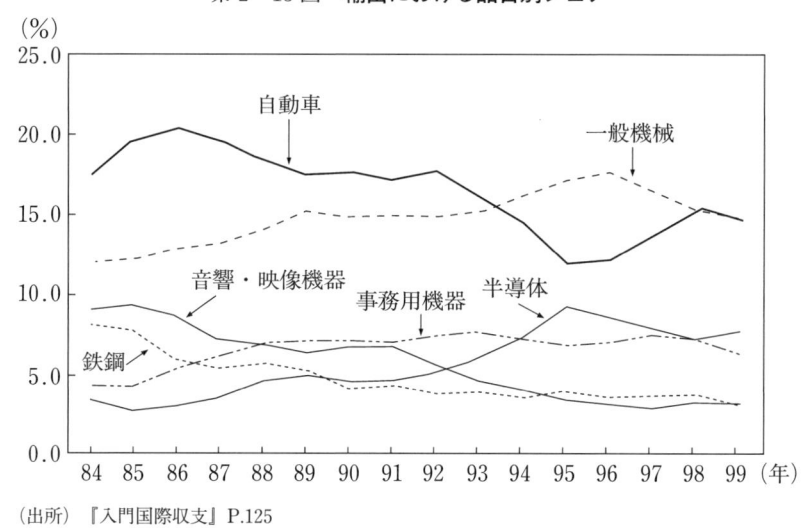

(出所) 『入門国際収支』P.125

第2-14図 　日本の輸出における東アジア向け割合の推移

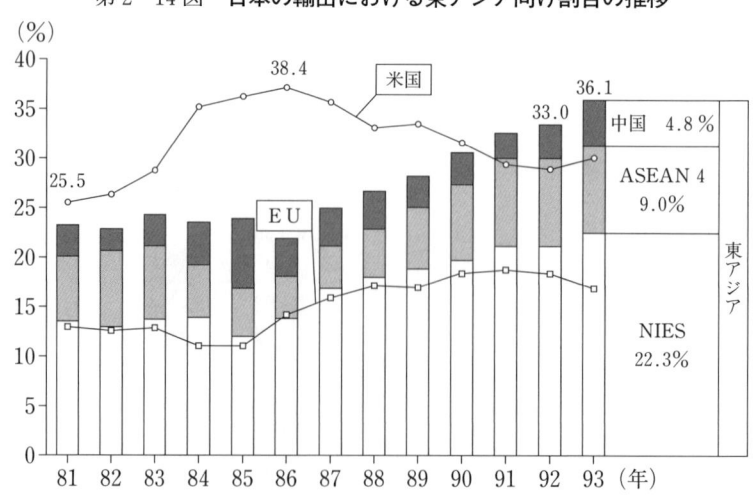

(資料) 大蔵省「貿易統計」
(出所) 『通商白書』平成6年版　P.176

45.5％となっている）1997～98年にアジア向け輸出シェアが低下したのは東アジアでの通貨危機の影響によるものである。しかし、99年以降は通貨危機後の経済の好調さを反映してIT・エレクトロニクス関連の部品・設備投資財、自動車・部品、素材（鉄鋼、化学製品など）を中心に増加基調に戻っている。

　輸入構造については、90年代に劇的変化が見られた。本来わが国は資源に乏しいことから原油や鉱産物や原材料や食料品などのシェアが高いことに特徴があった。しかし、1986年以降原油価格の急落を反映して鉱物性燃料のシェアが急激に低下する一方で機械機器のシェアは上昇し続けている。特に93年以降はアジアやアメリカからの事務用機器や半導体の輸入の増加により機械機器のシェアは急上昇し、鉱物性燃料と交代することとなった。（第2-15図）地域別ではアジアのシェア拡大が著しく、アジアからの輸入については一次産品のウエイトが低下する一方で、特に機械機器などの製品輸入が急上昇し、輸入構造が高付加価値化しているのが特徴となっている。この結果、わが国の輸入構造は80年代後半までの中東・アジア中心から、現在では「アジア中心」となった（2003年現在で中国、ASEAN、NIESで43.7％となっている）。

　サービス収支はその赤字の大半が旅行収支で占められている。すなわち80年代後半の円高を受けて海外旅行の増大により大幅赤字となっている。またその他サービス収支（通信、建設、保険、金融、情報、特許など）でも建設以外は

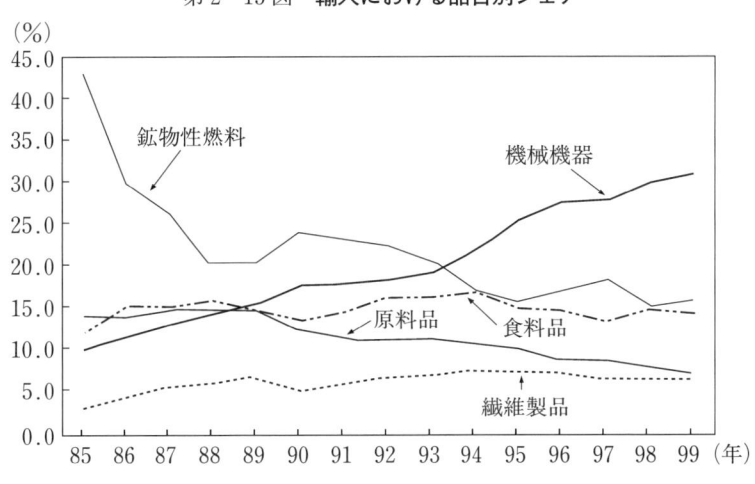

第2-15図　輸入における品目別シェア

(出所)『入門国際収支』P.132

恒常的に赤字構造となっていて、90年代を通じて微増の傾向にあった。しかし、わが国の企業の技術開発力や海外へのライセンス供与の増大を通じて特許等の使用料は2003年には黒字に転じている。

所得収支については、わが国の海外純資産残高の累増を反映して、黒字が続いている。その大部分は直接投資および証券投資からなる投資収益の黒字で占められている。

以上のように、貿易面での最大の特徴は貿易相手先がアメリカ中心からアジア、特に東アジア中心に変化したことである（第2-16図）。2004年の年間貿易額の推計では対中国貿易が対米貿易を逆転する見通しとなった。中国を中心とした東アジアの重要性が一段と高まってきたことが分かる（第2-17図）。貿易財についてはわが国の産業の高度化を反映し、付加価値の高い工業製品の輸出が増加する一方で半製品・製品輸入が増加してきたことが特徴的である（第2-18図）。

第2-16図　**輸出入の主要地域別割合の推移**

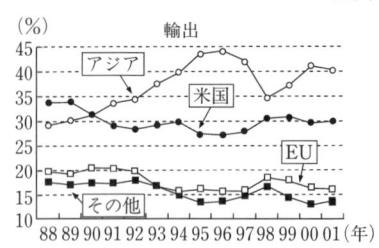

（資料）　財務省「貿易統計」から作成
（出所）　『通商白書』2002年版　P.46

第2-17図　**日本と米中の貿易額**

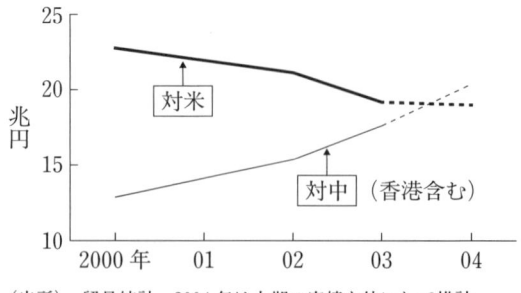

（出所）　貿易統計、2004年は上期の実績を倍にして推計
　　　　　『日本経済新聞』2004年8月23日

第 2 章　日本貿易の発展　　　　　　　　　　49

第 2-18 図　**品目別輸出入割合の推移**（高まる機械機器の輸出入シェア）

(1)　輸出金額　1970 年→ 2003 年

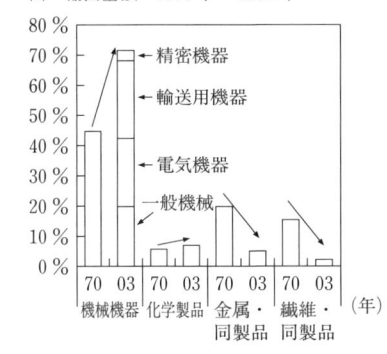

(2)　輸入金額　1970 年→ 2003 年

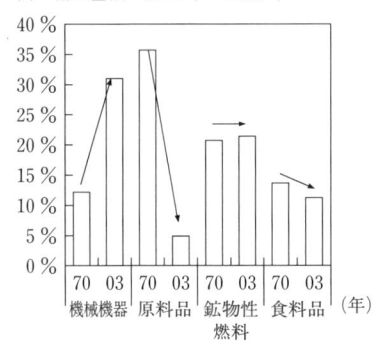

（備考）　1．財務省「貿易統計」により作成。
　　　　 2．輸出の機械機器は、一般機械，電気機器，輸送用機器，精密機器よりなる。
（出所）　『経済財政白書』平成 16 年版　P.154

参考文献

〔1〕 早川広中・田中拓男・青木健『日本貿易入門』、白桃書房、1983 年。
〔2〕 金森久雄・篠原三代平・館龍一郎・辻村江太郎・宮川公男編『日本経済事典』、日本経済新聞社、1981 年。
〔3〕 金森久雄・香西泰編『日本経済読本』（第 9 版）、東洋経済新報社、1982 年。
〔4〕 小松勇五郎編『日本貿易図説』、東洋経済新報社、1964 年。
〔5〕 小峰隆夫『貿易の知識』（第 2 版）、日本経済新聞社、2004 年。
〔6〕 小宮隆太郎『現代日本経済』、東京大学出版会、1988 年。
〔7〕 町田実『新編国際貿易総論』、自由書房、1981 年。
〔8〕 日本銀行国際収支統計研究会『入門国際収支』、東洋経済新報社、2000 年。
〔9〕 松井清編『日本貿易読本』、東洋経済新報社、1964 年。
〔10〕 田中拓男・山澤逸平編『貿易日本の活路』、有斐閣、1984 年。
〔11〕 碓井陽一・仙頭佳樹・山下睦男『貿易論講義』、北九州貿易協会、1985 年。
〔12〕 吉信粛編『貿易論を学ぶ』、有斐閣、1982 年。
〔13〕 日本関税協会『貿易年鑑』各年版。
〔14〕 大蔵省「財政金融統計月報」。
〔15〕 通商産業省編および経済産業省編『通商白書』各年版。

第3章　地域統合と日本のFTA

第1節　GATT（WTO）と地域統合

① GATT（WTO）と地域統合

　戦後のGATT・IMF体制の成立には、1930年代に大恐慌を契機として全世界に広がった主要国のブロック経済への動きへの反省が大きな影響を与えている。ブロック経済化は、世界的不況を永続させ、植民地や資源を持たないドイツや日本を経済的に第2次世界大戦へと導くこととなった。戦後、これらに対する反省から、自由・無差別・多角を理念とするグローバリズム（globalism：世界主義）の必要性が叫ばれ、これを実現するために自由・無差別・多角的交渉を基本理念とするGATT（現在のWTO）を始めさまざまな国際機関が創られた。GATTにおける交渉は、当初は関税引き下げの交渉であったが、その後非関税交渉の問題も取り上げられるようになり、1973～79年の東京ラウンドまでは大きな成果をあげていたといえる。しかし、東京ラウンド以降、従来のGATT体制で処理することが困難な様々な問題が発生するようになった。すなわち、サービス貿易や直接投資などの国際経済活動が急速に拡大してきたことや、従来のGATTルールから除外されてきた農業貿易などの重要性が増してきたことである。このような新しい問題に対処するために、1986～94年にかけてウルグアイラウンドが行われ、長期間の交渉の結果、WTOの新設、新たな紛争処理手続きの導入、農業貿易、繊維貿易、サービス貿易、直接投資に関する規律の制定あるいは強化、セーフガード、政府調達など貿易ルールに関する取り決めの強化など多くの成果をもたらした。

　ここでWTOの果す機能について簡単に整理すれば、第1に世界的規模での市場の開放、第2にそのための貿易や直接投資などに関するルール作り、及び第3に貿易に関する紛争が生じたときにこれらルールに従って解決するということである。このWTOの基本原則は「最恵国待遇の原則」（most favored nation：MFN；相手国に、通商条約を締結している諸国の中で関税などの面で最も有利な取り扱いを与えること）である。しかし、1947年のGATT設立当時はわずか23カ国であった加盟国も、147カ国（WTO加盟国2004年4月現在）へと

増加してきている。そのため今日のWTO交渉においては、加盟国間での交渉には多大な時間と労力を必要とすることとなった。特に関税引き下げが主要な交渉分野の場合は交渉が比較的に容易であったが、今日の交渉では国内規制の改革を伴うサービス分野の自由化、電子商取引、知的所有権の保護のような新しい分野の制度構築、さらには環境や労働といった社会政策的な分野など新しいニーズにWTO体制はスピーディに対応しきれなくなってきて、加盟各国間の合意の形成が困難となってきている。すなわち世界経済システムが急速に変化している現在、既存のWTO中心のグローバルな枠組みだけでは国際的なダイナミズムには対応できなくなってきている。

　先進国と途上国との利害関係から2001年11月に始まったWTOの新ラウンド（ドーハ・ラウンド）でも進展はみられず、2003年9月のWTOカンクン閣僚会議でも農業問題を巡る先進国間の不整合、先進国と途上国との対立に加え、反グローバリズムの台頭など従来とは異なった対立が発生し、WTOに対する不安と失望から特定の地域間での地域統合（Regional integration）を拡大させる動きが活発化してきた。このようにWTOを中心とした多国間での貿易拡大の基盤作りが困難となり、特に2国間で取り組みが可能で容易な自由貿易協定（FTA）をはじめとする地域統合が現在の世界経済の潮流となっている。

　地域統合とは、政治的・歴史的・文化的同質性を背景に諸国間でモノの移動をはじめとするさまざまな経済活動に対する障壁を取り除く取り決めを多国間で結ぶことを示している。この地域統合は、地域外に対しては差別的・排他的性質を持っているために、自由・無差別というGATT（WTO）の最恵国待遇の原則に反することになる。しかし、地域統合は基本的にはグローバルな自由貿易体制を目指すものであることから、統合後の対外障壁が以前よりも高くならない限り、無差別の原則の例外としてGATT第24条により認められている（第3-1表）。しかし、24条の内容については、次の3点に注意しなければならない。第1に、24条では締結前と比較して締結後の域外への貿易障壁が高くなってはならないとしているが、適用されていた関税の「全般的な水準」及び関税以外の扱いが不明確なことである。第2に、「実質上のすべての貿易」の定義があいまいであり、「妥当な期間」も明記されていないことである。第3に、上記の要件が満たされているかを審査する作業部会を設置しているが、24条の解釈を巡り対立が生じていることである。

第 3-1 表　**WTO 協定上地域統合が正当化されるための要件**

	GATT 第 24 条（関税同盟及び自由貿易地域）	GATS 第 5 条（経済統合）
対象分野	自由貿易地域の構成地域の原産の産品の構成地域間における実質上のすべての貿易 (substantially all the trade) について (24 条 8 項(b))。	当該協定が相当な範囲の分野 (substantial sectoral coverage) を対象とすること（5 条 1 項(a)）。
対象措置	対象分野について、関税その他の制限的な通商規則の廃止（24 条 8 項(a)i）、（注 1）。	対象分野について、当該締約国間で 17 条（内国民待遇）の意味における実質的にすべての差別 (substantially all discrimination) の撤廃（5 条 1 項(b)）、（注 2）。
移行期間	「～中間協定は、『妥当な期間内に』関税同盟を組織し、又は自由貿易地域を設定するための計画及び日程を含まなければならない」（24 条 5 項(c)）。『妥当な期間』とは例外的な場合を除き、10 年を超えるべきでない（UR 24 条解釈了解パラ 3）。	効力発生時までの撤廃、または「合理的な期間」内における撤廃（5 条 1 項(b)）、（注 3）。
非締約国への障害	協定の締結の前に ・適用されていた関税の「全般的な水準及び通商規則」（24 条 5 項(a)） ・存在していた該当の関税その他の通商規則（24 条 5 項(b)） よりそれぞれ高度なものであるか又は制限的なものであってはならない。	当該協定の非締約国に対し、「それぞれの分野」におけるサービス貿易に対する障害の一般的水準を協定発効前の水準よりも引き上げてはならない（5 条 4 項）。

（備考）　GATT 第 24 条のタイトルは「関税同盟及び自由貿易地域（Customs Union and Free Trade Areas）」、GATS 第 5 条のタイトルは「経済統合（Economic Integration）」となっており、GATS の方がより進化した統合形態を念頭に協定が規定されている（例えば GATS 第 5 条の 2「労働市場の統合のための協定」では、GATT で規定されていない労働市場の統合に関する措置も認められている）。
（注 1）　GATT 第 11 条（数量制限の一般的廃止）、第 12 条（国際収支の擁護のための制限）、第 13 条（数量制限の無差別適用）、第 14 条（無差別待遇の原則の例外）、第 15 条（為替取極）、第 20 条（一般的例外）により認められる措置を除く。
（注 2）　GATS 第 11 条（支払い及び資金移動）、第 12 条（国際収支の擁護のための制限）、第 14 条（一般的例外）、第 14 条の 2 の規定（安全保障のための例外）により認められる措置を除く。
（注 3）　現在のところ、「合理的な期間」が具体的に何年かということに関する統一的なコンセンサスは形成されていない。
（資料）　経済産業省作成。
（出所）　『通商白書』2001 年版　P.184

②地域統合の最近の動向と日本

世界的な動向を見れば、地域統合は世界各国・地域で急速に広がっている（第3-1図）。1950年代から80年代には合計で26件の発効にとどまっていたものが90年代以降急速に増加していることが分かる。統合の手法も単なる関税引き下げによる貿易の自由化にとどまらず紛争処理や国内制度の相互調整など貿易自由化以外の分野も含む「深化した統合（Deeper Integration）」へと変化している。深化した統合ではその内容として、投資・サービスの自由化、労働市場の統合、各種規制・経済政策の共通化、環境、技術協力、通貨統合などが挙げられる。例えば、単なる自由貿易協定（FTA）に投資協定を加えて、さらに広範囲な経済協力協定といった性格を持つようになっている。

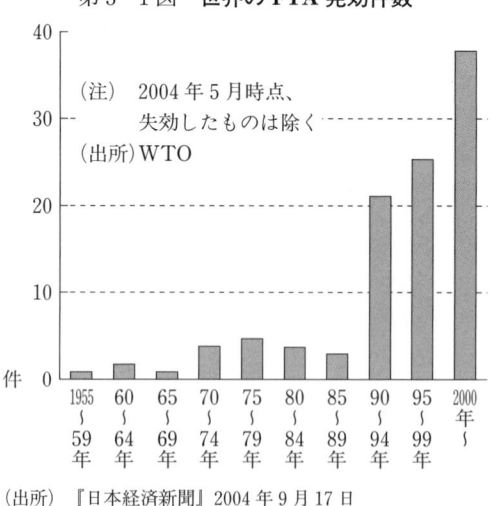

第3-1図　世界のFTA発効件数

（注）2004年5月時点、失効したものは除く
（出所）WTO

（出所）『日本経済新聞』2004年9月17日

特に欧州や南北米大陸でのFTA締結の勢いは急速である。1993年の欧州連合（EU：European Union）の成立は地域統合の深化と周辺への拡大、1994年の北米自由貿易協定（NAFTA：North American Free Trade Agreement）の形成は、先進国が途上国をも巻き込んだ大規模なものとなっている。途上国でも、1995年に南米南部共同市場（メルコスール）やアセアン自由貿易地域（AFTA：ASEAN Free Trade Agreement）など関税引き下げを中心とした協定が増加している。

第3章 地域統合と日本のFTA

このような状況の中で、戦後GATT体制の下で多角的な貿易自由化を大いに享受してきた日本に最近変化の兆候が見られてきた。日本はWTOを中心とする多角的貿易体制の強化を政策の基本としていたが、通商白書2001で「WTOにおける交渉の機動性の低下、及び諸外国における戦力的なFTA締結の動き、という2つの大きな外部環境の変化に伴い、我が国がWTOという場のみに依存することは『日本経済の再活性化』という国家目標を確実かつ迅速に達成する上での必要十分条件ではなくなりつつある。むしろ、いかに示す5つの理由により、WTOのみならず地域あるいは2国間における各フォーラムを柔軟に活用しながら、対外経済政策を展開していく必要がある。」(P.173~5)とし、明確にFTAを貿易政策の1つの選択肢として考えるようになった。5つの理由とは、①新たな通商ルールの迅速な策定、②多角的自由化のモメンタムを維持する手段、③国際的な制度構築の経験の蓄積と多角的通商ルールへのフィードバック、④FTAを締結しないことによる不利益の回避、⑤国内構造改革の促進剤である。特に④の不利益についてはメキシコとの例をあげ、我が国の企業がメキシコに対して輸出する場合、メキシコがすでにFTAを締結している国（アメリカやEUなど）と比較して高い関税が課せられていて、価格面での不利を強いられていることを示している（この貿易転換効果についての詳細は次の経済的効果参照）（第3-2表）。

第3-2表 **メキシコにおける主要品目の関税率**

	対FTA非締結諸国関税 （日本を含む）	対NAFTA、EU
電解コンデンサ、 チップコンデンサ、 半導体	5％	0％
ブラウン管	15％	0％
スクリーン、LSI等	5％	0％
通信機器	18％	0％

（資料） 経済団体連合会（2000b）より作成。
（出所）『通商白書』2001年版 P.174

このような現状の中で、日本は2002年11月にシンガポールと始めての

第3-2図 世界の主要な地域協定の動き

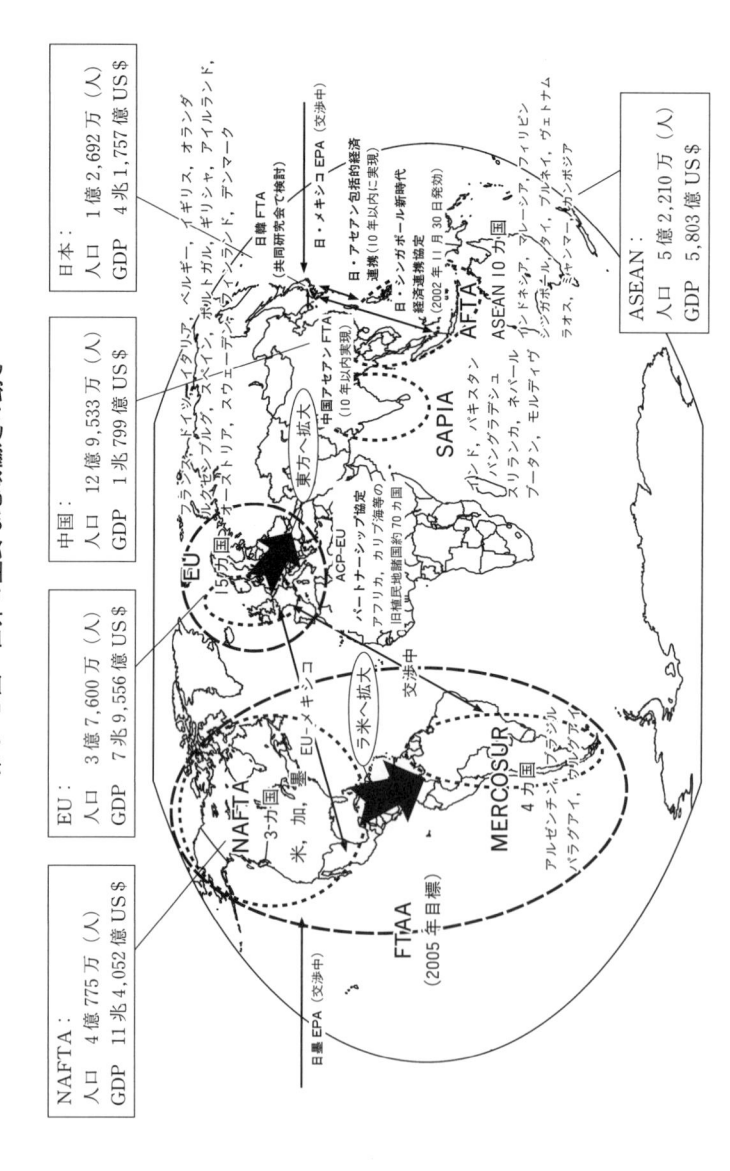

NAFTA:
人口 4億775万（人）
GDP 11兆4,052億US$

EU:
人口 3億7,600万（人）
GDP 7兆9,556億US$

中国:
人口 12億9,533万（人）
GDP 1兆799億US$

日本:
人口 1億2,692万（人）
GDP 4兆1,757億US$

ASEAN:
人口 5億2,210万（人）
GDP 5,803億US$

NAFTA 3カ国　米、加、墨
EU 15カ国　フランス、ドイツ、イタリア、スペイン、ポルトガル、ギリシャ、アイルランド、ベルギー、イギリス、オランダ、ルクセンブルク、オーストリア、スウェーデン、フィンランド、デンマーク
MERCOSUR 4カ国　アルゼンチン、ブラジル、パラグアイ、ウルグアイ
ASEAN 10カ国　インドネシア、タイ、マレーシア、フィリピン、シンガポール、ブルネイ、ヴェトナム、ラオス、ミャンマー、カンボジア
SAPIA インド、パキスタン、バングラデシュ、スリランカ、ネパール、ブータン、モルディブ
ACP-EU パートナーシップ協定　アフリカ、カリブ海等の旧植民地諸国約70カ国

FTAA（2005年目標）
東方へ拡大
南米へ拡大
中国アセアン FTA（10年以内に実現）
日・アセアン包括的経済連携（10年以内に実現）
日・シンガポール経済連携協定（2002年11月30日発効）
AFTA
日・メキシコ EPA（交渉中）
日韓 FTA（共同研究会で検討）
日墨 EPA（交渉中）

（資料）「世界の統計 2003年版」「日本アセアンセンターデータ 2000年」「アセアン事務局データ 2000年」から作成。
（出所）「通商白書」2003年版　P.185

FTA 締結がなされた。さらに 2004 年 3 月には懸案であったメキシコと大筋で合意に達し、韓国とは 2003 年 12 月から、マレーシアとは 2004 年 1 月から、タイとは 2004 年 2 月から、フィリピンとは 2004 年 2 月から交渉中であり、また ASEAN 全体とは 2005 年にも交渉開始予定であり、インドネシアとは予備協議中であり、日中韓 3 カ国に対しては方向性を検討中と、東アジア全体を含む FTA の可能性へと拡大している (2004 年 8 月現在)。特にフィリピンとの間では看護士や介護士の受け入れで大筋合意するなど、単なる自由貿易以上の協定となっている。そのため、日本政府は貿易以外の投資や人の移動など様々な分野での幅広い連携を定めたこのような協定を EPA (経済連携協定：Economic Partnership Agreement) と呼んでいる。ただし、世界ではこのような広範な経済連携協定でも FTA と呼んでいる (以下では、FTA を使用する。)。

戦後の多角的自由貿易体制のもとでその恩恵を最も受けてきた日本に求められるのは、このような動きの中でも FTA を始めとするリージョナリズム (地域主義) と WTO を中心とするグローバルリズム (多角主義) は基本的機能が異なっていることを認識し、両者の長所をうまく組み合わせながら、近隣諸国・地域を主導して、グローバル化を推進し、開放された経済を発展させるべきである。

第 2 節　地域統合の類型と経済的効果

①地域統合の類型

地域統合は、B. Balassa (1962) によれば統合の結合の強弱によって次の 5 つの段階に分類される。結合の度合いの最も弱いものから順に並べると次のようになる。

(1)自由貿易地域 (free trade area)

加盟国間では関税および数量制限などの貿易障壁の撤廃を行う、ただし域外国に対しては各国が独自の関税などを持っている。

(2)関税同盟 (customs union)

上記に加え、域外国に対しては、加盟国は共通の関税を設定する。

(3)共同市場 (common market)

財・サービスの貿易に加え、加盟国間の資本・労働などの生産要素の移動についても自由化する。

(4)経済同盟 (economic union)

共同市場を基礎として、加盟国間での経済関係機関の統合や各種規制や税制などの経済政策の共通化を含む調整などもなされる。

(5)完全な地域統合（complete economic union）

経済同盟をさらに進めて、経済政策を完全に統一し、予算制度や通貨措置の一本化を含む単一国家的な共通政策を実施し、超国家的な機関が設立されるようになる。

これらはあくまでも理論的に分類したもので、現実の地域統合とは必ずしも一致していない（第3-3表）。

第3-3表　地域統合の類型

類　型	内　容	事　例			
		EU	NAFTA	メルコスール（南米共同市場）	AFTA（ASEAN自由貿易地域）
		欧州15ヵ国	米国、カナダ、メキシコ	ブラジル、アルゼンチン、パラグアイ、ウルグアイ	ASEAN加盟10ヵ国
自由貿易地域	域内関税撤廃		○		○（0〜5%）
関税同盟	域内関税撤廃＋対外共通関税設定	○		○	
深化した統合	投資・サービスの自由化等	○	○	○	
	労働市場の統合	○		○	
	各種規制・経済政策の共通化	○		○	
	通貨統合	○			

（備考）「事例」とは、各地域統合が目標としている事項を列挙したものであり、現時点で完全に実現していることを意味しない。
（出所）『通商白書』2000年版　P.104

②域内経済への経済的効果

地域統合の域内経済に与える効果については、Viner（1950）により始められ、貿易創出効果、貿易転換効果、交易条件効果があることが論じられている。その後、市場拡大効果、競争促進効果、及び経済成長効果があることが示されている。前者は静態的効果（static effects）と呼び、関税引き下げを通じて資源配分の効率性に直接的に影響を与えるものである。後者は長期にわたり生産

性上昇や資本蓄積などを通じた動態的効果（dynamic effects）といわれている。

(1)貿易創出（trade creation）効果（貿易創造効果）

域内の貿易自由化により、関税などの障壁で妨げられていた域内の貿易が拡大し（域内のより低い生産費国からの輸入増加）、域内の輸入国の消費者は安く消費することができ、域内の輸出国の生産者は輸出拡大による利益を得ることができるために経済厚生的にプラスとなる効果。

(2)貿易転換（trade diversion）効果

域内の貿易自由化の結果、本来最も国際競争力のある域外国（自由貿易時であれば、もっとも低コストの国）からの輸入が、他の域内加盟国からの輸入によって転換（代替）されることとなり、国際的に資源の効率的利用が阻害されるマイナスの効果。

〔貿易創出効果と貿易転換効果の例〕

ある財のそれぞれの国内での生産状況をA国（コスト30ドル）、B国（コスト28ドル）、C国（コスト26ドル）とする。

関税同盟ケース1 自由貿易協定を締結する前に、A国がすべての国に20％の関税を課しているとすると、A国はこの財を国内で生産することとなり、輸入はゼロとなる。なぜならば、B国からの輸入には関税が賦課されているために33.6ドルC国も同様に31.2ドルとなり、A国よりも高くなるためである。今、A国とB国が自由貿易協定を結ぶと、A国はB国から28ドルで輸入が可能となり、新たに貿易が創出される。この効果を貿易創出効果と呼ぶ。

関税同盟ケース2 自由貿易協定を締結する前に、A国がすべての国に10％の関税を課しているケースでは、A国は最も生産コストの低い（生産効率の高い）C国から28.6＄で輸入することとなる。今、A国とB国が自由貿易協定を締結すると、A国はB国から28＄で輸入することが可能となり、従来の最も生産効率の高いC国からの輸入がB国に転換することになる。この効果を貿易転換効果と呼ぶ(先ほどのメキシコの例ではA国がメキシコ、B国がアメリカ、C国が日本である。)。

(3)交易条件効果

地域統合を形成する国が大国の場合、上記の2つの効果により、例え域外に対する関税が不変であっても域外に対する需要が減少し、域外国の輸出価格、すなわち域内圏での輸入価格が押し下げられ、域内国の域外国に対する交易条件が改善するプラスの効果。

(4)市場拡大効果

地域統合に伴う規格や制度の統一および市場の拡大により、特に鉄鋼・化学プラントのような「規模の経済」の存在する産業の費用低減および生産拡大、最適立地が進展するプラスの効果。

(5)競争促進効果

域内市場開放により、安価な財の流入や外資系企業の参入などにより域内の寡占産業がさらに競争的となり、国内市場への競争圧力が高まり、市場の歪みが是正され、価格支配力が低下し、さらには生産性向上となり域内の経済厚生が高まるプラスの効果。

(6)経済成長効果

技術拡散効果による経営ノウハウや技術が域内各国に伝播し、拡散（スピルオーバー）し、技術進歩の促進や投資の増加などを促し、生産性が高まり、高経済成長となるプラスの効果。

上記以外にも、特に域内への直接投資が活発化することも考えられる。これを「投資転換効果」と呼ぶ。地域統合による単一自由市場は魅力的な投資市場であり、地域統合の市場が大きいほど規模の経済が働き、域内立地の魅力も高まることになる。そのため投資資源が限定されている以上、域外国にとって投資が域内に転換されることになる。特に域外産品に差別的な政策がとられた場合に、各地域間の投資パターンに歪みをもたらすことになる。

静態的効果である(1)～(3)の地域統合が域内に与える影響は、それぞれのプラス、マイナスの効果を総合して決まるが、一般的には加盟国の相互依存度が高く、域内での貿易が統合以前から多い場合、貿易転換効果は相対的に小さくなると考えられることから、総合的にプラスとなることが多くなる。

一方、動態的効果である(4)～(6)も加えると、特に動態的効果は効率的な資源配分が長期にわたり永続するためにその効果の潜在的規模は大きく、当初の貿易転換によるマイナスの効果を大きく上回り、総合的にプラスの効果をもたらす可能性がさらに高くなる。

戦後世界貿易の大部分が静態的効果の基となっている「産業間貿易」ではなく、動態的効果と関連性の高い「産業内貿易」によることから、所得水準や産業構造が類似している諸国間、すなわち同質的な諸国間での地域統合の経済的利益が高くなると考えられている。

第3章 地域統合と日本のFTA　　　　　　　　　　　　　　61

<各地域統合の域内輸出比率の推移>

　欧州連合（EU）の域内輸出比率は、1958年の30.1％から1998年の61.4％へと飛躍的に増加した（第3-3図）。

第3-3図　EUの域内輸出比率の推移

（備考）　域内輸出比率＝域内輸出／対世界輸出
（資料）　IMF「DOT」
（出所）　『通商白書』2000年版　P.109

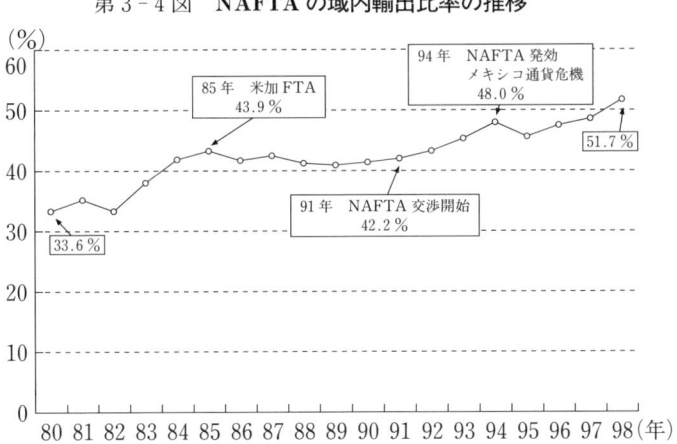

第3-4図　NAFTAの域内輸出比率の推移

（出所）　『通商白書』2000年版　P.111

北米自由貿易協定（NAFTA）の域内輸出比率を見ると、1980年の33.6％から1998年の51.7％と上昇している（第3-4図）。

南米南部共同市場（Mercosur）では1988年にはわずか6.7％に過ぎなかった域内輸出比率が98年には25.1％に上昇し、アメリカ向け15.0％、及びEU向け22.0％を上回った（第3-5図）。

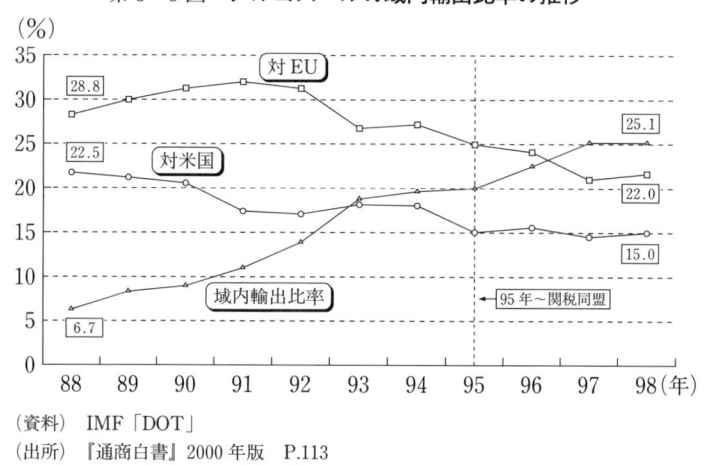

第3-5図　メルコスールの域内輸出比率の推移

（資料）　IMF「DOT」
（出所）　『通商白書』2000年版　P.113

③域外に与える経済的効果とリージョナリズム

地域統合が域外経済に与える影響については、貿易転換効果と交易条件効果を通じてのマイナスの影響が考えられる。すなわち、域外に対して貿易障壁を残して域内貿易を自由化した場合、域内で生産される財の価格支配力が増大し、域外に対する輸出価格の上昇ならびに輸入価格の下落を通じて、域外国に犠牲を強いることとなり、域外に対する自由化の抵抗となりうる。さらに第24条が示すように対外的障壁が絶対的に高くならなくても相対的には高くなることにより、域外国からの輸入は不利になることは否定できない（メキシコの例で示したように）。しかし、市場拡大効果と競争促進効果によって域内の所得が拡大する場合、域内の経済成長は域外への財やサービスの需要を高め、景気の国際的波及効果により域外にも間接的にプラスの効果をもたらすと考えられる。ただし、投資転換効果によるマイナスの効果もあり、これらの総合的な効果については一概に結論を出すことはできない。

地域統合が、域外経済にとってプラスの効果を持つためには域外の域内への輸出面でのマイナス効果を防ぎつつ、市場拡大・競争促進効果による所得拡大を域外経済にも与える形で統合が進められることが必要である（WTOも地域統合の条件として、域外との関税その他の通商規則が形成以前と比較して、より高度かつ制限的なものとならないように規定している）。このような場合、地域統合は必ずしも域外国に対してマイナスとはならないといえる。

　さらに地域統合の締結は、どのような形にしろそれぞれの国内の産業構造調整を進めるために、衰退産業の規模が速やかに縮小し、長期的には域外の国を含めた多角的貿易の自由化に向けた政治的反発が弱くなると考えられる。

　地域統合の最適なケースとしては、世界が完全にひとつの地域統合となる場合であるが、現実には地域統合内の生産者は域外からの新規参入者を排除しようと考えるだろう。そのために、域外国に対する高関税を設ける地域統合ができるとすると、それはブロック経済の誕生を意味する。そうすると、地域統合は開かれた自由貿易システム形成のための過渡的現象というよりも、単なるブロック経済の形成とブロック間の関税競争などに発展していく可能性が高くなる。FTAのような部分的な貿易自由化よりも、グローバルな貿易自由化の利益が大きいことは明白である。グローバルな自由化の場合、すべての国にとってもマイナスは生じないからである。

　第1節で述べたように、戦後「自由・無差別・多角」を理念とするグローバリズム（globalism：世界主義）の必要性が叫ばれ、これを実現するためにGATT（現在のWTO）をはじめとするさまざまな国際機関が創られた。グローバリズムとは、地球（世界経済）全体をこれらの原則でまとめようとするものである。

　この動きと並んで、政治的・歴史的・文化的同質性を背景に、特に地域的に関連の深い諸国間で自由市場を実現しようとするリージョナリズム（regionalism：地域主義）も出てきた。これは限定された地域を中心とする協力関係で、戦前のブロック主義とは異なり、域外に対しては閉鎖的ではないが、グローバリズムのように自由・無差別でもない。この中間に位置するリージョナリズムは、グローバリズムの目的を世界大で展開するのは極めて困難であることから、理想的には初期に限定された地域からはじめ、それを徐々に拡大し、世界全体に広げていこうとするものである（これはリージョナリズムの拡大・延長を通してのグローバリズム化といえるものである。）。しかし、域外国に対してはどうして

も差別的行動に出るために戦前のブロック主義に片寄る危険性が高くなることには注意が必要となる。

リージョナリズムが最終的にグローバルな（世界大の）自由貿易体制に行き着くかどうかについて、Bhagwati（1993）は、第1にブロックを大きくしようとするインセンティヴが働くかどうか、第2にブロック内の企業が効率的になるインセンティヴを持つかどうかにかかっていると指摘している。

地域統合が域外国に対して閉鎖的ブロックとならないためには、域外国に対して統合結成以前と比較してそれ以上の保護貿易とならないようにするとともに、すべての国に対して地域統合への情報を外部に開示し、自由な参加機会を設けることだと考えられる。

第3節　日本のFTA戦略

WTOによる多角的貿易体制が鈍化し、世界中でFTAが広がりを見せているが、そうした状況において、日本は日本経済の活性化及び構造改革の起爆剤として、FTAにどのように積極的に取り組んでいくべきであるかを以下で検討する。

①判断基準と戦略的優先順位

日本がFTAを進めていく際の判断基準を以下であげると次のようになる。
(1)経済的基準（日本との貿易・経済関係がFTAによってどの程度伸び得るか、相手国の経済規模や発展段階、相手国の経済状況）
(2)地理的基準（アジア域内の関係強化や他の国・経済地域との戦略的関係強化）
(3)現実的可能性による基準（センシティブ品目の貿易量に占める割合や国際競争力のない産業界からの反発など）
(4)時間的基準（他地域間におけるFTAの進捗状況やWTO交渉の進捗状況）

これらの種々の基準を踏まえ、日本として、具体的にどの国・地域とFTAを締結すべきなのかを検討する。政治・外交的には相互依存関係が深まっていながら、欧州、米州に比べ地域的なシステムの整備が遅れている東アジア地域において、日本が主導する形で、地域の経済システムの構築整備を図ることが、日本及び東アジア地域の安定的発展にとって戦略的にもっとも重要であると考えられる。また、経済的に見ても、東アジア地域の優先度が高いことは自明である。日本は東アジア、北米、欧州の3地域を主要な経済パートナーとしてお

り、この3地域が日本の貿易の約8割を占めている。この3地域をさらに比較すると、北米、欧州に比べ、東アジアとのFTAが更なる自由化を通じて最も大きな追加的利益を生み出すと言える。便宜的に自由化の度合いを計る目安として関税率をとってみても、日本製品に課せられる関税の額という観点からこの3地域を比較すると、大きな違いがある。つまり、これら地域・国の単純平均した関税率は、米国が3.6％、EUが4.1％なのに対し、中国は10％、マレーシアは14.5％、韓国は16.1％、フィリピンは25.6％であり、インドネシアに至っては37.5％となっており、日本の産品は最も貿易額の多い東アジア地域において最も高い関税を課されているのである。

　日本がFTAを進めていく際、考慮すべきは、地域システムの構築による広い意味での政治的・経済的安定性の確保であり、かつ、緊密な経済関係を有しつつも、比較的高い貿易障壁の存在故に日本経済の拡大に障害の残る国・地域とのFTA締結の優先性である。さらに加えて、農水省も最近新戦略を打ち出し、地理的に近いアジアからの農産物輸入を食料安全保障の一環と位置付けた（日経新聞'04年11／18日）。そしてこのような観点から、東アジア地域が有力な交渉相手となり、さらに(1)、(2)、(3)の基準からも、韓国、ASEAN、及び中国のアジアがまず交渉相手になると考えられる。

　同時に、FTAを考える場合上述のような特定地域との総合的政治・経済関係の強化のみが唯一の基準ではない。経済的な不利益の解消の手段としてのFTAも検討すべきである。この点に立てば、先に示したメキシコが例にあげられる。

　上述したとおり、日本周辺の東アジア地域が最も戦略的に優先度が高いといえる。とりわけ、中国の経済発展に伴う中国への投資の増加や中国産品の国際競争力の向上といった現実を踏まえ、中国が東アジア地域の経済システムに調和的に統合され、日本をはじめ韓国やASEAN諸国との国際的分業体制の中で、東アジア全体のダイナミックな発展に積極的に貢献していくような体制の構築が重要である。日本としては、東アジア全体の枠組みを最終的な目標として念頭に置きつつ、まずは韓国及びASEANとのFTAを追求し、しっかりとした経済関係を構築していくことが重要である。そして中期的には、そうした土台の上に、中国を含む他の東アジア諸国及びその他の地域とのFTAにも取り組んでいくことが適切であると考えられる。

②日本のFTA戦略の問題点

これまでに論述した通り、日本が各国（特に東アジア地域）とFTAを進めていくことは、日本の経済及び日本の構造改革にとって大きなプラスであろう。しかしながら、日本がFTAを進めていくには乗り越えなければならない幾つかの障害がある。その中でも日本にとって一番大きな障害となるのは農業問題である。その農業問題をどのように解決していくかが、日本のFTAを進めていく大きな鍵といえる。

2002年に日本にとって初となるFTA（日本・シンガポールEPA）が締結された。しかし、農水産物については実質的に関税撤廃から除外された。農業分野がFTAで例外扱いされることは決して珍しいではない。世界各地で締結されているFTAの多くで農業は他分野とは異なり、適用除外とされたり、より緩やかなスケジュールが用意されたりしている。前述したように、WTOではGATT第24条でFTAを認めているが、その条件は実質上全ての貿易について関税その他の貿易規制を撤廃することである。それにも関わらず定義のあいまいさゆえに、農業の特例が残っているのが現状である。また、農業の例外扱いはWTOの前身であるGATTでも見られる。つまり貿易自由化における農業問題は、日本特有のものではなく、世界各国が抱えている問題であり、以前から議論されてきた問題でもある。

ようやく農水省は対アジア自由貿易協定交渉で守り一辺倒であった姿勢を修正する新戦略を打ち出した。第1に地理的に近いアジアからの安定的な農産物輸入は「食料安全保障上のメリットがある」とし、日本の技術協力や市場開放で近隣諸国の農業生産を安定化させ、食料輸入の多角化や安定化を図るというものである。アジアの貧困解消や環境保全の推進も市場開放に応じる原則として明確にしている。そのために、FTAを通じて日本の食料安全基準をアジアに普及させると同時に、国際競争力のある日本の「おいしいナシやリンゴ」などの果物の輸出拡大につながる措置は相手国に求めるなどFTA交渉を加速するというものである。具体的には、農産物の関税は農産品ごとに対応を検討してFTA交渉を推進するとしている。

FTAでは、特に2国間の場合、比較優位・比較劣位分野が明らかになりやすい。したがって、国内対策も迅速に行いうる。WTO合意であれば加盟国全ての国の動向に気を配らなければならないが、FTAでは限られた相手国の動向に注意を集中して対策を講じればよい。段階的あるいは品目別に構造調整を

行えばよいという意味で、FTA対策は今後訪れるであろう本格的なグローバル化時代へ向けた構造調整への試金石となりうる。いずれにしても、農業分野も逃げることなく国民経済的視点から交渉の場につき日本の立場を主張すべきであろう。

　日本がFTAを進めていくうえで障害となるのは農業問題だけではなく、国内の労働市場開放や産業の空洞化など、他にもいくつかの問題が存在する。その中でも、早期にFTA締結が必要であり、日本との締結を強く望んでいるタイやフィリピンとの交渉には、日本国内の労働市場開放の問題が焦点となっている。

　タイとフィリピンは日本に対して、看護士、介護士、マッサージ師等の受け入れを希望している。日本では少子高齢化が進み、看護士や介護士の需要はこれから増加すると見られているが、日本国内における外国人労働者の受け入れは、他の国と比べて非常に乏しいのが現状である。例えば、看護士に関しては日本で働くためには日本の国家試験に合格する必要があるが、2002年末時点で医療関係の在留資格を持つ外国人はわずか114人にとどまっていた。また、介護士やマッサージ師の在留資格は存在していない。しかし、2004年10月に日本とフィリピンと間で焦点の看護士と介護士の受け入れについて合意がなされた。すなわち、語学兼修など一定の条件を満たした看護士と介護士候補者について看護士は3年、介護士は4年の滞在を認め、滞在中に日本の国家資格を取得すれば、在留期間を更新できるというものである。

　今後日本が各国とのFTAを進めていけば、日本の高賃金を求める外国人労働者や、日本国内への外国人旅行者などが増加することは間違いないことであろう。日本はこういった状況を踏まえて、農業だけでなく、他の様々な分野においても見直しや改革等が求められている。

　以上から、日本は世界経済において重要度が増しているFTAを、日本経済の活性化及び国内の構造改革を進めるための貿易政策の1つとして捉え、積極的に推進していくべきである。そして、日本・シンガポールとの経済連携協定（EPA）をモデルケースとして、今後東アジア全体での経済連携を構築していかなければならない。加えて、日本がFTAを進めていくうえで大きな足枷となっている農業分野についても、排除するのではなく積極的な議論を交わし、FTAの交渉のテーブルにのせることが必要不可欠である。

参考文献

〔1〕井川一宏・林原正之・佐竹正夫・青木浩治『基礎国際経済学』、中央経済社、2000年。
〔2〕池本清編『テキストブック国際経済学（新版）』、有斐閣、1997年。
〔3〕日本貿易振興会（ジェトロ）編『ジェトロ貿易投資白書2002年版』、日本貿易振興会（ジェトロ）、2003年。
〔4〕木村福成『国際経済学入門』、日本評論社、2000年。
〔5〕仙頭佳樹『最もやさしい国際経済学—国際貿易・国際マクロ—』、多賀出版、2003年。
〔6〕田村次郎編『WTOガイドブック』、弘文堂、2001年。
〔7〕通商白書各年版、特に2000年、2001年版。
〔8〕浦田秀次郎・日本経済研究センター編『日本のFTA戦略』、日本経済新聞社、2002年。
〔9〕日本経済新聞。

第2部　貿易実務

第4章　貿易マーケティングからみた海外市場調査の要点・販売経路・"Offer"について

第1節　海外市場調査についての基本的考え方

　従来、我々が「貿易取引」について学ぶ時には、「貿易実務」即ち輸出取引や輸入取引を輸出者と輸入者との間の取引としてのみ考えてきた。即ち「引き合い→貿易契約→船積準備→通関手続→船積→代金決済」などの貿易取引の流れを追って、それぞれの段階における業務処理要領について商学的に、実務的に研究してきているのが、現状である。このことは、今日、出版されている多くの貿易実務に関する参考書を見れば容易にわかるところである。しかし、この単なる"貿易実務的考え方"では、いかにして貿易取引をより有利に合理的に遂行してゆくかについての明確なる解答は得られない。今日では、単なる貿易実務から脱却して、いかにより合理的に、有利に国際商取引をするかを考える時期に来ている。このように考える時、貿易実務の前に少くとも貿易マーケティング的発想にもとづく輸出（輸入）計画が作成され、それにもとづいて、それらの取引が実現・遂行されなければならない。そこで、そのような立場に立って輸出計画を作成するための資料を得るために必要な市場調査事項について以下、述べることにする。

　①自己の商品の当該市場における販売可能性はどうであろうか？

　②デザイン、品質、特徴などからみて、自己の製品は一流の競争者の商品と比較して販売可能であろうか？

　③数量的に、金額的にどの程度の潜在輸出可能性があるのか？　またどの程度の期間でそれを実現することが出来るであろうか？

　④最も有利な販売経路は何か？　輸出商、輸出代理店、輸入商、輸入代理店などのどの業者の手を経て海外市場で販売するのが最善か？　自社の支店、駐在員、販売拠点および現地における自社の代理店などの配置又は設立によって

輸出をすべきか？

⑤技術輸出をした方がよいのか？

⑥海外の販売業者、代理店などの販路がより効果的に行われるための最善の方策はどうあるべきか？　それらの業者の販売増進意欲を増進するための"動機づけ"をどのようにするか？

⑦販売経路の各段階の業者が占める利幅の率はどうあるべきか？　現実にはどのようになっているであろうか？　それらの利幅率は、自社の商品の販売にどのような影響を与えているか？

⑧輸出しようとする商品は、現在のまま販売されることが出来るか？　または、現地の需要に一致するように特別に加工、または改造することが必要か？

⑨商品は海外で製造した方がよいか？

⑩輸入者の販売活動が円滑にゆくような販売増進のための広告戦略はどうあるべきか？

⑪現地の市場の状況や競争者の状態を考慮に入れながら価格戦略をどうするか？

⑫輸入国における経済の発達程度、生活水準はどのような状態にあるか？　外国からの投資に対する現地政府や国民の態度はどうであろうか？

⑬輸送方法や経費は、どの程度、取引に影響を与えるか？

⑭輸入国における関税や割当はどのようになっているか？

⑮継続的に輸出するのか？　もしそうであれば、どのようにしてそうすることが可能となるか？

⑯将来において輸出向け新製品を開発する計画があるか？

⑰一定年後における輸出数量は、どの程度にすべきか？　それを実現するための販売努力はどうあるべきか？

第2節　海外市場調査の具体的実施項目

「海外市場調査」は、"基本的調査"と"現地における調査"の2つに分けて考えるべきである。前者については、出来うるかぎり国内に存在する次のような機関を利用して行うことが出来る。

①日本貿易振興機構（東京の本部及び各県にある貿易情報センター）

②各県や都市の貿易協会

③大学の図書館

④在日外国大使館、公使館及び領事館など。これらの在日公館には貿易担当の商務官、領事、副領事及び事務職員がいてそれぞれ貿易振興にあたっている。

⑤外国為替銀行。東京三菱銀行のような大手の外国為替専門銀行は、貿易相談所も持っており、海外の市場についての資料も整備されている。

以上のような諸機関を利用して基礎調査を行う。

しかし、既述のような具体的、専門的調査については、料金を支払ってでも日本貿易振興機構に委託して調査してもらった方が最も効果的と思う。欧米には、「市場調査」専門の会社もあるので、それらを活用することも一案である。細部は、ジェトロに相談した方がよい。ただし、事情が許せば、最終的には自社の責任あるポストにある社員が自ら現地に行って基礎調査を踏まえた調査をすることが必要である。

第3節　海外市場調査における基礎調査事項

①地理　　a．地勢、気候、季節　b．自然的区域、販売地域区分

②資源　　a．資源の種類と開発の程度　b．鉱物、農産物、主要収穫物、森林、水力、開発及び潜在電化地域

③産業　　a．産業の種類、位置、生産高及び金額、労働事情、失業記録　b．自社の製品との競争　最近、約10年間における産業の成長

④人口　　a．人口数、密度（都会及び田舎）、重要な都市の位置と大きさ　b．歴史的背景、宗教、国籍の分布、進歩性、習慣、わが国や諸外国に対する国民感情　c．文盲率、教育の発達、言語グループ　d．購買力、賃金、1人あたりの銀行預金高、自動車・電話・テレビ及びラジオなどの普及状況

⑤運送と海運　　a．利用出来る輸送手段（船舶、飛行便、鉄道、それらの運行頻度、港の設備など）　b．国内における交通事情（鉄道、自動車道路、河川など）

⑥商慣習　　a．わが国の商慣習と当該諸国における商慣習との比較　b．営業時間、売買の季節　c．通信文や販売における丁重さ　d．商工会議所の有無、同業組合の有無　e．特定商品に対する流通経路　f．利用出来る広告手段（新聞、雑誌、それらの販売部数、ラジオ、テレビによる広告、戸外広告、利用出来る現地の広告企業）

第4節　相手市場選定のために必要な格付け

　これらの市場調査を実務上役立つものとするためには、単に調査項目を整備・充実させる作業を行うだけでは十分ではないし、また当該市場についての調査資料を積み重ねてみても達成できない。貿易マンは民族学者である必要もないし、旅行ガイドでもない。実務上重要なことがらは、当該商品がどこの市場に向いているかという点ではなく、どのくらい向いているか、といった比較の問題であり、海外市場の格付けこそがまず問題となるのである。

　士農工商の気風が残存する日本的な風土のもとでは、商人は駆け引きをするという理由で卑しめられてきた。忍従、あきらめ、総花主義は、こうした土壌の産物である。これに反して西欧的な合理主義は、考えようによれば、徹底した駆け引きの論理である。すなわち、物事を比較・検討して優先順位を決めるPriorityという考え方が生活のうえでも取引のうえでも基礎となっている。およそいかなる輸出企業も資力と人材に限りがあり、しかも広大な世界市場を相手とする以上、海外市場を格付けしたうえで、限られた輸出能力を重点的に集中的に振り向けることこそ、合理的かつ効果的な貿易経営の基本であり輸出戦略の基盤である。

　では、具体的に世界市場の格付け、目的市場の選定はどのような方法で行われるべきであろうか。世界には国連加盟国だけでも191カ国（2003年1月現在）、世界人口は61億人（2001年8月国連発表）を数える。これら広大にして数多い海外市場の1つ1つについて、信憑性のある最新資料を完全に収集することは困難であるばかりか、それぞれの資料が共通の尺度で作成されているわけでもない。そこで各市場を個別に調査・分析する方法に代えて、世界市場についての比較分析（Comparative Analysis）という方法が、実用性のある方法論として注目されることになる。これはある種の尺度に基づいて世界市場を5つもしくは6つにグループ化し、世界市場全体を網羅しながら、しかも各グループについての分析を深化させ一般化することによって、個々の市場ごとに行ったのでは不可能であった比較・検討を、グループごとに行おうとする実務的な方法論である。

　問題は、この場合、グループ化するために用いる尺度（Criteria）として何を用いるかであるが、古くは地理的なグループ化（Geographical Grouping）が行われてきた。これは隣接する諸国をひとくくりにしてまとめていく方法で

あって、今日でも貿易企業の会社組織のなかに北米課とかアジア課というかたちで利用されている。しかし、こうした地域的な分類は、昨今、合理性を欠く点が目立つようになった。例えば、日本と韓国は、地理的には近いが政治、文化、風習の点で相違するところが多い。逆に、カナダとオーストラリアは距離的には遠いが、文化、風習の点では似ている点が多いからである。

そこで地理的グループに代わる方法として、例えば貿易の取引形態（Trading Patterns）を Criteria とする試みがなされている（1967年）[1]。しかし、そこでは、比較分析に数量的なアプローチが不足しているために、個々の商品の目先的な取引の可能性を考えるうえでは有効であっても、輸出取引の第1段階として行うべき世界市場の一般的格付け（Market Grading in General）という点では科学性を欠き、完全とはいえない。

こうしたなかにあって注目されるのが、シカゴ大学地理学チームが、発展途上国についての定義づけの必要から行った分類作業の方法論である。ここでは世界の95カ国を選び、経済成長に関係のある合計43の調査項目を設けて比較分析し、第4-1表のように5つのレベルにグループ化した（1967年）。

上掲の分類の基礎となっている調査項目43についても議論の余地はあるし、また調査年次の古さが問題とされなくてはならない。しかし、量的な尺度43を用いて比較分析し、5つのグループに分類した方法論それ自体は、世界市場を数量的に分析して市場の格付けをしようとする輸出取引の第1段階において役立つものである。被調査国をふやし、調査資料を新しいものに取り替え、グループ間の組み替え作業を続けると同時に、各グループごとの特性を探求して一般化すれば、貿易戦略を考える場合の基本的図表として大いに役立つ。たとえば、嗜好性の高い高級消費財であれば、米国だけではなく、レベル1に所属する大量消費の段階にある諸国が目標市場として考えられるし、生産財の場合であれば、経済的に離陸（Take off）を図っているレベル3の諸国に焦点が絞られよう。

次に同一レベル内の諸国についての格付けのためには、個別商品ごとの格付け（Market Grading for Types of Products）が必要となる。ここでは、関税、輸入規制、消費者の需要動向など調査すべき項目は数多いが、それらは次の5項目に整理・分類できよう。

①品質的適応性……当該商品が現地の消費者や使用者に満足を与えうるかどうか、他社の同類商品と比べてどのような点に差別化、特殊性があるか。

第4-1表

Level 1 (Most Highly Developed)	Level 2 (Developed)	Level 3 (Semi-developed)	Level 4 (Under-developed)	Level 5 (Very Under-developed)	
United Kingdom	Finland	Lebanon	Tunisia	Nigeria	C.African Republic
West Germany	South Africa	Greece	Guatemala	Burma	Chad
Belgium	Spain	United Arab Republic	Ghana	Thailand	Congo (Braz)
United States	Ireland	Turkey	Ecuador	Sudan	Gabon
France	Mexico	Colombia	Congo (Leo)	Paraguay	Liberia
Switzerland	Argentina	Iceland	Syria	Jordan	Ethiopia
Canada	Venezuela	India	Tanzania	Dahomey	Libya
Netherlands	Chile	Peru	Uganda	Guinea	Afghanistan
Sweden	Uruguay	Costa Rica	Bolivia	Ivory Coast	
Australia	Portugal	Morocco	Iran	Mali	
Italy	Malaysia	Algeria	Pakistan	Niger	
Denmark	Israel	Ceylon*	Dominican Republic	Senegal	
Austria	Brazil	El Salvador	Indonesia	Togo	
Japan		Iraq	Nicaragua	Upper Volta	
New Zealand		Panama	Honduras	Sierra Leone	
Norway		Philippines		S.Vietnam**	
				Haiti	
				Cameroon	

＊現在のSri Lanka, ＊＊現在のViet Nam

②数量的適応性……潜在的需要量を測定する。
③価格的適応性……価格の問題は、商品のLife Cycleにも関係する。また販売経路の整備・統合によって競争力が増す場合も少なくない。
④受渡的適応性……販売経路の選定、製品輸入に対する現地の関税、輸入法規も問題となる。必要ならば現地生産をも考えなくてはならない。
⑤決済的適応性……決済方法や手形の期間についての現地の慣習や同業他社の条件が把握されなくてはならない。

以上のように5項目にわたる適応性（Suitability）について比較分析する必要があるのは、商品売買契約を構成する基本5条件である品質、数量、価格、受渡し、決済について、それぞれの市場でどの程度の適応性をもつかが、取引数量に大きく影響するし、今後の販売戦略の基礎ともなるからである。もちろん、これらの適応性も、終極的には数量的に昇華され測定されてのみ、比較分析が可能となるわけである。この場合、当該商品についての現地の生産数量(a)、輸入数量(b)、輸出数量(c)がわかれば、(a)＋(b)－(c)が現地の需要量として測定できる。そのためには国際連合貿易統計年鑑（国連統計局）、Oxford World Atlas（Oxford University Press）、The Library Atlas（George Philip & Son Limited, London）、通商白書、日本貿易振興機構（JETRO）の刊行物、調査資料などが役立つ。

第5節　販売経路の考察と"Offer"について

①直接輸出と間接輸出

メーカーが、自己の商品を輸出する場合、輸出商、買付代理店、輸出代理店などの輸出中間商人の手を経て輸出する、所謂「間接輸出」と、メーカーが、自社に輸出担当者を持ち海外の需要者、消費者、大規模小売店、卸商、輸入者などと直接交渉を行い、自ら一切の輸出業務を遂行する取引を「直接輸出」と言っている。また、輸入では、輸入国の直接の需要者やメーカーが海外の供給者と直接交渉し、製品や原材料などの輸入実務を自分で遂行する場合には、「直接輸入取引」と言っている。

②直接輸出と間接輸出の長所と短所
・直接輸出の長所
　a. 海外における販売へのある程度の統制が可能である。
　b. 海外の販売機関への近代的経営技術の指導を通じ、その援助が可能である。

c. 海外市場と自ら直接、接触が出来る。
・直接輸出の短所
　a. 間接輸出よりも広範囲な、しかもより多くの経費を要する販売活動。
　b. 輸出実務は、メーカー自身がしなければならない。このためには、輸出実務担当社員の養成をするか又は採用しなければならない。
・間接輸出の長所
　a. 間接輸出は、諸経費の支出においては直接輸出より少なくてすむ。
　b. 輸出実務は、商社などにまかせるので非常に簡単となる。
　c. 商社金融をうけることが出来ることもある。
・間接輸出の短所
　a. 自己の海外の顧客との直接の接触が殆んどない。
　b. メーカーは、自己の製品の現地販売活動に対して殆んど発言力がない。これを防ぐためには、再販価格の設定、アフターサービス及び広告などについて一定の条件を設定することが必要であろう。
　c. メーカーの潜在総利益の一部は、輸出商の輸出販売活動において用いられるので、その総利益は減少する。
　以上のように要点のみ説明したが、メーカーは、直接輸出によるか間接輸出によるか自ら決定しなければならない。開発途上国や中進国の追い上げが急な産業分野の輸出においては、輸出商社がそれらの製品の輸出向け取り扱いをしぶることもあるので、やはり自社で直接輸出を実施するための知識と能力を持っていることが望ましいと思われる。
　③直接輸出の経路
　直接輸出の経路についての理解を容易にするために右のように図示することにする。
　直接輸出の販売経路についても、以上のように数多く考えられるが、メーカーとしては、相手国の経済事情、市場の情況、自己の製品の特性からして単一の経路のみならず複数のルートも検討すべきことは当然である。販売経路は、なるべく短くして販売経費の節約を図ると共に、販売活動がより効果的となるように考えることが必要である。
　④海外での工場の設立
　輸出の形態をとって海外に商品を輸出するより、現地に組立工場、又は完成品を製造するための工場を建設した方が有利な場合がある。この場合、自社が

〔輸入市場〕

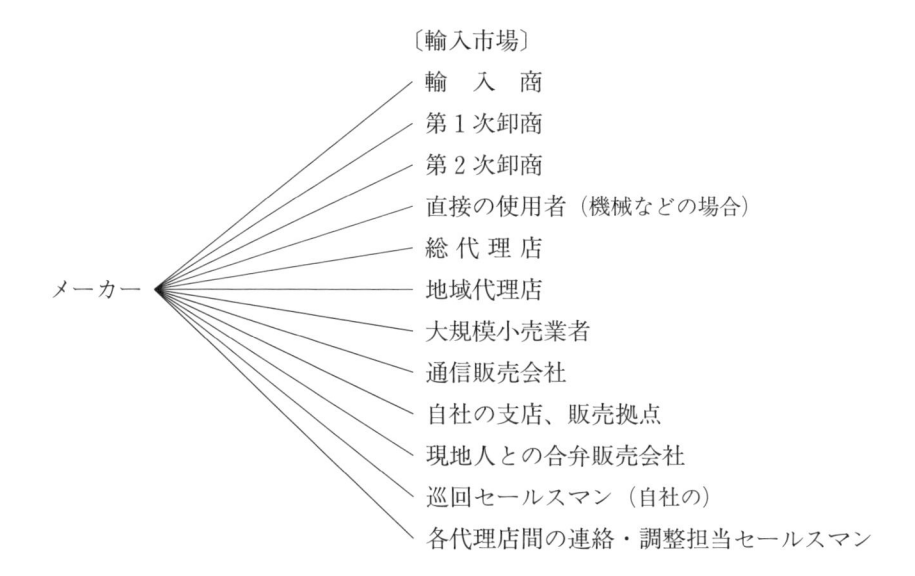

```
           ┌─ 輸　入　商
           ├─ 第１次卸商
           ├─ 第２次卸商
           ├─ 直接の使用者（機械などの場合）
           ├─ 総 代 理 店
メーカー ──┼─ 地域代理店
           ├─ 大規模小売業者
           ├─ 通信販売会社
           ├─ 自社の支店、販売拠点
           ├─ 現地人との合弁販売会社
           ├─ 巡回セールスマン（自社の）
           └─ 各代理店間の連絡・調整担当セールスマン
```

全部出資するか又は合弁企業とするか、どの程度の製造及び販売の権限が与えられるべきか、などについても慎重に検討しなければならない。海外に工場を持つ場合の利点は次のようなものである。
　a. 外国市場との直接の接触
　b. 原材料及び労働力の確保が有利に行なわれることが多い。
　c. より直接的管理により製造費、販売経費、流通経費の節減が可能となる。
　d. 関税及び輸出経費の節減。
　e. 輸入国における外国為替管理及び輸入制限を回避することが出来る。
　f. 国際親善と互恵主義に寄与することが出来る。
・海外に工場を設立する時に注意すべき点
　a. 外国への投資から得られる利潤は自国での課税の対象となるか、即ち"二重課税"となるかどうか事前に研究・調査しておく。
　b. "日本式経営"（年功序列、終身雇用制度、社員教育、厚生施設、企業別労働組合、稟議制度など）が現地に"輸出"出来るか？
　c. 現地の設立認可手続、工業所有権、労働法などについて研究・調査しておく。
　⑤間接輸出の販売経路
(1)メーカーの輸出代理店

これは一定の手数料をもらいながら輸出取引業務を遂行する代理店であり、法人又は個人である。元来、セールスマンのようなもので専門商品の輸出の場合には有利である。しかし、輸出代理店があまりにも多種の商品を取扱う場合には、"セールス・マン"としての能力はある程度は制約される。

(2)輸出商

　輸出商は、海外への販売に対して自己の危険と勘定で営業するものである。原則として、すべての信用危険を引き受けてくれると共にすべての輸出業務も遂行してくれる。もし同社が、世界的に販売網をもっている場合には、その販売活動は大いに期待される。

(3)連合輸出支配人

　連合輸出支配人は、輸出業務に堪能なる貿易マンであるが、単に1社のために活動するのではなく、同種のサービスを中小メーカー数社に提供する。そのため1社では、この種の有能な貿易マンの採用は困難であるが、関連ある商品のメーカー数社が共同して採用することにより、その給料を分担するので、経済的に自己の製品を輸出してもらうことが出来る。

　以上、従来のような単なる、「メーカー→輸出者→輸入者→第1次卸商→第2次卸商→小売商→消費者」のような公式的又は惰性的販売経路を考えずに、どのような販売経路が自己の製品に対して有利かを検討すべきである。

　さらに、単に"輸出"ばかりでなく、"委託販売方式"や"現地生産方式"などもその可能性を検討してはどうであろうか？　雑貨などにおいて、単に国内に展示しておくより、委託販売方式で外国の百貨店に展示・即売などしてもらった方が、はるかに効果ある営業となるものと思うがどうであろうか？

⑥ Offer とは？

　"Offer"とは、"正式な取引の申込"であり、相手がこれを100％承諾すれば商取引は成立する。この意味において Offer をすることや承諾することは、商取引の当事者にとっては重要なことである。

　Offer について論じる時に "Offer is more than invitation" と言うことが米国における判例からも認められている。これは「取引の申込は取引の勧誘以上である」という意味であって、Offer をするにあたっては責任を伴うことを意味している。

　Offer には、"Firm Offer"と呼ばれるものと単なる"Free Offer"とがある。前者は"有効期間を定めてなす申込"であり、後者は"期間に定めがない

申込"である。妥当なる期間内に承認の返事が来なければ無効となる。

Offerという用語を用いれば責任を伴うので、"Offer without engagement"（約束をしない申込み）又は、"Offer subject to being unsold"又は"Offer subject to prior sale"などの表現を用いて取引の申込をすることもある。これらは、「先売りを条件として取引の申込をする」という意味であり、相手に対する心理的効果を狙った表現であると同時に文字通り慎重なる意味を持った表現でもありうる。契約成立の時期には諸説があるが、原則としては、英米法でも日本法を含む大陸法系では、「被申込者の意思表示が申込者に到着したときに契約は成立する」と考えている。これは承諾の通知が申込者に到達しないうちには、意志の合致は存在しないので契約は成立しないとの考え方にもとづくものである。

対座中の承諾はどうであろうか？　これも到達主義の原則を用いている。しかし現実には、被申込者の言うことを申込者が耳でキャッチした時に契約は成立する。

電話による承諾はどうなのか？　やはり、承諾の意志表示が申込者に到達した時にその場で契約が成立すると考えるべきである。即ち、「到達主義」の一般原則が適用されるものと考えてよい。

ファクシミリによる承諾はどうであろうか？　今日における国際電気通信手段として最も多く用いられているファクシミリの場合にも、到達主義を用いて効力発生の時期と考えるのが原則と考えられている。

郵便・電報による承諾の通知についてはどうであろうか？　我が国の民法でも英米の法律でも、発信主義を採用していると言われている。特に英米法によれば、期間内に承諾の郵便または電報が発信されればよいとしている。しかし、実務的には条件を付して「到達主義」にしておくことが望ましい。

⑦貿易実務の立場からみた申込書や承諾書の書き方

以上、述べたところからわかるように、申込への承諾の効力の発生時期については、法律的には国によって異なることもある。そこで貿易実務においては、発信主義や到達主義の原則にたずさわることなくOfferの書き方に、技術的に条件を付してOfferに対する効力の発生を到達主義として明示することが出来る。次にその具体的書き方を示すことにする。

"we have the pleasure to offer you the undermentioned goods, subject to your reply received by us not later than October 10, 1979, Tokyo Time."

"Offering until October 10 here."

"Offering subject to your acceptance by October 10 here."

"Offer valid until Oct. 10 Tokyo Time absolute deadline of our receipt of your reply."

次に貿易実務的にみて考えねばならないことであるが、Offer をする場合には、次の諸条件を原則として含んでいなければならない。単なる1部のみの申込では Offer は有効ではなく、従って単なる一種の "Quotation" のごときものであり、たとえそれに対する承諾があっても契約は成立しない。

次に示す Offer は、米国の聴力検査室のメーカー宛に出された期間に定めのない Offer の例である。特に Offer が成立する条件である(1) Description (2) Quality (3) Price (4) Payment (5) Shipment (Delivery) をすべて含んでいることについて注意してもらいたい。次に「聴力検査室」輸入における "Free Offer" の実例を紹介したい。

THE OFFER

Seeing from what has been negotiated so far through correspondence, we offer you as follows :

1. Description and quality :

    Your Specification stated in your pamphlet has been accepted.

2. Price

    Your C.I.F.Kobe price has been accepted.

3. Shipment

    March Shipment : To be shipped in a container. The local transportation from Kobe to Fukuoka is to be taken care of by us.

4. Payment

    You may draw for the whole invoice amount on a reliable foreign exchange bank in Japan at 30 days after sight under the basis of Irrevocable Letter of Crebit to be issued by the said bank.

    The L/C shall expire at the end of April.

5. Insurance

    To be covered by you on the terms of W.P.A.

6. Packing

    Your customary export packing.

第4章　貿易マーケティングからみた海外市場調査の要点・販売経路・"Offer"について

Offer に対する承諾書を書く時には、単に承諾の通知を発する通信文や電報文では不充分である。特に Counter Offer（反対申込と言われ、相手の申込に1部の条件を変更して承諾することで一種の "a new Offer" と考えられている）がお互いになされる場合においては特にそうである。承諾の通知を発する時には単に "承諾する" との通知のみならず、申込者からの Offer をすべて記入して承諾の書類を出すべきである。次に示す前記メーカーからの承諾書は望ましくないものである。この取引のケースの場合には、早速、註文書を書いてその Offer の内容をすべて書いて確認する目的も含めて Order Form を作成して発送することにした。以下、前記メーカーからの承諾書の原文を示して参考に供したい。

・Free Offer への承諾の一例（但し、"poor example" であることに注意）

Subject : IAC Job # 10-7778

Dear

We acknowledge receipt of your letter dated January 24, 1979 and the order for the IAC Model 1203-A with accessories.

We accept your offer as outlined on page 2 of your letter, with no exceptions.

We look forward to receiving the Letter of Credit.

Very truly yours.

　上記のごとき承諾書を受取ったが、貿易実務の原則に従って次のごとき註文書（一部掲載）を早速して上述の承諾書を確認した。但し売手の取引一般条件書に "仲裁条項" が明示されていなかったのでこの註文書には明示している。

We as Buyer confirm having bought from you as Seller the following on the terms and conditions as stated bellow :

Quantity	Description	C.I.F Kobe Price
One	IAC Model 1203-A Type 13 Audiometric Testing Room	$9,710
One	Intercom	80
One	RF Shielding	690
Containerized Shipping including truck to New York Pier, Ocean Freight, Papers & Insurance		4,134

                    Total   U.S.$14,614

The quality of the shipment must be equal to that stated in your pamphlet we hold in this office.

                    Total Amount U.S.$14,614

Terms : Draft at 30 days after sight under Irrevocable L/C.

Insurance : To be covered by you on the terms of W.P.A.

Packing : To be containerized, Customary Export Packing.

Destination : Kobe, Japan.

Dispute and arbitration : If any trouble should happen, it must be settled amicably. If not, it shall be settled in Tokyo in accordance with the rules of Japan International Arbitration Association.

⑧ Offer や承諾書を書く時の注意事項

(1)申込に承諾の方法が明示されている時には、それに従って書く。もし承諾の通知方法が不明であれば"電報によるOfferには電報で"、テレックスによる場合はテレックスで、航空便によるものには航空便で返事を出すのが一般とされている。

(2)"発信主義"と思われることをさけるために"到達主義"による旨を明示するごとき条件を記入しておくこと。

(3)「沈黙は承諾を意味するか」については、貿易実務上には相手にあくまで督促して諾否を明確にすることが望ましい。

(4)相手の「取引一般条件書」の中に重要と思われる事項が記載されていない時には、Offerの中に追加して明確にしておくことが必要である。

(5)英語学的表現で"承諾する"を"ACCEPT"とするのは不可。"ACCEPTED"又は"WE ACCEPT……"と書くべきである。

〔註〕(1)

① Communist and Eastern Bloc Countries（中国も含まれる。）

② European Common Market

③ European Free Trade Area's Markets

④ Dollar Markets of North Americe（カナダと米国が含まれる。）

⑤ Central and Southern American Markets（決済と政府の許可の関係から中米と

南米を分けることも提案されている。）
⑥ Africa and Middle East（ただし、イスラエルはアラブ諸国と別に取り扱うべきであるとしている。）
⑦ India, Pakistan, Burma, SriLanka（取引の厳しさという点から他の極東諸国と区別すべきであるとしている。）
⑧ Far East

参考文献
〔1〕碓井陽一・仙頭佳樹・山下睦男「貿易論講義」、北九州貿易協会、1985。
〔2〕石田貞夫・東京銀行貿易投資相談所編「貿易実務英語ハンドブック」、同文館、1981年。

第5章　貿易取引における「値段」の意味

第1節　米国のメーカーからの見積書についての疑問

　米国から、ある九州の病院が「聴力検査室」を輸入することに決定した。実は国産品か、西ドイツの製品か、米国製品か、いずれを購入するかについて検討されたところ、米国製が性能的にはベストであることが判明した。そこで同病院は、メーカーに対して「聴力検査室」の輸入に対する引合を東京のある光学株式会社を通じて出した。その結果、次のごとき見積が手紙の形式にて送付されてきた。

　Gentlemen:
　We are pleased to submit the following quotation, subject to terms and conditions as set forth bellow and on the back hereof :
　One (1) IAC Model 401-A-SE ……………………………… $ 2,525
　Export Crating ……………………………………………………　290
　Truck to NY Pier, Ocean Freight, Papers, Insurance ………　850
　　　　　　Total　　　　　　　　　　　　　　　　　　　　　$ 3,665
　Note : When ordering please identify where door and window location
　　　　should be.
　Room in stock-ready for immediate shipment.

〔訳〕聴力検査室　401-A-SE 型 ……………………………………… $ 2,525
　　　輸出向梱包 ………………………………………………………　290
　　　ニューヨーク港までの
　　　　トラック料金＋海上運賃＋海上保険料＋船積書類作成費 …　850
　　　　　　　　　　　合　　　計　　　　　　　　　　　　　　　$ 3,665
（注）御注文の節には何とぞドア及び窓の位置を明示されたい。在庫品があり、「直積」の同意あり。

　この見積書を一読してみると、残念ながら買手としてはこの見積書のもとには Offer を出すことは出来ない。その理由は次のとおりである。

①この見積値段は内容的にみて"C.I.F. Japanese Port"と判断は出来るが、果たしてC.I.F.取引なのかどうかは不明である。
②この場合における保険にはどの種の保険をつけるのかも不明である。
③貿易条件（用語）がはっきりしなければ売主と買主の義務がわからない。
④積送貨物に対する危険負担の限界が不明である。

これらのことを考えると、上記の見積書からして買手は、Buying Offerを直ちに出すことは出来ない。結局買手は、通信手段を利用して上記の疑問点を明確にするための余分の労力と時間を必要とする。

第2節　貿易取引におけるTrade Terms（貿易用語）の意味

F.O.B.、C.I.F.などの貿易用語は、単なる値段を示すのみならず次のことを明確にする。
①値段の計算の基準
②売手と買手の危険負担の限界
③売手と買手の義務の明示

以上述べたように、F.O.B.、C.I.F.などの値段は、決して単に"値段"を表わしているものではない。しかも、ここで注意してもらいたいのは、これらのTrade Termsの意義は国際的に通用するものでなければならない。単に我が国でのみ認められる値段であっては国際的紛争が発生する原因ともなりかねない。そこで今日、世界的にみて貿易用語の意味を統一している規定が次のように3つある。

すなわち、①国際商業会議所（ICC）の制定した解釈基準（Trade Definitions）——いわゆる"Incoterms"(注)と略称されている統一解釈規則（International Rules for the Interpretation of Trade Terms）、②改正アメリカ貿易定義（Revised American Foreign Trade Definitions, 1941）、および③CIFにつき国際法協会制定の"C.I.F. Warsaw-Oxford Rules, 1932"の3つである。このうちワルソー・オックスフォード規則はCIFだけについて定めたもので、全般にわたるものは①と②の2つであるが、②の改正アメリカ貿易定義は、アメリカ独特の考えによるもので世界的とは言い難い。また、アメリカ自体もIncotermsに合わせるのが望ましいと考え、同定義を永い間改定していない。したがって、今日、世界的に最も広く利用されているのは①の"Incoterms"である。これは、最初に制定されたのは1936年であるが、その後1953年、

第5章　貿易取引における「値段」の意味　　　　　　　　87

1967年、1976年、1980年、1990年、2000年（現行）と修正・追加されている。
　(注) Incotermsという語は、<u>In</u>ternational <u>Co</u>mmerceについての<u>Terms</u>を意味し、アンダーラインの部分にTermsを組合せたものである。
　2000年版インコタームズに規定された定期取引条件は次の通りである。

```
                                                              コード
E-term …①          ①Ex Works…(named place)                  EXW
F-terms…②③④          （指定場所）置場渡し…(通称、工場渡し)
C-terms…⑤⑥⑦⑧        ②Free Carrier…(named place)            FCA
D-terms…⑨⑩⑪⑫⑬         （指定場所）運送人渡し
```

　　　　　　　　　　　　積地渡し　　③FAS (free alongside ship)…(named port of　　FAS
　　　　　　　　　　　　　　　　　　　shipment)　（指定積出港）船側渡し
　特定場所　　　　　　　　　　　　　④FOB (free on board)…(named port of ship-　　FOB
　渡し条件　　　　　　　　　　　　　　ment)　（指定積出港）本船積込渡し
　(単一価　　　　　　　　　　　　　⑨Delivered At Frontier…(named place)　　　　DAF
　格)　　　　　　　　　　　　　　　　　（指定場所）国境渡し
　　　　　　　　　　　　　　　　　　⑩Delivered Ex Ship…(named port of destina-　DES
　　　　　　　　　　　　揚地渡し　　　　tion)　（指定仕向港）着船渡し
定　　　　　　　　　　　　　　　　　⑪Delivered Ex Quay (Duty Paid)…(named port　DEQ
型　　　　　　　　　　　　　　　　　　of destination)
取　　　　　　　　　　　　　　　　　　（指定仕向港）埠頭渡し、関税込み
引　　　　　　　　　　　　　　　　　⑫Delivered Duty Unpaid…(named place of desti-　DDU
条　　　　　　　　　　　　　　　　　　nation)　（指定仕向地）持込渡し、関税抜き
件　　　　　　　　　　　　　　　　　⑬Delivered Duty Paid…(named place of destina-　DDP
　　　　　　　　　　　　　　　　　　　tion)　（指定仕向地）持込渡し、関税込み
　　　　　　　　　　　　　　　　　　⑤C&F (cost & freight)…(named port of desti-　CFR
　　　　　　　　　　　　　　　　　　　nation)　（指定仕向港）運賃込み
　特殊費用　　　　　　　　　　　　　⑥CIF (cost, insurance & freight)…(named port　CIF
　込み条件　　　　　　　　　　　　　　of destination)
　(複合価　　－積地渡し　　　　　　　　（指定仕向港）運賃・保険料込み
　格)　　　　　　　　　　　　　　　⑦Carriage Paid To…(named place of destina-　CPT
　　　　　　　　　　　　　　　　　　　tion)　（指定仕向地）輸送費込み
　　　　　　　　　　　　　　　　　　⑧Carriage And Insurance Paid To…(named　　CIP
　　　　　　　　　　　　　　　　　　　place of destination)
　　　　　　　　　　　　　　　　　　　（指定仕向地）輸送費・保険料込み

　※ {(イ) CIF & C　運賃・保険料・口銭込み}
　　　{(ロ) CIF & I　運賃・保険料・利子込み} …CIFの変型
　※はインコタームズの規定にないもの。

1) 複合価格条件は、船積価格を基礎にし、本来は買主が負担すべき船積以後の海上運賃、海上保険料その他仕向港到着までに要する費用を売主が負担し、その費用を込めた価格条件をいう。
2) FOB は本来は物品そのものの現実的引渡しである。決済か荷為替によるとき（普通は荷為替決済によることが黙示されている）、書類による象徴的引渡しのように見えるが、性格は変らない。
3) 1990 年版で FOR/FOT および FOB Airport が削除され、Delivered Duty Unpaid 条件が追加された。
4) ②⑦⑧は、それぞれ FOB、C＆F、CIF に対応するもので、これを利用すれば、コンテナ運送、複合運送、航空運送による取引などに対応できる。（1990 年版以降の）新 CIF は、売主の提供する運送証券につき非流通性運送証券および電子データ交換（EDI）メッセージを認め、流通性 B/L の提供を要件とする伝統的 CIF と異なる。
5) 積地渡し条件の契約は Shipment Contract、揚地渡し条件の契約は Destination Contract とそれぞれ称される。
6) ISO の取引条件コードとして使用するため、C＆F は CFR に従来の Ex Ship、Ex Quay には Delivered を冠して D 系とし、DES、DEQ とコードを付した（1990 年改訂）。なお、現行のインコタームズの対訳および利用ガイドなどは、ICC 日本国内委員会〈http://www.iccjapan.org/〉から購入できる。インコタームズを正しく利用するためには、これらを参照することが望ましい。

以上のうち最も多く使われてきたものは、CIF、FOB、C＆F である。売買価格については、契約品がどこで引渡（Delivery）されるかが根本で、原則として引渡が行われる場所までの費用を売主が負担し、以後の費用は買主の負担に属する。契約品の危険および所有権もその引渡がなされたときに売主より買主に移るのが原則である。

これらの中に規定されている貿易用語の種類はかなり多い。しかしこれらを四面海に囲まれている我国の立場から考慮すれば主として次のような貿易用語が用いられている。

F.O.B.（輸出港本船渡条件）、C.I.F.（運賃、保険料込値段）、これらの応用として F.A.S.（船側値段）、C＆F（運賃込値段）、C＆I（保険料込値段）。

さて、以上述べた諸条件（値段）は積地売買条件と呼ばれるもので、原則として積地にて売手の責任が解除されるものである。ここで特に注意しておきたいことは"C.I.F. New York"と言う場合にも売手は輸出港本船に船積を完了

すれば売手の責任は解除される。結局「危険負担の限界」に関する限り F.O.B.と同様である。

以上の貿易用語はすべて積地売買条件と呼ばれるものであるが、これらとは反対に着地売買条件（又は揚地売買条件）に属する貿易用語もある。例えば次のようなものである。

① Ex Ship（着船渡し）
② Ex Quay（埠頭渡し）
③ Ex Customs（Duty Paid）（通関渡し）
④ Franco（Free Delivered）（持込み渡し）

しかし、"負担衡平の原則"から考えれば着地売買条件は、責任が売手にとって重すぎるので輸入地に代理店、駐在員、支店などがない限り非現実的である。

〔資料①〕

インコタームズ 2000（Incoterms 2000）の取引条件

　外航貨物海上保険は、国際間輸送される貨物の輸送中に発生する様々なリスクをカバーする保険である。貿易が行われるためには、その基本となる売買契約があり、保険もその売買契約抜きには考えられない。

標準的取引条件（インコタームズ）
売買契約が結ばれる際には、
　①「商品の引渡場所はどこで」
　②「売主と買主のどちらが本船を手配して」
　③「保険の手配はどちらがするか」
といったことを予め双方が確認しておく必要がある。

　国際商業会議所（ICC）によって発表されているインコタームズ2000（Incoterms 2000）の取引条件は、下記の通りである。

グループ		取引条件	
Eグループ（出荷）	EXW	Ex Works	工場渡
Fグループ（主要輸送費抜き）	FCA	Free Carrier	運送人渡
	FAS	Free Alongside Ship	船側渡
	FOB	Free On Board	本船渡
Cグループ（主要輸送費込）	CFR	Cost and Freight	運賃込
	CIF	Cost, Insurance and Freight	運賃保険料込
	CPT	Carriage Paid To	輸送費込
	CIP	Carriage and Insurance Paid To	輸送費保険料込
Dグループ（到着）	DAF	Delivered At Frontier	国境持込渡
	DES	Delivered Ex Ship	本船持込渡
	DEQ	Delivered Ex Quay	埠頭持込渡
	DDU	Delivered Duty Unpaid	関税抜き持込渡
	DDP	Delivered Duty Paid	関税込持込渡

〔資料②〕

INTRODUCTION

1. PURPOSE AND SCOPE OF INCOTERMS

The purpose of Incoterms is to provide a set of international rules for the interpretation of the most commonly used trade terms in foreign trade. Thus, the uncertainties of different interpretations of such terms in different countries can be avoided or at least reduced to a considerable degree.

Frequently, parties to a contract are unaware of the different trading practices in their respective countries. This can give rise to misunderstandings, disputes and litigation with all the waste of time and money that this entails. In order to remedy these problems the International Chamber of Commerce first published in 1936 a set of international rules for the interpretation of trade terms. These rules were known as 《Incoterms 1936》. Amendments and additions were later made in 1953, 1967, 1976, 1980, 1990 and presently in 2000 in order to bring the rules in line with current international trade practices.

It should be stressed that the scope of Incoterms is limited to matters relating to the rights and obligations of the parties to the contract of sale with respect to the delivery of goods sold (in the sense of 《tangibles》, not including 《intangibles》 such as computer software).

It appears that two particular misconceptions about Incoterms are very common. First, Incoterms are frequently misunderstood as applying to the contract of carriage rather than to the contract of sale. Second, they are sometimes wrongly assumed to provide for all the duties which parties may wish to include in a contract of sale.

As has always been underlined by ICC, Incoterms deal only with the relation between sellers and buyers under the contract of sale, and, moreover, only do so in some very distinct respects.

While it is essential for exporters and importers to consider the very practical relationship between the various contracts needed to perform an international sales transaction – where not only the contract of sale is required, but also contracts of carriage, insurance and financing – Incoterms relate to only one of these contracts, namely the contract of sale.

Nevertheless, the parties' agreement to use a particular Incoterm would necessarily have implications for the other contracts. To mention a few examples, a seller having agreed to a CFR – or CIF –contract cannot perform such a contract by any other mode of transport than carriage by sea, since under these terms he must present a bill of lading or other maritime document to the buyer which is simply not possible if other modes of transport are used. Furthermore, the document required under a documentary credit would necessarily depend upon the means of transport intended to be used.

Second, Incoterms deal with a number of identified obligations imposed on the parties – such as the seller's obligation to place the goods at the disposal of the buyer or hand them over for carriage or deliver them at destination – and with the distribution of risk between the parties in these cases.

Further, they deal with the obligations to clear the goods for export and import, the packing of the goods, the buyer's obligation to take delivery as well as the obligation to provide proof that the respective obligations have been duly fulfilled. Although Incoterms are extremely important for the implementation of the contract of sale, a great number of problems which may occur in such a contract are not dealt with at all, like transfer of ownership and other property rights, breaches of contract and the consequences following from such breaches as well as exemptions from liability in certain situations. It should be stressed that Incoterms are not intended to replace such contract terms that are needed for a complete contract of sale either by the incorporation of standard terms or by individually negotiated terms.

Generally, Incoterms do not deal with the consequences of breach of contract and any exemptions from liability owing to various impediments. These questions must be resolved by other stipulations in the contract of sale and the applicable law.

Incoterms have always been primarily intended for use where goods are sold for delivery across national boundaries : hence, international commercial terms. However, Incoterms are in practice at times also incorporated into contracts for the sale of goods within purely domestic markets. Where Incoterms are so used, the A2 and B2 clauses and any other stipulation of other articles dealing with export and import do, of course, become redundant.

2. WHY REVISIONS OF INCOTERMS?

The main reason for successive revisions of Incoterms has been the need to adapt them to contemporary commercial practice. Thus, in the 1980 revision the term Free Carrier (now FCA) was introduced in order to deal with the frequent case where the reception point in maritime trade was no longer the traditional FOB-point (passing of the ship's rail) but rather a point on land, prior to loading on board a vessel, where the goods were stowed into a container for subsequent transport by sea or by different means of transport in combination (so-called combined or multimodal transport).

Further, in the 1990 revision of Incoterms, the clauses dealing with the seller's obligation to provide proof of delivery permitted a replacement of paper documentation by EDI-messages provided the parties had agreed to communicate electronically. Needless to say, efforts are constantly made to improve upon the at the seller's own premises (the 《E》-term Ex works) ; followed by the drafting and presentation of Incoterms in order to facilitate their practical implementation.

3. INCOTERMS 2000

During the process of revision, which has taken about two years, ICC has done its best to invite views and responses to successive drafts from a wide ranging spectrum of world traders, represented as these various sectors are on the national committees through which ICC operates. Indeed, it has been gratifying to see that this revision process has attracted far more reaction from users around the world than any of the previous revisions of Incoterms. The result of this dialogue is Incoterms 2000, a version which when compared with Incoterms 1990 may appear to have effected few changes. It is clear, however, that Incoterms now enjoy world wide recognition and ICC has therefore decided to consolidate upon that recognition and avoid change for its own sake. On the other hand, serious efforts have been made to ensure that the wording used in Incoterms 2000 clearly and accurately reflects trade practice. Moreover, substantive changes have been made in two areas :

- the customs clearance and payment of duty obligations under FAS and DEQ ; and
- the loading and unloading obligations under FCA.

All changes, whether substantive or formal have been made on the basis of thorough research among users of Incoterms and particular regard has been given to queries received since 1990 by the Panel of Incoterms Experts, set up as an additional service to the users of Incoterms.

4. INCORPORATION OF INCOTERMS INTO THE CONTRACT OF SALE

In view of the changes made to Incoterms from time to time, it is important to ensure that where the parties intend to incorporate Incoterms into their contract of sale, an express reference is always made to the current version of Incoterms. This may easily be overlooked when, for example, a reference has been made to an earlier version in standard contract forms or in order forms used by merchants. A failure to refer to the current version may then result in disputes as to whether the parties intended to incorporate that version or an earlier version as a part of their contract. Merchants wishing to use Incoterms 2000 should therefore clearly specify that their contract is governed by 《Incoterms 2000》.

5. THE STRUCTURE OF INCOTERMS

In 1990, for ease of understanding, the terms were grouped in four basically different categories ; namely starting with the term whereby the seller only makes the goods available to the buyer at the seller's own premises (the 《E》-term Ex works); followed by the second group whereby the seller is called upon to deliver the goods to a carrier appointed by the buyer (the 《F》-terms FCA, FAS and FOB); continuing with the 《C》-terms where the seller has to contract for carriage, but without assuming the risk of loss of or damage to the goods or additional costs due to events occurring after shipment and dispatch (CFR, CIF, CPT and CIP); and, finally, the 《D》-terms whereby the seller has to bear all costs and risks needed to bring the goods to the place of destination (DAF, DES, DEQ, DDU and DDP). The following chart sets out this classification of the trade terms.

INCOTERMS 2000

Group E Departure	EXW Ex Works
Group F Main carriage unpaid	FCA Free Carrier (... named place)
	FAS Free Alongside Ship (...named port of shipment)
	FOB Free On Board (... named port of shipment)
Group C Main carriage paid	CFR Cost and Freight (... named port of destination)
	CIF Cost, Insurance and Freight (... named port of destination)
	CPT Carriage Paid To (... named place of destination)
	CIP Carriage and Insurance Paid To (... named place of destination)
Group D Arrival	DAF Delivered At Frontier (... named place)
	DES Delivered Ex Ship (... named port of destination)
	DEQ Delivered Ex Quay (... named port of destination)
	DDU Delivered Duty Unpaid (... named place of destination)
	DDP Delivered Duty Paid (... named place of destination)

Further, under all terms, as in Incoterms 1990, the respective obligations of the parties have been grouped under 10 headings where each heading on the seller's side 《mirrors》 the position of the buyer with respect to the same subject matter.

6. TERMINOLOGY

While drafting Incoterms 2000, considerable efforts have been made to achieve as much consistency as possible and desirable with respect to the various expressions used throughout the thirteen terms. Thus, the use of different expressions intended to convey the same meaning has been avoided. Also, whenever possible, the same expressions as appear in the 1980 UN Convention on Contracts for the International Sale of Goods (CISG) have been used.

"shipper"

In some cases it has been necessary to use the same term to express two different meanings simply because there has been no suitable alternative. Traders will be familiar with this difficulty both in the context of contracts of sale and also of contracts of carriage. Thus, for example, the term 《shipper》 signifies both the person handing over the goods for carriage and the person who makes the contract with the carrier : however, these two 《shippers》 may be different persons, for example under a FOB contract where the seller would hand over the goods for carriage and the buyer would make the contract with the carrier.

"delivery"

It is particularly important to note that the term 《delivery》 is used in two different senses in Incoterms. First, it is used to determine when the seller has fulfilled his delivery obligation which is specified in the A4 clauses throughout Incoterms. Second, the term 《delivery》 is also used in the context of the buyer's obligation to take or accept delivery of the goods, an obligation which appears in the B4 clauses throughout Incoterms. Used in this second context, the word "delivery" means first that the buyer "accepts" the very nature of the "C"-terms, namely that the seller fulfils his obligations upon the shipment of the goods and, second that the buyer is obliged to receive the goods. This latter obligation is important so as to avoid unnecessary charges for storage of the goods until they have been collected by the buyer. Thus, for example under CFR and CIF contracts, the buyer is bound to accept delivery of the goods and to receive them from the carrier and if the buyer fails to do so, he may become liable to pay damages to the seller who has made the contract of carriage with the carrier or, alternatively, the buyer might have to pay demurrage charges resting upon the goods in order to obtain the carrier's release of the goods to him. When it is said in this context that the buyer must "accept delivery", this does not mean that the buyer has accepted the goods as conforming with the contract of sale, but only that he has accepted that the seller has performed his obligation to hand the goods over for carriage in accordance with the contract of carriage which he has to make under the A3 a) clauses of the "C"-terms. So, if the buyer upon receipt of the goods at destination were to find that the goods did not conform to the stipulations in the contract of sale, he would be able to use any remedies which the contract of sale and the applicable law gave him against the seller, matters which, as has already been mentioned, lie entirely outside the scope of Incoterms.

Where appropriate, Incoterms 2000, have used the expression 《placing the goods at the disposal of》 the buyer when the goods are made available to the buyer at a particular place. This expression is intended to bear the same meaning as that of the phrase "handing over the goods" used in the 1980 United Nations Convention on Contracts for the International Sale of Goods.

"usual"

The word "usual" appears in several terms, for example in EXW with respect to the time of delivery (A4) and in the "C"-terms with respect to the documents which the seller is obliged to provide and the contract of carriage which the seller must procure (A8, A3). It can, of course, be difficult to tell precisely what the word "usual" means, however, in many cases, it is possible to identify what persons in the trade usually do and this practice will then be the guiding light. In this sense, the word "usual" is rather more helpful than the word "reasonable", which requires an assessment not against the world of practice but against the more difficult principle of good faith and fair dealing. In some circumstances it may well be necessary to decide what is "reasonable". However, for the reasons given, in Incoterms the word "usual" has been generally preferred to the word "reasonable".

"charges"

With respect to the obligation to clear the goods for import it is important to determine what is meant by 《charges》 which must be paid upon import of the goods. In Incoterms 1990 the expression 《official charges payable upon exportation and importation of the goods》 was used in DDP A6. In Incoterms 2000 DDP A6 the word 《official》 has been deleted, the reason being that this word gave rise to some uncertainty when determining whether the charge was 《official》 or not. No change of substantive meaning was intended through this deletion. The 《charges》 which must be paid only concern such charges as are a necessary consequence of the import as such and which thus have to be paid according to the applicable import regulations. Any additional charges levied by private parties in connection with the import are not to be included in these charges, such as charges for storage unrelated to the clearance obligation. However, the performance of that obligation may well result in some costs to customs brokers or freight forwarders if the party bearing the obligation does not do the work himself.

"ports", "places", "points" and "premises"

So far as concerns the place at which the goods are to be delivered, different expressions are used in Incoterms. In the terms intended to be used exclusively for carriage of goods by sea-such as FAS, FOB, CFR, CIF, DES and DEQ - the expressions 《port of shipment》 and 《port of destination》 have been used. In all other cases the word 《place》 has been used. In some cases, it has been deemed necessary also to indicate a 《point》 within the port or place as it may be important for the seller to know not only that the goods should be delivered in a particular area like a city but also where within that area the goods should be placed at the disposal of the buyer. Contracts of sale would frequently lack information in this respect and Incoterms therefore stipulate that if no specific point has been agreed within the named place, and if there are several points available, the seller may select the point which best suits his purpose (as an example see FCA A4). Where the delivery point is the seller's "place" the expression 《the seller's premises》 (FCA A4) has been used.

"ship" and "vessel"

In the terms intended to be used for carriage of goods by sea, the expressions 《ship》 and 《vessel》 are used as synonyms. Needless to say, the term 《ship》 would have to be used when it is an ingredient in the trade term itself such as in 《free alongside ship》 (FAS) and 《delivery ex ship》 (DES). Also, in view of the traditional use of the expression 《passed the ship's rail》 in FOB, the word 《ship》 has had to be used in that connection.

"checking" and "inspection"

In the A9 and B9 clauses of Incoterms the headings 《checking -packaging and marking》 and 《inspection of the goods》 respectively have been used. Although the words 《checking》 and 《inspection》 are synonyms, it has been deemed appropriate to use the former word with respect to the seller's delivery obligation under A4 and to reserve the latter for the particular case when a 《pre-shipment inspection》 is performed, since such inspection normally is only required when the buyer or the authorities of the export or import country want to ensure that the goods conform with contractual or official stipulations before they are shipped.

7. THE SELLER'S DELIVERY OBLIGATIONS

Incoterms focus on the seller's delivery obligation. The precise distribution of functions and costs in connection with the seller's delivery of the goods would normally not cause problems where the parties have a continuing commercial relationship. They would then establish a practice between themselves (《course of dealing》) which they would follow in subsequent dealings in the same manner as they have done earlier. However, if a new commercial relationship is established or if a contract is made through the medium of brokers - as is common in the sale of commodities -, one would have to apply the stipulations of the contract of sale and whenever Incoterms 2000 have been incorporated into that contract, apply the division of functions, costs and risks following therefrom.

It would, of course, have been desirable if Incoterms could specify in as detailed a manner as possible the duties of the parties in connection with the delivery of the goods. Compared with Incoterms 1990, further efforts have been made in this respect in some specified instances (see for example FCA A4). But it has not been possible to avoid reference to customs of the trade in FAS and FOB A4 (《in the manner customary at the port》), the reason being that particularly in commodity trade the exact manner in which the goods are delivered for carriage in FAS and FOB contracts vary in the different sea ports.

8. PASSING OF RISKS AND COSTS RELATING TO THE GOODS

The risk of loss of or damage to the goods, as well as the obligation to bear the costs relating to the goods, passes from the seller to the buyer when the seller has fulfilled his obligation to deliver the goods. Since the buyer should not be given the possibility to delay the passing of the risk and costs, all terms stipulate that the passing of risk and costs may occur even before delivery, if the buyer does not take delivery as agreed or fails to give such instructions (with respect to time for shipment and/or place for delivery) as the seller may require in order to fulfil his obligation to deliver the goods. It is a requirement for such premature passing of risk and costs that the goods have been identified as intended for the buyer or, as is stipulated in the terms, set aside for him (appropriation).

This requirement is particularly important under EXW, since under all other terms the goods would normally have been identified as intended for the buyer when measures have been taken for their shipment or dispatch (《F》-and 《C》-terms) or their delivery at destination (《D》-terms).In exceptional cases, however, the goods may have been sent from the seller in bulk without identification of the quantity for each buyer and, if so, passing of risk and cost does not occur before the goods have been appropriated as aforesaid (cf. also article 69.3 of the 1980 United Nations Convention on

Contracts for the International Sale of Goods).

9. THE TERMS

9.1 The "E"- term is the term in which the seller's obligation is at its minimum :

the seller has to do no more than place the goods at the disposal of the buyer at the agreed place - usually at the seller's own premises. On the other hand, as a matter of practical reality, the seller would frequently assist the buyer in loading the goods on the latter's collecting vehicle. Although EXW would better reflect this if the seller's obligations were to be extended so as to include loading, it was thought desirable to retain the traditional principle of the seller's minimum obligation under EXW so that it could be used for cases where the seller does not wish to assume any obligation whatsoever with respect to the loading of the goods. If the buyer wants the seller to do more, this should be made clear in the contract of sale.

9.2 The"F"- terms require the seller to deliver the goods for carriage as instructed by the buyer. The point at which the parties intend delivery to occur in the FCA term has caused difficulty because of the wide variety of circumstances which may surround contracts covered by this term. Thus, the goods may be loaded on a collecting vehicle sent by the buyer to pick them up at the seller's premises ; alternatively, the goods may need to be unloaded from a vehicle sent by the seller to deliver the goods at a terminal named by the buyer. Incoterms 2000 take account of these alternatives by stipulating that, when the place named in the contract as the place of delivery is the seller's premises, delivery is complete when the goods are loaded on the buyer's collecting vehicle and, in other cases, delivery is complete when the goods are placed at the disposal of the buyer not unloaded from the seller's vehicle. The variations mentioned for different modes of transport in FCA A4 of Incoterms 1990 are not repeated in Incoterms 2000.

The delivery point under FOB, which is the same under CFR and CIF, has been left unchanged in Incoterms 2000 in spite of a considerable debate. Although the notion under FOB to deliver the goods 《across the ship's rail》 nowadays may seem inappropriate in many cases, it is nevertheless understood by merchants and applied in a manner which takes account of the goods and the available loading facilities. It was felt that a change of the FOB-point would create unnecessary confusion, particularly with respect to sale of commodities carried by sea typically under charter parties.

Unfortunately, the word 《FOB》 is used by some merchants merely to indicate any point of delivery-such as 《FOB factory》, 《FOB plant》《FOB Ex seller's works》 or other inland points –thereby neglecting what the abbreviation means : Free On Board. It remains the case that such use of 《FOB》 tends to create confusion and should be avoided.

There is an important change of FAS relating to the obligation to clear the goods for export, since it appears to be the most common practice to put this duty on the seller rather than on the buyer. In order to ensure that this change is duly noted it has been marked with capital letters in the preamble of FAS.

9.3 The 《C》-terms require the seller to contract for carriage on usual terms at his own expense. Therefore, a point up to which he would have to pay transport costs must necessarily be indicated after the respective 《C》-term. Under the CIF and CIP terms the seller also has to take out insurance and bear the insurance cost. Since the point for the division of costs is fixed at a point in the country of destination, the 《C》-terms are frequently mistakenly believed to be arrival contracts, in which the seller would bear all risks and costs until the goods have actually arrived at the agreed point. However, it must be stressed that the 《C》-terms are of the same nature as the 《F》-terms in that the seller fulfils the contract in the country of shipment or dispatch. Thus, the contracts of sale under the 《C》-terms, like the contracts under the 《F》-terms, fall within the category of shipment contracts.

It is in the nature of shipment contracts that, while the seller is bound to pay the normal transport cost for the carriage of the goods by a usual route and in a customary manner to the agreed place, the risk of loss of or damage to the goods, as well as additional costs resulting from events occurring after the goods having been appropriately delivered for carriage, fall upon the buyer. Hence, the 《C》-terms are distinguishable from all other terms in that they contain two 《critical》 points, one indicating the point to which the seller is bound to arrange and bear the costs of a contract of carriage and another one for the allocation of risk. For this reason, the greatest caution must be observed when adding obligations of the seller to the 《C》-terms which seek to extend the seller's responsibility beyond the aforementioned 《critical》 point for the allocation of risk. It is of the very essence of the 《C》-terms that the seller is relieved of any further risk and cost after he has duly fulfilled his contract by contracting for carriage and handing over the goods to the carrier and by providing for insurance under the CIF- and CIP-terms.

The essential nature of the "C"-terms as shipment contracts is also illustrated by the common use of documentary credits as the preferred mode of payment used in such terms. Where it is agreed by the parties to the sale contract that the seller will be paid by presenting the agreed shipping documents to a bank under a documentary credit, it would be quite contrary to the central purpose of the documentary credit for the seller to bear further risks and costs after the moment when payment had been made under documentary credits or otherwise upon shipment and dispatch of the goods. Of course, the seller would have to bear the cost of the contract of carriage irrespective of whether freight is pre-paid upon shipment or is payable at destination (freight collect) ; however, additional costs which may result from events occurring subsequent to shipment and dispatch are necessarily for the account of the buyer.

If the seller has to provide a contract of carriage which involves payment of duties, taxes and other charges, such costs will, of course, fall upon the seller to the extent that they are for his account under that contract. This is now explicitly set forth in the A6 clause of all "C"-terms.

If it is customary to procure several contracts of carriage involving transhipment of the goods at intermediate places in order to reach the agreed destination, the seller would have to pay all these costs, including any costs incurred when the goods are transhipped from one means of conveyance to the other. If, however, the carrier exercised his rights under a transhipment -or similar clause - in order to avoid unexpected hindrances (such as ice, congestion, labour disturbances, government orders, war or warlike operations) then any additional cost resulting therefrom would be for the account of the buyer, since the seller's obligation is limited to procuring the usual contract of carriage.

It happens quite often that the parties to the contract of sale wish to clarify the extent to which the seller should procure a contract of carriage including the costs of discharge. Since such costs are normally covered by the freight when the goods are carried by regular shipping lines, the contract of sale will frequently stipulate that the goods are to be so carried or at least that they are to be carried under 《liner terms》. In other cases, the word 《landed》 is added after CFR or CIF. However, it is advisable not to use abbreviations added to the 《C》-terms unless, in the relevant trade, the meaning of the abbreviations is clearly understood and accepted by the contracting parties or under any applicable law or custom of the trade.

In particular, the seller should not - and indeed could not, without changing the very nature of the 《C》-terms - undertake any obligation with respect to the arrival of the goods at destination, since the risk of any delay during the carriage is borne by the buyer. Thus, any obligation with respect to time must necessarily refer to the place of shipment or dispatch, for example, 《shipment (dispatch) not later than...》. An agreement for example, 《CFR Hamburg not later than...》 is really a misnomer and thus open to different possible interpretations. The parties could be taken to have meant either that the goods must actually arrive at Hamburg at the specified date, in which case the contract is not a shipment contract but an arrival contract or, alternatively, that the seller must ship the goods at such a time that they would normally arrive at Hamburg before the specified date unless the carriage would have been delayed because of unforeseen events.

It happens in commodity trades that goods are bought while they are at sea and that, in such cases, the word 《afloat》 is added after the trade term. Since the risk of loss of or damage to the goods would then, under the CFR

- and CIF-terms, have passed from the seller to the buyer, difficulties of interpretation might arise. One possibility would be to maintain the ordinary meaning of the CFR- and CIF-terms with respect to the allocation of risk between seller and buyer, namely that risk passes on shipment : this would mean that the buyer might have to assume the consequences of events having already occurred at the time when the contract of sale enters into force. The other possibility would be to let the passing of the risk coincide with the time when the contract of sale is concluded. The former possibility might well be practical, since it is usually impossible to ascertain the condition of the goods while they are being carried. For this reason the 1980 United Nations Convention on Contracts for the International Sale of Goods article 68 stipulates that 《if the circumstances so indicate, the risk is assumed by the buyer from the time the goods were handed over to the carrier who issued the documents embodying the contract of carriage》.There is, however, an exception to this rule when 《the seller knew or ought to have known that the goods had been lost or damaged and did not disclose this to the buyer》. Thus, the interpretation of a CFR- or CIF-term with the addition of the word 《afloat》 will depend upon the law applicable to the contract of sale. The parties are advised to ascertain the applicable law and any solution which might follow therefrom. In case of doubt, the parties are advised to clarify the matter in their contract.

In practice, the parties frequently continue to use the traditional expression C&F (or C and F, C+F). Nevertheless, in most cases it would appear that they regard these expressions as equivalent to CFR. In order to avoid difficulties of interpreting their contract the parties should use the correct Incoterm which is CFR, the only world-wide-accepted standard abbreviation for the term 《Cost and Freight (... named port of destination)》.

CFR and CIF in A8 of Incoterms 1990 obliged the seller to provide a copy of the charterparty whenever his transport document (usually the bill of lading) contained a reference to the charterparty, for example, by the frequent notation 《all other terms and conditions as per charterparty》. Although, of course, a contracting party should always be able to ascertain all terms of his contract - preferably at the time of the conclusion of the contract – it appears that the practice to provide the charterparty as aforesaid has created problems particularly in connection with documentary credit transactions. The obligation of the seller under CFR and CIF to provide a copy of the charterparty together with other transport documents has been deleted in Incoterms 2000.

Although the A8 clauses of Incoterms seek to ensure that the seller provides the buyer with 《proof of delivery》, it should be stressed that the seller fulfils that requirement when he provides the 《usual》 proof. Under CPT and CIP it would be the 《usual transport document》 and under CFR and CIF a bill of lading or a sea waybill. The transport documents must be 《clean》, meaning that they must not contain clauses or notations expressly declaring a defective condition of the goods and/or the packaging. If such clauses or notations appear in the document, it is regarded as 《unclean》 and would then not be accepted by banks in documentary credit transactions. However, it should be noted that a transport document even without such clauses or notations would usually not provide the buyer with incontrovertible proof as against the carrier that the goods were shipped in conformity with the stipulations of the contract of sale. Usually, the carrier would, in standardized text on the front page of the transport document, refuse to accept responsibility for information with respect to the goods by indicating that the particulars inserted in the transport document constitute the shipper's declarations and therefore that the information is only 《said to be》 as inserted in the document. Under most applicable laws and principles, the carrier must at least use reasonable means of checking the correctness of the information and his failure to do so may make him liable to the consignee. However, in container trade, the carrier's means of checking the contents in the container would not exist unless he himself was responsible for stowing the container.

There are only two terms which deal with insurance, namely CIF and CIP. Under these terms the seller is obliged to procure insurance for the benefit of the buyer. In other cases it is for the parties themselves to decide whether and to what extent they want to cover themselves by insurance. Since the seller takes out insurance for the benefit of the buyer, he would not know the buyer's precise requirements. Under the Institute Cargo Clauses drafted by the Institute of London Underwriters, insurance is available in 《minimum cover》 under Clause C, 《medium cover》 under Clause B and 《most extended cover》 under Clause A. Since in the sale of commodities under the CIF term the buyer may wish to sell the goods in transit to a subsequent buyer who in turn may wish to resell the goods again, it is impossible to know the insurance cover suitable to such subsequent buyers and, therefore, the minimum cover under CIF has traditionally been chosen with the possibility for the buyer to require the seller to take out additional insurance. Minimum cover is however unsuitable for sale of manufactured goods where the risk of theft, pilferage or improper handling or custody of the goods would require more than the cover available under Clause C. Since CIP, as distinguished from CIF, would normally not be used for the sale of commodities, it would have been feasible to adopt the most extended cover under CIP rather than the minimum cover under CIF. But to vary the seller's insurance obligation under CIF and CIP would lead to confusion and both terms therefore limit the seller's insurance obligation to the minimum cover. It is particularly important for the CIP-buyer to observe this : should additional cover be required, he should agree with the seller that the latter could take out additional insurance or, alternatively, arrange for extended insurance cover himself. There are also particular instances where the buyer may wish to obtain even more protection than is available under Institute Clause A, for example insurance against war, riots, civil commotion, strikes or other labour disturbances. If he wishes the seller to arrange such insurance he must instruct him accordingly in which case the seller would have to provide such insurance if procurable.

9.4 The 《D》-terms are different in nature from the 《C》-terms, since the seller according to the 《D》-terms is responsible for the arrival of the goods at the agreed place or point of destination at the border or within the country of import. The seller must bear all risks and costs in bringing the goods thereto. Hence, the 《D》-terms signify arrival contracts, while the 《C》-terms evidence departure (shipment) contracts.

Under the 《D》-terms except DDP the seller does not have to deliver the goods cleared for import in the country of destination.

Traditionally, the seller had the obligation to clear the goods for import under DEQ, since the goods had to be landed on the quay and thus were brought into the country of import. But owing to changes in customs clearance procedures in most countries, it is now more appropriate that the party domiciled in the country concerned undertakes the clearance and pays the duties and other charges. Thus, a change in DEQ has been made for the same reason as the change in FAS previously mentioned. As in FAS, in DEQ the change has been marked with capital letters in the preamble.

It appears that in many countries trade terms not included in Incoterms are used particularly in railway traffic (《franco border》, 《franco-frontiere》, 《Frei Grenze》). However, under such terms it is normally not intended that the seller should assume the risk of loss of or damage to goods during the transport up to the border. It would be preferable in these circumstances to use CPT indicating the border. If, on the other hand, the parties intend that the seller should bear the risk during the transport DAF indicating the border would be appropriate.

The DDU term was added in the 1990 version of Incoterms. The term fulfils an important function whenever the seller is prepared to deliver the goods in the country of destination without clearing the goods for import and paying the duty. In countries where import clearance may be difficult and time consuming, it may be risky for the seller to undertake an obligation to deliver the goods beyond the customs clearance point. Although, according to DDU B5 and B6, the buyer would have to bear the additional risks and costs which might follow from his failure to fulfil his obligations to clear the goods for import, the seller is advised not to use the DDU term in countries where difficulties might be expected in clearing the goods for import.

10. THE EXPRESSION 《NO OBLIGATION》

As appears from the expressions 《the seller must》 and 《the buyer must》 Incoterms are only concerned with the obligations which the parties owe to each other. The words 《no obligation》 have therefore been inserted whenever one party does not owe an obligation to the other party. Thus, if for instance according to A3 of the respective term the seller has to arrange and pay for the contract of carriage we find the words 《no obligation》 under the heading 《contract of carriage》 in B3 a) setting forth the buyer's position. Again, where neither party owes the other an obligation, the words 《no obligation》 will appear with respect to both parties, for example, with respect to insurance.

In either case, it is important to point out that even though one party may be under "no obligation" towards the other to perform a certain task, this does not mean that it is not in his interest to perform that task. Thus, for example, just because a CFR buyer owes his seller no duty to make a contract of insurance under B4, it is clearly in his interest to make such a contract, the seller being under no such obligation to procure insurance cover under A4.

11. VARIANTS OF INCOTERMS

In practice, it frequently happens that the parties themselves by adding words to an Incoterm seek further precision than the term could offer. It should be underlined that Incoterms give no guidance whatsoever for such additions. Thus, if the parties cannot rely on a well-established custom of the trade for the interpretation of such additions they may encounter serious problems when no consistent understanding of the additions could be proven.

If for instance the common expressions 《FOB stowed》 or 《EXW loaded》 are used, it is impossible to establish aworld-wide understanding to the effect that the seller's obligations are extended not only with respect to the cost of actually loading the goods in the ship or on the vehicle respectively but also include the risk of fortuitous loss of or damage to the goods in the process of stowage and loading. For these reasons, the parties are strongly advised to clarify whether they only mean that the function or the cost of the stowage and loading operations should fall upon the seller or whether he should also bear the risk until the stowage and loading has actually been completed. These are questions to which Incoterms do not provide an answer : consequently, if the contract too fails expressly to describe the parties' intentions, the parties may be put to much unnecessary trouble and cost.

Although Incoterms 2000 do not provide for many of these commonly used variants, the preambles to certain trade terms do alert the parties to the need for special contractual terms if the parties wish to go beyond the stipulations of Incoterms.

EXW	the added obligation for the seller to load the goods on the buyer's collecting vehicle ;
CIF/CIP	the buyer's need for additional insurance ;
DEQ	the added obligation for the seller to pay for costs after discharge.

In some cases sellers and buyers refer to commercial practice in liner and charter party trade. In these circumstances, it is necessary to clearly distinguish between the obligations of the parties under the contract of carriage and their obligations to each other under the contract of sale. Unfortunately, there are no authoritative definitions of expressions such as 《liner terms》 and 《terminal handling charges》 (THC). Distribution of costs under such terms may differ in different places and change from time to time. The parties are recommended to clarify in the contract of sale how such costs should be distributed between themselves.

Expressions frequently used in charterparties, such as 《FOB stowed》, 《FOB stowed and trimmed》, are sometimes used in contracts of sale in order to clarify to what extent the seller under FOB has to perform stowage and trimming of the goods onboard the ship. Where such words are added, it is necessary to clarify in the contract of sale whether the added obligations only relate to costs or to both costs and risks.

As has been said, every effort has been made to ensure that Incoterms reflect the most common commercial practice. However in some cases - particularly where Incoterms 2000 differ from Incoterms 1990 - the parties may wish the trade terms to operate differently. They are reminded of such options in the preamble of the terms signalled by the word 《However》.

12. CUSTOMS OF THE PORT OR OF A PARTICULAR TRADE

Since Incoterms provide a set of terms for use in different trades and regions it is impossible always to set forth the obligations of the parties with precision. To some extent it is therefore necessary to refer to the custom of the port or of the particular trade or to the practices which the parties themselves may have established in their previous dealings (cf. article 9 of the 1980 United Nations Convention on Contracts for the International Sale of Goods). It is of course desirable that sellers and buyers keep themselves duly informed of such customs when they negotiate their contract and that, whenever uncertainty arises, they clarify their legal position by appropriate clauses in their contract of sale. Such special provisions in the individual contract would supersede or vary anything that is set forth as a rule of interpretation in the various Incoterms.

13. THE BUYER'S OPTIONS ASTOTHE PLACE OF SHIPMENT

In some situations, it may not be possible at the time when the contract of sale is entered into to decide precisely on the exact point or even the place where the goods should be delivered by the seller for carriage. For instance reference might have been made at this stage merely to a 《range》 or to a rather large place, for example, seaport, and it is then usually stipulated that the buyer has the right or duty to name later on the more precise point within the range or the place. If the buyer has a duty to name the precise point as aforesaid his failure to do so might result in liability to bear the risks and additional costs resulting from such failure (B5/B7 of all terms). In addition, the buyer's failure to use his right to indicate the point may give the seller the right to select the point which best suits his purpose (FCA A4).

14. CUSTOMS CLEARANCE

The term 《customs clearance》 has given rise to misunderstandings. Thus, whenever reference is made to an obligation of the seller or the buyer to undertake obligations in connection with passing the goods through customs of the country of export or import it is now made clear that this obligation does not only include the payment of duty and other charges but also the performance and payment of whatever administrative matters are connected with the passing of the goods through customs and the information to the authorities in this connection. Further, it has - although quite wrongfully - been considered in some quarters inappropriate to use terms dealing with the obligation to clear the goods through customs when, as in intra-European Union trade or other free trade areas, there is no longer any obligation to pay duty and no restrictions relating to import or export. In order to clarify the situation, the words 《where applicable》 have been added in the A2 and B2, A6 and B6 clauses of the relevant Incoterms in order for them to be used without any ambiguity where no customs procedures are required.

It is normally desirable that customs clearance is arranged by the party domiciled in the country where such clearance should take place or at least by somebody acting there on his behalf. Thus, the exporter should normally clear the goods for export, while the importer should clear the goods for import.

Incoterms 1990 departed from this under the trade terms EXW and FAS (export clearance duty on the buyer) and DEQ (import clearance duty on the seller) but in Incoterms 2000 FAS and DEQ place the duty of clearing the goods for export on the seller and to clear them for import on the buyer respectively, while EXW -representing the seller's minimum obligation - has been left unamended (export clearance duty on the buyer). Under DDP the seller specifically agrees to do what follows from the very name of the term - Delivered Duty Paid - namely to clear the goods for import and pay any duty as a consequence thereof.

15. PACKAGING

In most cases, the parties would know beforehand which packaging is required for the safe carriage of the goods to destination. However, since the seller's obligation to pack the goods may well vary according to the type and duration of the transport envisaged, it has been felt necessary to stipulate that the seller is obliged to pack the goods in such a manner as is required for the transport, but only to the extent that the circumstances relating to the transport are made known to him before the contract of sale is concluded (cf. articles 35.1. and 35.2.b. of the 1980 United Nations Convention on Contracts for the International Sale of Goods where the goods, including packaging, must be 《fit for any particular purpose expressly or impliedly made known to the seller at the time of the conclusion of the contract, except where the circumstances show that the buyer did not rely, or that it was unreasonable for him to rely, on the seller's skill and judgement》).

16. INSPECTION OF GOODS

In many cases, the buyer may be well advised to arrange for inspection of the goods before or at the time they are handed over by the seller for carriage (so-called pre-shipment inspection or PSI). Unless the contract stipulates otherwise, the buyer would himself have to pay the cost for such inspection that is arranged in his own interest. However, if the inspection has been made in order to enable the seller to comply with any mandatory rules applicable to the export of the goods in his own country, the seller would have to pay for that inspection, unless the EXW term is used, in which case the costs of such inspection are for the account of the buyer.

17. MODE OF TRANSPORT AND THE APPROPRIATE INCOTERM 2000

Any mode of transport		
Group E	EXW	Ex Works (... named place)
Group F	FCA	Free Carrier (... named place)
Group C	CPT	Carriage Paid To (... named place of destination)
	CIP	Carriage and Insurance Paid To (... named place of destination)
Group D	DAF	Delivered At Frontier (... named place)
	DDU	Delivered Duty Unpaid (... named place of destination)
	DDP	Delivered Duty Paid (... named place of destination)
Maritime and inland waterway transport only		
Group F	FAS	Free Alongside Ship (... named port of shipment)
	FOB	Free On Board (... named port of shipment)
Group C	CFR	Cost and Freight (... named port of destination)
	CIF	Cost, Insurance and Freight (... named port of destination)
Group D	DES	DES Delivered Ex Ship (... named port of destination)
	DEQ	Delivered Ex Quay (... named port of destination)

18. THE RECOMMENDED USE

In some cases the preamble recommends the use or non-use of a particular term. This is particularly important with respect to the choice between FCA and FOB. Regrettably, merchants continue to use FOB when it is totally out of place thereby causing the seller to incur risks subsequent to the handing over of the goods to the carrier named by the buyer. FOB is only appropriate to use where the goods are intended to be delivered 《across the ship's rail》 or, in any event, to the ship and not where the goods are handed over to the carrier for subsequent entry into the ship, for example stowed in containers or loaded on lorries or wagons in so-called roll on - roll off traffic. Thus, a strong warning has been made in the preamble of FOB that the term should not be used when the parties do not intend delivery across the ship's rail.

It happens that the parties by mistake use terms intended for carriage of goods by sea also when another mode of transport is contemplated. This may put the seller in the unfortunate position that he cannot fulfil his obligation to tender the proper document to the buyer (for example a bill of lading, sea waybill or the electronic equivalent). The chart printed at paragraph 17 above makes clear which trade term in Incoterms 2000 it is appropriate to use for which mode of transport. Also, it is indicated in the preamble of each term whether it can be used for all modes of transport or only for carriage of goods by sea.

19. THE BILL OF LADING AND ELECTRONIC COMMERCE

Traditionally, the on board bill of lading has been the only acceptable document to be presented by the seller under the CFR and CIF terms. The bill of lading fulfils three important functions, namely :
- proof of delivery of the goods on board the vessel ;
- evidence of the contract of carriage ; and
- a means of transferring rights to the goods in transit to another party by the transfer of the paper document to him.

Transport documents other than the bill of lading would fulfil the two first-mentioned functions, but would not control the delivery of the goods at destination or enable a buyer to sell the goods in transit by surrendering the paper document to his buyer. Instead, other transport documents would name the party entitled to receive the goods at destination. The fact that the possession of the bill of lading is required in order to obtain the goods from the carrier at destination makes it particularly difficult to replace by electronic means of communication.

Further, it is customary to issue bills of lading in several originals but it is, of course, of vital importance for a buyer or a bank acting upon his instructions in paying the seller to ensure that all originals are surrendered by the seller (so-called 《full set》). This is also a requirement under the ICC Rules for Documentary Credits (the so-called ICC Uniform Customs and Practice, 《UCP》 ;current version at date of publication of Incoterms 2000 : ICC publication 500).

The transport document must evidence not only delivery of the goods to the carrier but also that the goods, as far as could be ascertained by the carrier, were received in good order and condition. Any notation on the transport document which would indicate that the goods had not been in such condition would make the document 《unclean》 and would thus make it unacceptable under the UCP.

In spite of the particular legal nature of the bill of lading it is expected that it will be replaced by electronic means in the near future. The 1990 version of Incoterms had already taken this expected development into proper account. According to the A8 clauses, paper documents may be replaced by electronic messages provided the parties have agreed to communicate electronically. Such messages could be transmitted directly to the party concerned or through a third party providing added-value services. One such service that can be usefully provided by a third party is registration of successive holders of a bill of lading. Systems providing such services, such as the so-called BOLERO service, may require further support by appropriate legal norms and principles as evidenced by the CMI 1990 Rules for Electronic Bills of Lading and articles 16-17 of the 1996 UNCITRAL Model Law on Electronic Commerce.

20. NON-NEGOTIABLE TRANSPORT DOCUMENTS INSTEAD OF BILLS OF LADING

In recent years, a considerable simplification of documentary practices has been achieved. Bills of lading are frequently replaced by non-negotiable documents similar to those which are used for other modes of transport than carriage by sea. These documents are called 《sea waybills》, 《liner waybills》, 《freight receipts》, or variants of such expressions. Non-negotiable documents are quite satisfactory to use except where the buyer wishes to sell the goods in transit by surrendering a paper document to the new buyer. In order to make this possible, the obligation of the seller to provide a bill of lading under CFR and CIF must necessarily be retained. However, when the contracting parties know that the buyer does not contemplate selling the goods in transit, they may specifically agree to relieve the seller from the obligation to provide a bill of lading, or, alternatively, they may use CPT and CIP where there is no requirement to provide a bill of lading.

21. THE RIGHT TO GIVE INSTRUCTIONS TO THE CARRIER

A buyer paying for the goods under a 《C》-term should ensure that the seller upon payment is prevented from disposing of the goods by giving new instructions to the carrier. Some transport documents used for particular modes of transport (air, road or rail) offer the contracting parties a possibility to bar the seller from giving such new instructions to the carrier by providing the buyer with a particular original or duplicate of the waybill. However, the documents used instead of bills of lading for maritime carriage do not normally contain such a barring function. The Comite Maritime International has remedied this shortcoming of the above-mentioned documents by introducing the 1990 《Uniform Rules for Sea Waybills》 enabling the parties to insert a 《no-disposal》 clause whereby the seller surrenders the right to dispose of the goods by instructions to the carrier to deliver the goods to somebody else or at another place than stipulated in the waybill.

22. ICC ARBITRATION

Contracting parties who wish to have the possibility of resorting to ICC Arbitration in the event of a dispute with their contracting partner should specifically and clearly agree upon ICC Arbitration in their contract or, in the event that no single contractual document exists, in the exchange of correspondence which constitutes the agreement between them. The fact of incorporating one or more Incoterms in a contract or the related correspondence does NOT by itself constitute an agreement to have resort to

ICC Arbitration.

The following standard arbitration clause is recommended by ICC :《All disputes arising out of or in connection with the present contract shall be finally settled under the Rules of Arbitration of the International Chamber of Commerce by one or more arbitrators appointed in accordance with the said Rules.》

〔資料③〕

Proposals for Incoterms 2000

*Akira Kobayashi, Naoki Kameda, Yoshiaki Hirata,
Tomoyuki Yoshida, Kenji Yokoyama, Naoshi Taguchi*

Progress of this Proposal

The ICC (The International Chamber of Commerce) has contributed greatly to the international trade world since 1936 by enacting Incoterms, international rules for such trade terms as FOB, C&F, and CIF used for international deals. The latest edition is Incoterms 1990. The ICC also has instituted new trade terms in line with the great progress in air transport and containerization, changes which appeared in the late 1960s and soon started to play a major role in business. These are FOB Airport in 1976 and FCA in 1990 for shipments by aircrafts; FRC, DCP, and CIP in 1980; and FCA, CPT, and CIP in 1990 for shipments by container vessels. The ICC has strongly recommended that the international trade world use these new terms.

The new trade terms are sensible in that they specify the point of transfer of risks between sellers and buyers in the context of the new methods of transportation. The starting and finishing points of the carrier's responsibility within these new methods are different from those of a conventional vessel.

However, no research had been conducted to check how much these new trade terms are really used. Meanwhile, the ICC published *The ICC Model International Sale Contract* in December, 1997. It specifies that of all the thirteen trade terms in the present Incoterms, EXW, FCA, CPT, CIP, DAF, DDU, and DDP should take priority over the other six trade terms. The ICC seems to believe that new terms such as FCA are well recognized and ought to be used widely.

We would like to introduce to the ICC the result of our research on the trade terms used in Japan. The research was conducted in 1995 and 1996. Our survey shows that, while containerization of liner vessels rose as high as 90 %, FOB, C&F, and CIF terms, originally designed for non-containerized conventional vessels, accounted for about 95 percent of the total sea transport and 90 % of the air transport trade. Usage of FOB Airport, FCA, CPT, and CIP, combined, did not reach even one percent.

From our viewpoint, *The ICC Model International Sale Contract* made a crucial mistake in that it recommends using FCA, CPT, and CIP, whose usage is less than one percent of the total usage of trade terms, instead of FOB, C&F, and CIF, whose usage exceeds 90 % of total transactions. It is highly possible that the ICC will institute rules and specifications placing emphasis on the above *Sale Contract* in the new Incoterms 2000. If so, the Incoterms will deviate from actual international trade practice. According to the results of our surveys, international traders are indifferent to or ignore the use of FOB Airport, FCA, CPT, and CIP, and continue to use such terms as FOB, C&F, and CIF, even if a particular usage is inappropriate.

We wonder if the ICC's current attitude of "blaming traders for the errors resulting from misuse" is really appropriate. The usage errors are the inevitable result of the lack of ICC research on traders' awareness of FCA, CPT, and CIP and how much these new trade terms are used. We suggest that the ICC should respect FOB, C&F, and CIF usage, which are still the mainstream terms used in the trade world. We also recommend that it revise these three terms in Incoterms 2000 to give them the central position in international trade terminology so that they can be used for various modes, such as transport by container, air transport, road transport, etc. as well as transport by sea vessels. Accordingly, we submitted the following "Proposal for Incoterms 2000" to the Headquarters of the International Chamber of Commerce in Paris in October, 1998.

October 1, 1998

The ICC Working Party on Incoterms
International Chamber of Commerce
38, Cours Albert ler
75008, Paris, France

Dear Sirs,

<u>Proposals for Incoterms 2000</u>

Preface
I. Summary
   ・Purpose
   ・Scope
   ・Conclusion
   ・Recommendations

II. Introduction
III. Fact-finding Research on the Use of Trade
    Terms and Traders' Awareness of Them
   ・Objectives and Survey Method
   ・Analyses of Survey Results

IV. Proposals
References
Appendix

Preface ─────────────────────────

 The ICC (The International Chamber of Commerce) has contributed a great deal to the development of international trade, particularly in terms of the standardization of trade terms, since it was founded in 1919. Its efforts have been highly praised by both business people and scholars.

 However, we believe it is important to note that some of the terms the ICC has specified and recommended are hardly used in international trade.

In view of the importance of its efforts, therefore, we would like to cooperate with the ICC in drafting Incoterms 2000, based upon the results of our detailed surveys on the actual use of Incoterms in Japan.

Ⅰ. Summary

・Purpose

To what extent are container and air transport terms such as FCA, CPT, and CIP actually used in the world today? Answers to this question will be needed when it comes to drawing up the new Incoterms.

The ICC needs to make it clear whether these terms and other traditional terms, such as FOB, C&F, and CIF, are used correctly with clear distinctions among them. If they are not, the ICC will have to pursue the cause of the misuse and take appropriate actions.

From 1995 through 1996, we conducted surveys on the trade terms used in Japan, especially on FOB Airport, FCA, CPT, and CIP[1]. We are confident the results of these surveys will be of great help to the ICC. The purpose of this paper is to propose that the ICC reconsider such terms as FCA, CPT, and CIP on the occasion of instituting the Incoterms 2000.

・Scope

To answer the survey questions, we designed a questionnaire to be administered to 500 Japanese trade firms and collected 3,204 cases of the use of trade terms (1,538 for sea export, 795 for sea import, 593 for air export, and 278 for air import). In addition, one of the leading general trading companies (hereinafter called 《Firm A》) was generous enough to provide us with data on the contracts it executed in 1995. The cases of trade terms usage we extracted from the data amounted to 134,803 (60,031 for sea export, 39,873 for sea import, 11,844 for air export, and 23,055 for air import).

After analyzing these two data sets in detail, we discovered that the percentage usage of the trade terms in the sets was nearly identical. Therefore, while the total number of Japan's exports and imports in 1995 amounted to 16.65 million cases, we believe these sample statistics suggest that the results of the surveys accurately reflect the true picture of trade terms usage in Japan.

In this paper we would like to propose a revision of several trade terms, based on our findings that the actual use of the container and air transport trade terms is different from the trade term usage suggested in the Incoterms.

・Conclusion

Our survey shows, through the analysis of all trade terms we collected, that FOB, C&F, and CIF terms account for about 95 percent of the whole sea transport and 90 % of the air transport in Japan. The Ex Works and 《Delivered》 terms stand out in the rest of the usage. Although we examined the actual use of trade terms only in Japan as the object of our survey, we believe that the results of our survey could be applied to world-wide practices to some extent. Trade terms for a business deal cannot be fixed by a seller alone nor a buyer. They are usually chosen by the mutual agreement between sellers and buyers across countries, and common, cross-national practices tend to emerge.

When we checked the use of FOB Airport, FCA, CPT, and CIP in Firm A's 134,803 cases, we found that FOB Airport accounted for 70 cases or 0.051 % of the total (but 0.20 % of 34,899 cases of air import and export), FCA 83 cases or 0.061 %, CPT 90 cases or 0.066 percent, and CIP 527 cases or 0.39 percent. The total comes out to only 0.57 %. It is not too much to say that these four terms practically are not used. For instance, we could find no cases of FOB Airport, FCA, CPT, and CIP at all in all the trade terms of Firm A's 7,665 transactions (the total of sea/air imports and exports) with South Korea.

It has become clear that not only Japanese traders but also overseas traders are indifferent or not used to the use of FOB Airport, FCA, CPT, and CIP ; rather they cherish such terms as FOB, C&F, and CIF, which have been used for a long time in international trade worldwide. They still continue using these terms for container and air transport, even if a particular usage is inappropriate. Taking such a situation into account, we make the following proposals :

・Recommendations

　The ICC should respect FOB, C&F, and CIF usage, in which the long

-term tradition of international trade has been embodied, and revise these three terms to give them the central position in international trade terms so that they can be used for various modes, such as transport by container, air transport, road transport, etc. as well as transport by sea vessels.

We also propose that item IV of FCA's Article A4 on sea transport should be revised to apply to both conventional and container vessels, the FCA's preface should stipulate this Article A4 can be used even for transport by conventional vessel, and the term FOB can be used instead of FCA.

The term C&F has been revised as CFR. This, too, is an error. Although these terms are identical in terms of definitions, our survey shows cases of confusion by traders using CFR as a different trade term from C&F[2]. One of the reasons why CFR was developed is reported to be the difficulty of computer processing of the key 《&》. However, we propose that the C&F terms should continue in use.

It is common nowadays that a cargo originally scheduled for sea transport is suddenly changed to air transport. The ICC should redefine Incoterms FOB, C&F, and CIF so that even if traders use these three terms for shipment by container vessel or aircraft, their use could be justified. This issue could be dealt with by absorbing FCA, CPT, and CIP into the FOB, C&F, and CIF terms respectively.

FCA, CPT, and CIP may be theoretically correct as trade terms to correspond to the transport by containers and/or aircraft. However, if the ICC believes it reasonable to spread the use of these terms, it should develop a campaign to foster the use of the FCA, CPT, and CIP terms by traders in the world. We believe that the spread of these three terms may progress tardily except the European region. Moreover, this kind of campaign usually requires considerable resources in terms of organization, funds, and personnel, even for such an international organization as the ICC.

Ⅱ. Introduction

It is highly appreciated that the ICC has dealt with the enactment and amendments of Incoterms, clarified the FOB, C&F, and CIF's provisions and the basics of trade terms, and greatly contributed to the development of world trade since 1936. The ICC has instituted trade terms in line with the great progress in containerization and the remarkable development of air transport: FOB Airport in 1976, FRC, DCP, and CIP in 1980, and FCA, CPT, and CIP in 1990. It has appealed to the world for the use of these terms for shipments by container vessels and aircrafts.

Scholars have pointed out that FCA, CPT, and CIP have theoretical consistency with new modes of transport. They say it is illegitimate and problematic as well to use FOB, C&F, and CIF, which are not appropriate for container vessels and aircraft. However, we should keep it in mind that FOB, C&F, and CIF are the trade terms that have embodied the tradition of international trading for a long time, and most modern practices involve these three traditional terms.

It is left to traders' discretion whether or not their contracts adopt the new terms, and there must be some reason if they do not choose these terms. We felt that it would be useful to show to what extent the terms FCA, CPT, and CIP that were instituted for transport by container vessels and aircraft were used, and, if not used, what reasons were involved. With this frame of mind we conducted fact-finding research on the use of trade terms and traders' awareness of them in 1996.

Our surveys showed that the use of the new terms didn't reach even one percent of the total and FOB, C&F, and CIF were still predominantly used both for sea and air transport in Japan. Traders seem unable to abandon these conventional trade terms because of their attachment to the terms, the terms' simple presentation of sale and price conditions, and their ease of use.

Since FOB, C&F, and CIF still play the lead in trade terms usage, the ICC should prepare new FOB, C&F, and CIF terms after modifying the present FOB, C&F, and CIF to make them suitable for all modes of transport, including those by container vessels and aircraft.

Ⅲ. Fact-finding Research on the Use of Trade Terms and Traders' Awareness of Them

We conducted nation-wide surveys in 1996 so that we could explore and explain the actual use of FOB Airport, FCA, CPT, and CIP. For your information, statistics released by Japan's Finance Ministry show that there were 16.65 million cases of international trade in all, including 6.26 million cases of trade by sea transport and 10.39 million cases of trade by air transport in 1995. Container vessels accounted for some 90 percent of all the liner vessels calling at Japanese ports, and the value of trade by air accounted for about 25 percent of the total[3].

・Objectives and Survey Methods

The surveys consisted of the following three categories :

1. We designed a questionnaire to be administered to 500 member companies of The Japan Shipping Council. We collected 171 usable questionnaires, from which we collected 3,204 trade terms in total (sea export 1, 538, sea import 795, air export 593, and air import 278 terms respectively).

2. Firm A, one of the leading Japanese general trading firms, collaborated with us in supplying all the trade terms it used in 1995. We classified all of them, which amounted to 134,803 terms (sea exports 60,031, sea import 39,873, air export 11,844, and air import 23,055 terms respectively).

3. Having analyzed the result of the above surveys, we conducted another research effort on traders' awareness to see why certain trade terms are not used in Japan. We conducted the second questionnaire survey with 500 member companies of The Japan Shipping Council, in order to find out why traders use the traditional terms when they resort to container sea transport or air transport[4].

・Analyses of Survey Results

We were able to obtain the following results by analyzing the above surveys :

1. The main trade terms used in Japan are FOB, C&F, and CIF, not only for sea transport but for air transport.

Analyzing the results of survey 1 and survey 2, we noted they were almost identical, which suggests that our samples accurately represent common practice[5]. We are confident, therefore, that we were able to clarify the actual conditions of trade terms use in Japan. We are particularly confident that Firm A's vast number of trade terms accurately reflects the whole picture of the trade terms used in Japan. The three terms alone accounted for 91.6 percent (123,508 cases) of the 134,803 trade terms used in both sea and air transport (See Charts 1 and 2 in the Appendix). The results : CIF (46,477 cases or 34.5 %), FOB (44,362 cases or 32.9 %), and C&F (32,669 cases or 24.2 %). EXF (2,195 cases or 1.6 %) took fourth place with a considerable decrease in usage, and it was followed by EXW (1,211 cases or 0.9 %).

Within container and air transport modes, usage of the following terms was infrequent :
- FOB Airport 70 cases (0.051 % but 0.20 % of 34,899 cases of air export and import)
- FCA 83 cases (0.061 %)
- CPT 90 cases (0.066 %)
- CIP 527 cases (0.390 %)

Usage of these terms accounted for only 0.57 % of the total, which suggests the traders' disinterest in them. 《Ex》 terms (3,551 cases or 2.1 %) and 《Delivered》 terms (1,462 cases or 1.0 %) were more used, but their usage also was infrequent. As a result of the surveys, we concluded that FCA, CPT, and CIP are rarely used in Japan.

2. Traders do not understand the new Incoterms well enough to be familiar with FCA, CPT, and CIP.

We collected 218 usable questionnaires from our awareness survey administered to 500 trading companies. The main reasons why they use FOB, C&F, and CIF when they use container vessels and aircraft are as follows (multiple answers were allowed):
- 《We have not had any trouble, inconvenience or damage with FOB, C&F, and CIF for many years and feel no contradiction.》 (65.1 %)
- 《We do not feel it necessary to alter the trade terms we use because we have done business with our trade partners on FOB, C&F, and CIF for years.》 (47.2 %)
- 《It would be good enough to modify one by one based on the present FOB, C&F, and CIF if it is necessary.》 (47.2 %)

The results show that, while traders are open to change, they see no reason to abandon current practices (which are often in conflict with

Incoterm definitions). Other major answers include : 《It is hard to use new trade terms unless the trade partners comprehend sufficiently the contents of trade terms ;》《Because a CIF or FOB price must be indicated in the customs export/important declaration form, we anyway have to calculate either CIF or FOB price ;》《In addition to publishing new terms, the ICC should strengthen its education movement on the use of the new terms,》 etc.

We also surveyed traders on the guidelines which influence their usage[6]. Their answers were 《Incoterms 1990》 (25.7 %), 《Incoterms 1980》 (9.6 %), and 《Both》 (8.7 %). These responses suggest a low reliance on Incoterms in Japan. On the other hand, answers such as 《the trade terms used in the company or the industry》 (25.2 %) and 《Not aware of any rules》 (17.9 %) were more frequent than we had expected.

The above answers imply that trading companies are not familiar with the ICC's Incoterms, nor do they depend on them when they do know them. Instead, they have continued using the terms handed down within the companies and the industry over a long time. The FOB, C&F, and CIF terms bear the same names, but do not necessarily have the same definitions as the corresponding terms in the Incoterms. It seems to us that traders' usage is primarily based on price structure. C&F is a price made up of freight plus FOB, and if marine insurance premium is added to C&F, one gets CIF.

We conclude that the FOB, C&F, and CIF terms that Japanese traders use are not necessarily based on Incoterms. Japanese are not doing international deals after having read all the articles on the Incoterms and thoroughly digesting them. In addition, we conclude that FCA, CPT, and CIP are hardly understood by most traders.

IV. Proposals

Our surveys show that FCA, CPT, and CIP are scarcely used in Japan. We presume that the same applies in Southeast Asia, the United States, and many other areas. Hence, we make the following proposals to the ICC.

(1) The ICC should be aware of the fact that FCA, CPT, and CIP are hardly understood and used in areas other than Europe.

The *ICC Model International Sale Contract*, which was published in December, 1997, specifies that of all the thirteen trade terms in the present Incoterms, EXW, FCA, CPT, CIP, DAF, DDU, and DDP should take priority over the other six trade terms. However, we believe, considering the results of our surveys, that the ICC's decision was unreasonable and ignored actual practices.

We believe that traders in Europe find it comparatively easy to accept FCA, CPT, and CIP for their trade within Europe, because intra-continental transport using rail and trucks is common. Given European perspectives, the ICC may have overemphasized the above seven terms in The *ICC Model International Sale Contracts*. However, the ICC's decision is inappropriate to Japan, Southeast Asia, the United States, and most other areas. We think the ICC made a premature decision and failed to account for non-European practices.

With Europe excepted, the principal trade terms are still FOB, C&F, and CIF. There is no demand for FCA, CPT, and CIP to be used at present. The attached charts and tables clearly support our claim.

If the ICC accepts the reality that almost all the trade terms used in the world today are still FOB, C&F, and CIF, it could hardly continue to recommend the use of FCA, CPT, and CIP instead of these conventional terms. The ICC should make future recommendations based on evidence collected globally and should be guided by existing practices.

(2) The ICC should investigate the actual use of trade terms worldwide before the revision of Incoterms 1990.

The ICC has been seeking to develop suitable trade terms, given the growth of transport by container vessel and aircraft. Ever since 1980 it has been making much of theoretical consistency in defining the carriers' liability and has instituted FRC, DCP, and CIP, followed by FCA, CPT, and CIP. The ICC, however, should be aware of the roles FOB, C&F, and CIF have played and the power of tradition. It should conduct research to determine if conventional terms and new terms are used properly with clear distinctions among them.

It is not clear if traders accept and use new terms only because they have theoretical consistency. The ICC has amended Incoterms almost once every decade, and it is preparing Incoterms 2000. Therefore, it should conduct a worldwide survey (1) to learn the extent to which the new terms provided in Incoterms 1990 are actually used, and (2) to analyze the reasons why they are not being used.

(3)　The ICC should allow FOB, C&F, and CIF to replace FCA, CPT, and CIP.

We admit that the spread of FCA, CPT, and CIP through the ICC's education efforts would be ideal. However, if such an effort has not been effective because of various factors, and as a result these new trade terms have not become commonly used, the next best option should be chosen. From this perspective, we recommend revising FOB, C&F, and CIF to apply to any mode of transport, such as transport by container vessels and aircraft. We should take advantage of the mainstream nature of these trade terms for international trade all over the world and their traditional status.

Our surveys show not only that FOB, C&F, and CIF take the lead in trade terms usage, but also that traders use these terms without sufficient knowledge of their definitions in the Incoterms. Traders use them, even for transport by container vessels and aircraft, simply because they find them convenient for identifying prices and costs. We believe that the ICC should not simply blame traders for the errors which result from misuse. Instead, the ICC should act to legitimize current practices by broadening the definitions of FOB, C&F, and CIF.

We believe that the ICC should recommend usage of FOB, C&F, and CIF in all situations. Moreover, for each term it should stipulate the method and place of delivery and the time and place of transfer of risks for each mode of transport, such as transport by conventional vessels, container vessels, aircrafts, trucks, rails, etc.

If the ICC should consider it impossible to spread FCA, CPT, and CIP through its education efforts, it would be advisable to abolish them. The trade terms the ICC provides should be limited to the minimum or just some basic terms. We could not support a move to increase the number of trade terms indiscriminately.

Regarding FOB, the item 《IV Sea Transport》 under FCA A4 《Delivery》 and B4 《Taking Delivery》 should be re-written to refer separately to conventional vessels and container vessels. The preface should note that the Articles A4 and B4 refer to any mode of transport, and the term FCA should be changed to FOB. These kinds of changes are substantially and technically possible.

The FOB term we are now proposing corresponds to FCA for delivery at the place of shipment terminal. In this case FOB takes on an additional interpretation beyond the original meaning of 《Free on Board.》 However, we believe this FOB definition does not threaten a trader's understanding because the term reflects a traditional usage that FOB has enjoyed over a long period.

If the ICC revises provisions of FOB, C&F, and CIF to have them apply to any mode of transport in place of FCA, CPT, and CIP, we would face no problems with the seven trade terms, EXW, FOB, C&F, CIF, DAF, DDU, and DDP to be recommended in *The ICC Model International Sale Contract*.

If the ICC prefers to promote the use of FCA, CPT, and CIP rather than accept our proposals, then we propose the following:

We admit that the ICC has made every effort to spread the new trade terms so far. Even if its efforts bear no fruit, however, no blame should be placed on the ICC. We recognize that the spread of Incoterms, the use of which is optional and has no legal force by treaty, may be quite limited.

Because of the success the ICC has had in instituting and spreading Incoterms since 1936, we admit that it may make sense to stick to the promotion of the use of FCA, CPT, and CIP, considering their theoretical consistency.

However, if the ICC is committed to implanting the new terms into the business world, it should increase its efforts to popularize them. A successful education movement would result in the wide use of FCA, CPT, and CIP as appropriate trade terms for transport by container vessels and aircraft. The following concrete activities are proposed:

(a) The ICC, being in a position to make proposals on policy in the

United Nations, should make further and aggressive approaches to the WTO, OECD, and similar international organizations concerning the appropriate use of the new terms.

(b) The ICC should provide ample and appropriate education on the appropriate uses of new terms to traders through shipping councils in each country.

(c) The ICC should request the customs authorities of each country to admit the flexible declaration of prices at the time of customs clearance for the promotion of the use of FCA, CPT, and CIP.

(d) The ICC should give classes on the new terms through bankers' associations in each country, adding to similar classes on the Uniform Customs and Practice for Commercial Documentary Credits it already has held or sponsored.

(e) The ICC should encourage bankers' associations to add FCA, CPT, and CIP into the list of trade terms on bank forms, many of which currently have only FOB, C&F, and CIF as the terms of choice.

Needless to say, the ICC will have to make and distribute a large quantity of readable guide books and booklets for free distribution or sales at low prices as a part of its education movement. However, we believe that the ICC should produce results within a reasonable period. Unless the ICC can fulfill its purpose to some degree within ten years time as a tentative target period, we would have to conclude that there is a crucial problem or defect in the new terms which were promoted.

Clearly more discussion is needed on whether or not the trade terms the ICC should promote are fully convincing to traders. Now that almost twenty years have passed since FRC, DCP and CIP were instituted, the ICC should survey the situation of the actual use of these new terms worldwide. The ICC should not launch its education effort until it completes this research and the other research mentioned above.

References

1) For the results of this survey we published 《Fact-finding Research on Trade Terms Used in Japan》 (584 pages) The Institute of Business Research, College of Economics, Nihon University, April, 1997.

2) *Ibid.*, p. 168. Both C&F and CFR were listed in Firm A's classification. C&F had 32,669 cases or 24.23 % and CFR had 928 cases or 0.68 %. CFR was rarely used because it caused unnecessary misunderstandings.
3) *Ibid.*, pp. 2-3. The New Tokyo International Airport, the gateway to Japan, held first place in the world as regards the quantities of international air cargoes each year since 1986, though it was outstripped by the Hong Kong International Airport in 1996 when the former handled 1,562,000 tons and the latter 1,564,000 tons (ICAO's statistics listed in The Nihon Keizai Shimbun, June 28, 1998, p.38.).
4) *Ibid.*, pp. 292-301.
5) *Ibid.*, pp. 355-356.
6) *Ibid.*, pp. 40-42.

Please see the attached Appendix which includes the results of our research, Pie Charts, Statistics, and Tables of the Trade Terms Use, etc.

            Faithfully yours,

Akira Kobayashi   Naoki Kameda
Professor   Professor
Nihon University   Doshisha University

Yoshiaki Hirata, Lecturer, Kanagawa University
Tomoyuki Yoshida, Professor, Kansai University
Kenji Yokoyama, Associate Professor, Kyushu International University
Naoshi Taguchi, Research Fellow of the Japan Society for the Promotion of Science

Appendix

Chart1 The Percentages of the Trade Terms for Firm A in 1995

Chart 1 The Percentages of the Trade Terms for Firm A in 1995

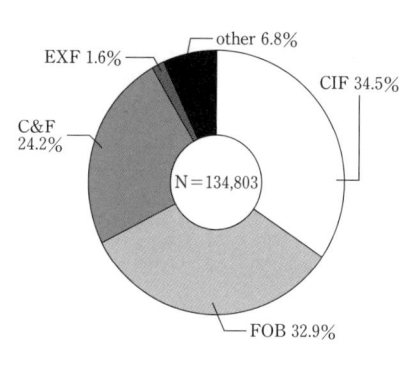

N=134,803

1. CIF (46,477 34.5%)
2. FOB (44,362 32.9%)
3. C&F (32,669 24.2%)
4. EXF (2,195 1.6%)
5. EXW (1,221 0.9%)
6. C&F BT (1,182 0.9%)
7. CFR (928 0.7%)
8. FOB ST (860 0.6%)
9. FAS (752 0.6%)
10. DDU (704 0.5%)
11. C&F (677 0.5%)
12. CIP (527 0.39%)
13. C&F FO (497 0.4%)
14. DES (467 0.3%)
15. CIF FO (294 0.2%)
16. DDP (187 0.1%)
17. EXG (135 0.1%)
18. DEQ (104 0.1%)
19. FOR (93 0.1%)
20. FOB BT (92 0.1%)
21. CPT (90 0.066%)
22. FCA (83 0.061%)
23. CIF BT (76 0.1%)
24. FOB Air (70 0.051%)
25. FOT (25 0.02%)
26. IN WH (14 0.01%)
27. EX SHIP (10 0.007%)
28. EX WH (6 0.004%)
29. DAF (5 0.003%)
30. EX TANK (1 0.0001%)

Chart2(a) Individual Export and Import Breakdowns by Mode of Transportation

Sea Exports (N=60031)

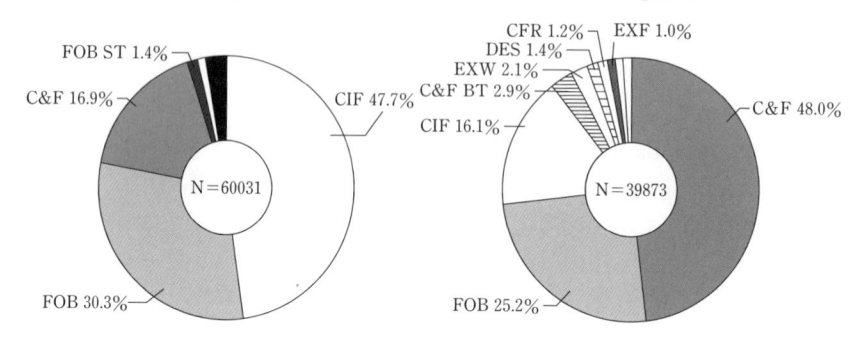

- CIF 47.7%
- FOB 30.3%
- C&F 16.9%
- FOB ST 1.4%

Sea Imports (N=39873)

- C&F 48.0%
- FOB 25.2%
- CIF 16.1%
- C&F BT 2.9%
- EXW 2.1%
- DES 1.4%
- CFR 1.2%
- EXF 1.0%

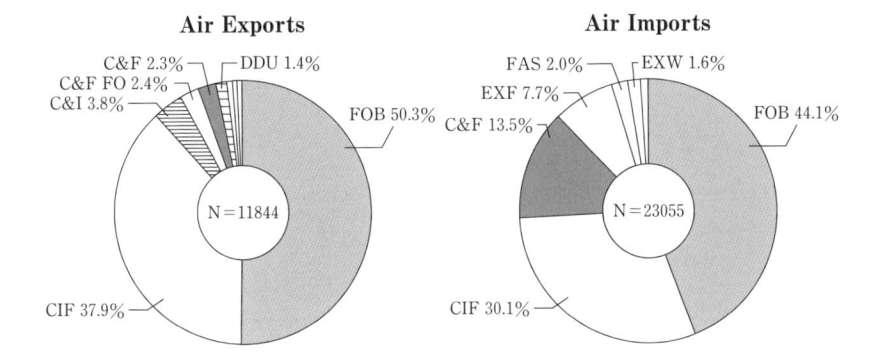

第5章　貿易取引における「値段」の意味

Air Exports

- C&F 2.3%
- C&F FO 2.4%
- C&I 3.8%
- DDU 1.4%
- FOB 50.3%
- CIF 37.9%
- N=11844

Air Imports

- FAS 2.0%
- EXF 7.7%
- EXW 1.6%
- C&F 13.5%
- FOB 44.1%
- CIF 30.1%
- N=23055

Chart2(b)　Nations & Territories/Regions That Firm A Trades with

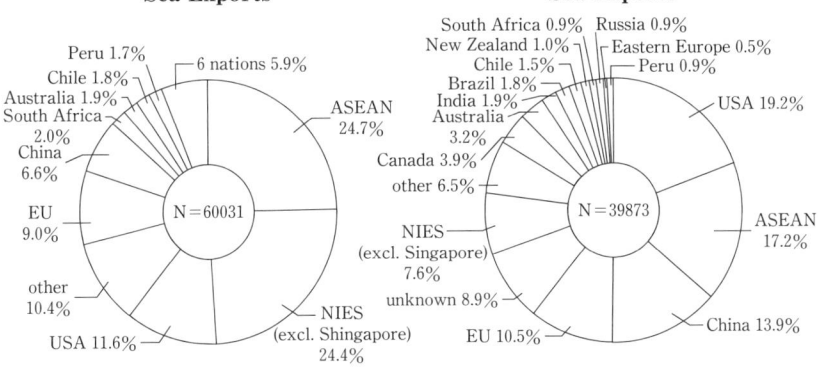

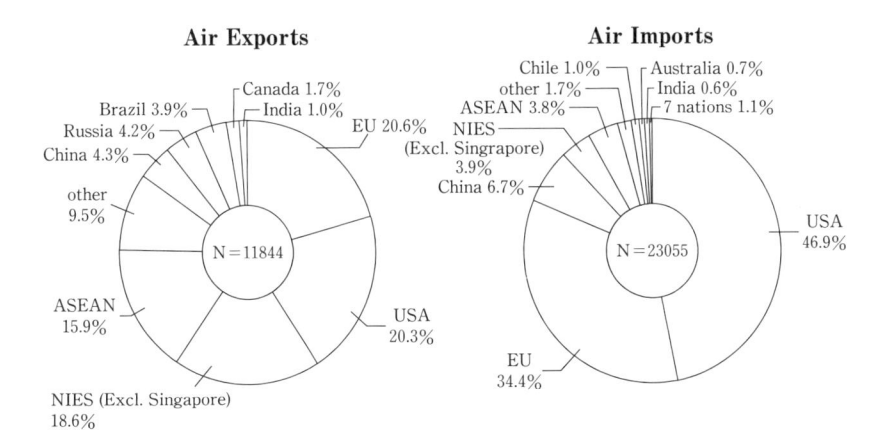

Sea Exports

- Peru 1.7%
- Chile 1.8%
- Australia 1.9%
- South Africa 2.0%
- China 6.6%
- EU 9.0%
- other 10.4%
- USA 11.6%
- NIES (excl. Shingapore) 24.4%
- ASEAN 24.7%
- 6 nations 5.9%
- N=60031

Sea Imports

- South Africa 0.9%
- New Zealand 1.0%
- Chile 1.5%
- Brazil 1.8%
- India 1.9%
- Australia 3.2%
- Canada 3.9%
- other 6.5%
- NIES (excl. Singapore) 7.6%
- unknown 8.9%
- EU 10.5%
- Russia 0.9%
- Eastern Europe 0.5%
- Peru 0.9%
- USA 19.2%
- ASEAN 17.2%
- China 13.9%
- N=39873

Air Exports

- Brazil 3.9%
- Russia 4.2%
- China 4.3%
- other 9.5%
- ASEAN 15.9%
- NIES (Excl. Singapore) 18.6%
- USA 20.3%
- EU 20.6%
- Canada 1.7%
- India 1.0%
- N=11844

Air Imports

- Chile 1.0%
- other 1.7%
- ASEAN 3.8%
- NIES (Excl. Singrapore) 3.9%
- China 6.7%
- EU 34.4%
- USA 46.9%
- Australia 0.7%
- India 0.6%
- 7 nations 1.1%
- N=23055

第3節　貿易取引における"貿易条件（値段）"の選び方

　理想的に言えば、C.I.F.条件が売手と買手にとって理想的な条件（値段）と言われている。その理由は次の通りである。

　①売手は船会社、海上保険会社及び乙仲との交渉はしなければならないが、本船に船積を完了すれば、それから先の貨物に対する危険負担を負う必要はない。

　②自分がよく知っている船会社、海上保険会社、乙仲などと自己の責任をもって交渉することができる。

　③買手は"C.I.F."でOfferさせれば、世界の商品をあたかも自国の製品を買うのと同様な条件でそれぞれ値段と品質とを比較すればよい。

　このように考えると、買手にとっても輸入し易い。しかも船会社への船積手続、付保の手続など自らする必要はない。しかし、現実には輸入者としては案外にF.O.B.、C&F、C&Iなどを希望するケースが多い。これは買手が自己の好きな海運業者、保険業者などに運送や付保をお願いしたい場合もある。また、米国などでは"Buy American Policy"のような国策による制約からの場合がある。

第4節　米国におけるF.O.B.の意味について

　米国においては、州際商取引にも"F.O.B."条件を用いて取引をしている場合がある。例えば、次のような場合である。"Free on Truck"（トラック渡条件）や"Free on Rail"（貨車積渡条件）のごときF.O.R.、F.O.T.でもやはりF.O.B.条件として米国貿易定義の中で規定している。この意味で船舶による輸送の場合には、"F.O.B. Vessel"と明示することが必要である。

第5節　輸出値段の算定における原価要素について

"F.O.B. Moji"の場合（有田のメーカーを例にとれば）

工場渡値段 →（トラック代）→ 有田駅 →（JR運賃）→ 門司港駅 → 通関費用 →（門司）→ 船積費用 → F.O.B.

↓

国内運送保険料

C.I.F.＝F.O.B.＋Insurance＋Freight
C.I.F.における海上保険料計算の公式は、次のとおりである。
保険料＝〔C.I.F.（χ）＋χ×0.1〕×料率
C.I.F.（χ）＝C&F＋1.1χ×海上保険料率
（"χ" は C.I.F.を表わすものとする。0.1χ は希望利益を C.I.F.の10％と仮定した場合）

第6節　輸出値段の算定における諸留意事項

①輸出値段を決定する時に、単に上記のごときコストプラス方式のみを考えずに、輸入市場における小売値段からも逆算して算定することも"有利な輸出取引"につながる。この方式を逆算方式と言っている。

②輸出値段の算定においては一定の単位、例えば1,000ダースについて輸出諸掛をも含めて計算し、あとで1,000で割れば1ダースあたりの値段が算出される。

③輸出入取引における値段は、固定的に考えずに後述する「代金決済方法」の諸条件とのかねあいで商談を進めることが望ましい。

④Incoterms 2000や改正米国貿易定義の規定については第3節、第4節および第5節を参照されたい。

第7節　貿易取引における値段算定と決済方法との関連

貿易取引における値段の決定は、原則としては前節で説明したような「コストプラス方式」と「逆算方式」とが考えられる。これら両者の計算方式そのものは、平易である。

しかし、現実に値段の算定を始めてみるとそう簡単に割り切れるものではない。例えば、買入れられる「聴力検査室」が、コストプラス方式により算定された値段で、売手であるメーカーから"C.I.F. Shimonoseki U.S. $13,000 per Room"で正式に取引の申込みがあったとする。買手の立場から素直にそれを承諾出来るであろうか。買手はその場合、少なくとも次のことを考慮すべきである。

①決済方法はどうなっているか。現金決済か、掛取引きか、又は荷付為替手形決済となっているか。もし決済方式が未決定であったり、又は上記のいずれになるのか明示されないとすれば、買手にしては提出された値段をすぐ承諾す

べきではない。

　例えば、現金決済（C.W.O.——注文と同時に現金にて支払う、C.O.S.——船積を条件として現金で支払う）のような場合であれば、買手は輸入商品を現金で決済する時点から、商品を受取り自国で販売し終るまでの期間は現金が固定化する。もしそうであれば、当然、現金の固定化を考慮に入れて少なくとも金利に相当する金額の値引は要求すべきである。

　次に「掛取引」の場合であれば、これは買手にとってはありがたい。即ち、商品を下関港で受取り、一定期間後、例えば60日後に支払えばよい。買手の立場からすれば、売手からの値段について日本国内や世界市場における値段を考えれば、売手の申込による値段が妥当であるかどうかは、一応見透しがつく筈である。

　但し、この場合でも、次のことは考えておいた方がよい。「掛取引」と言っても、所謂"繰延払"（Progressive Payment）か、又は"延べ払"（Deferred Payment）のような方法を用いて決済することも出来る。例えば"契約成立と同時に10％払、船積時に40％払、据付後50％払"のような交渉の仕方もある。特に機械類の輸入等においては充分考えられることである。故に単に相手の値段のみを見て簡単に、「掛取引」は"買手に有利"と単純に決めずに、輸入商品によっては掛取引そのものの内容も検討すべきである。

　次に「荷付為替手形による決済」である。これは船積書類が添付されている為替手形によって決済する方式である。貿易取引における代金決済においてこの方式は、"手形買取り制度"を通じて売手には"現金売り"の妙味を与え、買手には手形条件に従って"掛取引の利点"を与えることが出来る。このために、この決済方法は、売買両当事者にとって理想的な決済方法といわれている。

　しかし、この場合でも考えるべき大切なことがある。"売手が手形買取制度"を利用して手形を銀行に買取ってもらうときの"金利"は誰が負担するのかということである。高金利の国では、一覧後90日払とか、120日払のような長期の為替手形で決済される場合には、この"金利"の負担は軽視することは出来ない。是非、この金利は誰れが負担するのかを明確にしておかねばならない。売手が負担するのであれば、"Interest for Seller's account"、買手が負担するのであれば"Interest for Buyer's account"と明示しておかねばならぬ。この点をうっかりしていると後ほど紛争の原因ともなりかねない。もし買手が負担するのなら、当然買手は売手からその金利の額は売買値段から差引いても

第5章　貿易取引における「値段」の意味　　139

らうことが必要であり望ましい。但し、これは"売手市場"か"買手市場"か、即ち、その取引において売手が優位に立っているか買手が優位にあるのかによって大きく支配されるものである。

　次に売買値段の交渉において考慮すべきことは、信用状決済か、そうでないのか、又は D/A 条件（Documents against Acceptance＝手形引受船積書類渡）か、D/P 条件（Documents against Payment＝手形支払船積書類渡）かについても考慮していなければならぬ。

　信用状取引の場合には、原則として "Irrevocable Letter of Credit"（取消不能信用状）となってくる。即ち、信用状発行銀行は、一度、買手の輸入代金支払の確約をしたからにはすべての当事者が承諾せざる限りこれを取消したり金額の変更も出来ない。所謂"銀行の支払保証"のようなものであるので、銀行は買手の信用状態に応じて L/C 発行を認めないこともある。もし認められても、手形金額に相当する担保又はなにかの条件をつけられることになる。

　このことを考慮すると、もし「信用状決済」であれば、買手は L/C を発行してもらうための諸経費は当然売手に値引の交渉をすべきである。売手の提示をそのまま承諾することは、原則として避けた方がよい。

　さらに売手は、"Packing L/C"（前貸付信用状＝集荷資金や製造資金などの前貸を売手の銀行に L/C 発行銀行が授権している信用状）や "Transferable L/C"（譲渡可能信用状＝受益者－売手が自己がもらった L/C の一部を他の業者、例えばメーカーやサプライヤーに、一回限りにて譲渡することを認めている L/C）などを要求してくるかもしれない。そのことを考えると、値段の交渉においても買手は、当然、そのような売手に有利な L/C を発行してもらうために必要とする諸経費の値引は要求すべきである。

　D/P 決済においても、買手は自分の港で商品を受取る時、当然、一覧払手形による決済を考慮に入れねばならぬ。この場合には、買手は輸入金融のことを検討しなければならない。例えば、輸入手形代金は自己の取引銀行に一応肩代りしてもらっておき、その代りに買手は、自己の取引銀行に一定条件の約束手形を振出して輸入代金の決済をする。その際の約束手形の発行に伴う金利や諸経費のことも念頭に入れて、輸入値段の交渉にあたらねばならない。

　D/A 決済においては、原則として手形は"定期払手形"となるので買手としては一応"掛取引"で買入れることになる。この場合、"売手の誠意"を考慮することさえ出来れば、

無理な値段における交渉はむしろ避けた方がよいと思われる。

　以上、「値段の算定と決済方法との関連」から見て、取引される商品の値段決定への過程や特に考慮すべき諸点を説明した。従来の貿易取引の値段の計算についての説明では、単にコストプラス方式からの単純計算のみ考えて教示されていた。しかし、現実には、上記の諸点をも考慮に入れて交渉する心構えが望ましい。

　既述の「聴力検査室」の輸入では、上記の諸点に加えて次の点をも考えて値段と代金決済方法とを交渉した。

　これは最初の取引であり、しかも一種の医療機器であるので同室据付後の検査室の機能や性能が仕様書通りに稼動するかどうか必ずしも自信がなかった。故に、値段の交渉は別として、（"売手市場"であることも考慮して）もし紛争が起きた場合に処理しやすいような立場から、最初は"繰延払"とし、それから"取消不能信用状付定期払手形"へと話が移り、さらにその際の手形買取りにおける金利負担の件からして、最後には一覧払手形による決済となって売手と買手の意見が一致した。

　以上、聴力検査室の輸入取引における実例を中心としながら、貿易取引における「値段の算定と代金決済方法との関連」について説明した。最後に、輸入された聴力検査室は、仕様書通りに機能しており関係者一同大いに喜んでいることを付記しておきたい。

参考文献

〔1〕碓井陽一・仙頭佳樹・山下睦男「貿易論講義」、北九州貿易協会、1985年。
〔2〕濱谷源蔵「最新貿易実務」、同文館、2003年。
〔3〕http://www.ace-insurance.co.jp/marine/ma/voyage/m_01s1.html、2004。
〔4〕http://gektor.web77.ru/eng/Incoterms/int.htm、2004。
〔5〕http://commerce01.doshisha.ac.jp/nkamcda/incointroE.html、2004。

第6章　信用状の機能と活用・船積書類の重要性・貿易取引上の危険と対策

第1節　信用状とは何か？

「信用状」とは、通称であって正式には「商業信用状」(Commercial Letter of Credit) と言われている。さて、「信用状とはどのような機能を持っているか」を先ず最初に説明しよう。東京三菱銀行から発行された「信用状」を一読してみると、次のようにその機能を説明する条項がある。「当行は振出人、裏書人及び善意の所持人に対してこの信用状の条件に一致して振出され、買取られた手形は、呈示あり次第、正に引受又は支払われること及びこの信用状条件以内で引受られた手形は満期日には正に支払われることを本書により約束する。」

上記の東京三菱銀行のL/Cに述べてある「約束」からして、信用状がある貿易取引における取引代金の支払を確約する正式な書類であることがわかる。銀行が信用状の中で述べている条件を厳密に守ってその貿易取引を遂行しさえすれば、必ずL/C発行銀行がその取引代金の支払を確約するものであるので、貿易代金の決済におけるL/Cの機能はきわめて重要であることがわかる。

第2節　L/Cのチェックポイント

輸出業者は、L/Cを受領した時に、単にそのことだけで満足せずにL/Cの内容が売買契約のそれと完全に一致しているかをたしかめねばならぬ。もし売買契約書の条件と一致していない点があれば、直ちにその点につき修正を買手に求めることが必要である。L/Cをチェックする時の主要な点は、次のような諸点である。

①L/Cの種類
取消不能か、取消可能か、又は特に輸出者が指定したような種類となっているか。Irrevocableなどの用語は明示してあるか。

②L/Cの金額に誤りはないか。

③受益者の住所や氏名につき全く正確であるか。

④L/Cにもとづいて発行された為替手形を、輸出者が関係銀行に買取をお願いする期日が明示してあるかどうか。

⑤L/Cの有効期限や為替手形の満期日と船積時期との関係は正しいか。売買契約書に示されている"船積条件"とL/Cに示されている船積時期とは、一致しているか。

⑥所謂"Shipping Documents"の中に含まれている各書類の通数は正しく記載されているか。

⑦海上保険に関する事項は、売買契約書に書いてあるとおりになっているか。海上保険証券は、指図式になっているか。その保険金額は、売買契約書にあるように"Expected Profit"も計算に入れることになっているか。その他の海上保険に関する諸条件は、売買契約書における保険条項どおりになっているか。

⑧船積の港や仕向港は、正しく記載されているか。

⑨分割積や積換の可否については、売買契約書のとおりになっているか。

⑩L/Cには"Special Conditions"があるかどうか。

⑪L/C解釈の基準は明示されているか。

以上のような諸条項が正しく記載されているかどうか確かめて、初めて売手は安心出来るのである。

第3節　L/Cの利用法（売手の立場から）

L/Cは、確かにその発行銀行がそれにもとづいて発行される為替手形の引受又は支払を確約するものである。しかし、その機能としてはもうひとつ"いかにこれを貿易金融に利用するか？"について考えることが必要である。以下、具体的にその利用法について述べることとする。

①「集荷資金」を必要とするときには

農産物などにおいて"前渡金"を渡しておくことが必要な場合には、Buyerと話しあって"Packing L/C"（前貸付信用状）を発行してもらう。即ち、L/Cの中に「前貸を認めてもらいたい」という条項をL/C発行銀行に入れてもらっておく。通常、その条項は赤色で記入されるので"Red Clause L/C"とさえ言われている。製造資金が不足する場合でも利用出来る。

②譲渡可能信用状（Transferable L/C）

買手との話し合いでL/Cを譲渡可能信用状としておけば、売手はL/Cにおける自己の権利を原則として1回に限り第3者に譲渡することが出来る。また分割譲渡も出来る。例えば、売手は自分で1／3を利用し、残りはメーカーや集荷業者に譲渡することが出来る。必ず"Transferable L/C"とそのL/Cに

明示してもらっておくことが必要である。
　③回転信用状（Revolving L/C）
　信用状にあらわれている金額を、一定期間の間、自動的に更新して使える信用状である。同一種類の商品を売手と買手とで幾度も繰返して取引する時に用いられる。この種のL/Cにしておけば毎回、新たにL/Cを発行してもらう手続や経費の節約が出来る。またL/C開設保証金を考慮する不便も解消することができる。この種のL/Cは、売手にとってよりもむしろ買手にとって利用価値のあるL/Cである。
　④ Local L/C（国内信用状）
　売手であるメーカー又は輸出者が、製造資金や仕入資金を必要とする時に、原信用状を見返りとして自己の取引銀行又は外国為替銀行にこの国内信用状を発行してもらう。国内信用状は、原信用状と別個独立せるもので所謂"銀行支払保証状"である。これは"Secondary Credit"と呼ばれるものであるので、我国においては外貨建ではなく円貨による金額の表示となる。
　Local Credit と Transferable Credit とは、その機能においては類似しているが、両者は別個独立のものである。Local Credit の方が、後者よりも取引における価格やL/Cの金額において小さくなるのが原則である。
　⑤同時開設信用状（Back to back L/C）
　"Back to back L/C"を Local Credit と同一の意味に用いることが米国にて行なわれているが、我国における戦後の経済において外貨事情が悪かった時に用いられたこの種のL/Cは、"見返り信用状"又は"裏付信用状"と訳されていた。このL/Cの場合には、輸出と輸入を個々の取引において結びつける一方法として、即ち、「バーター取引」のためのL/Cとして使用されてきた。具体的に説明すれば、買手AがA開設してもらったL/Cは、売手甲がAから一定商品を見返りとして買うためのL/Cを同時に開設しないかぎり、買手Aが開設してもらったL/Cは有効とならないことを規定しているL/Cである。このようにバーター取引において外貨を使用せずにお互いに取引がなされることが出来るし、確実にバーター取引となることが出来る。しかし、ある意味においては、"歴史的なL/C"である。

第4節　信用状の取引について注意すべき点

①L/Cの開設について

買手は売買契約の中においてL/C決済であることが明示してある時には、自己の取引銀行に依頼して輸出者のために迅速にL/Cの開設手続を取らねばならない。

銀行は、輸入者の信用を承知しておくこと又は調査することは当然として輸出者の信用を調査する。結局、輸入者がどんなに信用があっても、やはり輸出者の信用がなければL/Cは開設されないと思うべきである。

②買手は、自己の取引銀行が外国為替銀行でなくてもその取引銀行を通じて外国為替銀行にL/Cの開設を依頼することが出来る。

③L/C取引の場合においては、当然B/Lは"Order of Shipper、blank endorsed"又は"Order of the Issuing Bank"とならねばならない。

④銀行は、すべての書類を点検して書類が文面上整っているかを確かめる。

⑤用語の解釈において"about"、"circa"又は同様な文言はその位置によっては貨物の数量は10％を超えない差額を許容している。

第5節　船積書類の重要性と活用

①貿易取引における船積書類の重要性

輸出者であれ、輸入者であれ、貿易をするからには一定の利潤をあげることを意図するのは現経済体制であるかぎり当然のことである。貿易取引を行うことによって考えられる一つの利点は、メーカーにとっては"規模の利益"であり、貿易業者、特に輸出商にとっての魅力は銀行による船積書類の買取制度を利用する貿易金融である。即ち、輸出者は、船積完了後、船積書類を入手する場合、C.I.F.系統の取引においては信用状と船積書類と共に為替手形を振出し、銀行に買取を受けるためそれらを提供することによって、「現金」を入手することが出来る。定期払手形の場合であれば、輸入者も掛取引の妙味を受けることが出来ることになる。このために輸出入の両者にとっても妙味のある代金決済方法となる。

もし輸出者が「一覧払手形」を振出したとしても、輸入者はこの一覧払の決済をなすために自己の取引銀行に約束手形を振出し、とにかく輸入手形の決済を終り商品を船会社から受取り、通関手続をとり、一定期間後にその約束手形

を期間以内に支払えばよい。この意味で手形買取制度は、輸出入両者にとって大いに意義のある制度である。

②船積書類の種類と意義

我々が「船積書類」と言う時には、通常、次のごとき書類を総称して述べている。

(1) Commercial Invoice（商業送り状）
(2) On board（Shipped）Bill of Lading（船積船荷証券）
(3) Marine Insurance Policy or Certificate（海上保険証券又は保険証明書）
(4) Certificate of Origin（原産地証明書）

これらの書類の外に商品の種類によっては、"Packing List"（包装明細書）や"Health Certificate"（衛生証明書）が必要であり、相手国によっては、"Consular Invoice"（領事送り状）などが必要となる。

「商業送り状」は、外国に積出した商品の送貨案内書であり、商品の名称、種類、品質と等級、包装の方法と表示、荷印と荷番、個数・重量、容積、単価、総金額、出荷地、荷送人と荷受人の氏名など、輸入者にとって必要と思われる事項はすべて記載する。次に、これは輸出計算書の性格も持っている。輸出者による立替金、諸手数料なども記載する。さらに輸入者にとっては、"輸入仕入書"の機能を持つ。輸入者は、輸出者から送付されてきたInvoiceのコピーで送貨の明細を知ると共に荷受の諸準備をする。書類としては簡単な書類であるが、関税計算や運賃計算の基礎資料となるので重要な書類である。

「船荷証券」は、実際に船積が終了した時に船会社によって発行される「船積船荷証券」と、"輸出金融"を目的とした「受取船荷証券」とがある。後者の場合には、実際に船積はされていないが、「船積のために商品が受取られた」ことを示す船会社から発行される書類である。「船荷証券」は、次の3つの機能を持っていると言われている。

①船会社による貨物の受取証、②船会社と荷主との間の運送契約書、③貨物代表証券（これは、積送貨物に対する所有権を表わす書類で、この書類の船会社への引渡しがなければ、荷渡指図書は発行されず、買手は、貨物を船会社から受取ることは出来ない。）

「海上保険証券又は保険証明書」は、海上保険会社によって発行されるもので、"付保"の責任者はF.O.B.やC.I.F.などの建値によって異なる。F.O.B.の時には買手が、C.I.F.の時には売手が付保の責任者となる。今日の貿易取引で

は、その売買商品には保険がつけられるのが原則である。この書類がなければ外国為替銀行が外国為替手形の買取を拒絶するので、原則として積送商品には保険をつけねばならない。紀伊国屋文佐衛門の"みかん船"や"ヴェニスの商人"のような名作は今日の貿易取引からは生まれない。

「原産地証明書」は、当該取引商品はどの国で生産され又は製造されたものかを証明する書類である。通常、メーカー所在地の商工会議所が発行することになっている。

信用状の中で買手が必要の有無を明示するが、改正米国貿易定義1941によれば、買手の依頼と経費にて入手すべきであることをそのF.O.B.やC.I.F.の中では規定している。最恵国条項や特恵関税の適用を受けることが必要な場合には、この書類がなくてはならぬ。

「包装明細書」は、1契約分の送貨に各種の包装（箱入れ、梱包など）が混合している場合、または1容器に各種の内装物を詰め合わせた場合、インボイスの付属書類として作成・添付されるものである。

「衛生証明書」は、我国であれば食料品の取引において原則として厚労省管轄の検査所から受領しなければならない。動物検疫所からの"Health Certificate"ではないことも承知しておく必要がある。

「領事送り状」は輸入国の在日領事館から発行される書類で、当該商品が輸入国の法規に抵触しないか又は記載されている事項、特に価格に不正記載はないかなどを明らかにしてそれを証明する書類である。この送り状を受領する時には、査収料を支払わねばならない。この査収料は、その領事館の運営の一部にあてられている。

以上、船積書類について述べたが、既述のように、今日、貿易取引において用いられている主要なる決済方法は、取消不能信用状にもとづいて発行される荷付為替手形（一覧払、定期払手形）による決済である。この場合には、輸出者は売買契約書や信用状の中に規定されている船積書類を入手して信用状や為替手形に添付しなければならぬ。C.I.F.取引においては殆んどすべての船積書類が売手によって作成又は集められるので、売手はその船積書類を中心として代金決済が進められる。外国為替銀行は、提出される信用状にもとづいて船積書類をチェックする。そして異常がなければ、手形の買取に応ずることになる。この意味において、船積書類が受益者に発行されている信用状条件と100％一致しておくことが必要となる。

③船積書類のチェックポイント
船積書類について、特に点検すべき主要な点は次のとおりである。
(1) B/L（船荷証券）は"Order 式"（指図式）となっているか。それは"endorsed in blank"（白地裏書式）となっているか。
(2)着荷通知先は明示されているか。
(3) B/L の日付は、L/C の船積条項に一致しているか。
(4) "On board B/L"か"Received B/L"か。
(5)海上保険の金額は妥当か。期待利益は正しく算入されているか。
(6)海上保険証券も指図式にして白地裏書となっているか。
(7)保険契約における担保条件は正しいか。
(8)「商業送り状」における諸記載事項は正しいか。必要とされた諸経費も計算されているか。
(9)「商業送り状」の通数は誤っていないか。
(10)「衛生証明書」が必要な場合には、相手国税関が認める日本の公的検査機関からの証明書かどうか。念のために、Buyer とよく相談して打合わせておくことが望ましい。
(11)「領事送り状」に記載されている事項はすべて適正であるか。記載されている価格についての記載には、特に注意しておくことが必要である。

第6節　貿易取引における危険と対策

①貿易取引における危険について
貿易取引を遂行する場合、予想される危険としては次の3つであろう。
(1)海上運送から生ずる危険
(2)貿易契約違反から生ずる危険（貿易クレーム）
(3)非常危険（海外諸国における革命、暴動、内乱などから生じる危険）
(4)信用危険（海外の買手の倒産などによる代金決済不能など）
(5)営業危険（輸出者自身の責に帰すべき危険）
「貿易取引」は元来、"冒険取引"と言われるように、海上運送に伴って危険が発生する恐れが多い。また、貿易取引方法そのものはどんなに完璧であっても、それを運用するのは人間である。もし取引当事者が商業道徳を無視して不正行為を行うならば、貿易契約に違反する行為が行われる余地がある。この場合、「クレームの発生」と言うことになる。

また、上記の(3)(4)(5)の場合のように、輸入国における予想されない革命、内乱又は暴動などが発生して輸出者は思わざる損失を蒙る恐れがある。さらに、外国の商人との取引のため輸入者が倒産したり、営業不振になって代金決済が出来なくなることもある。一方、輸出入者それぞれの市況判断の誤りから損失を蒙ることもあろう。

このように考える時に、外国との商取引に従事する者としてはいかなる危険及びそれにもとづく損失をうけても、対応出来る状態にあることが必要である。このように、貿易業者を危険や損失から保護するために、「海上保険制度」と「輸出保険制度」が確立している。「海上保険」の場合は、その発生の確率の計算も科学的に出来るので、民間の損害保険会社が塡補する。しかし、輸出保険の場合は、海上保険とは異なって発生の確率の計算も難しく、極く一部を除いて国営保険となっている。

②貿易マンのための海上保険の知識

(1)取引当事者の誰が付保の責任があるか。

保険会社に対して保険契約の申し込みをする責任者は、F.O.B.、C & F、C.I.F.などの取引条件によって異なる。F.O.B.、F.A.S.又はC & Fでは、買手に付保の責任がある。C.I.F.、C & I、Ex Ship などでは、売手が保険契約の申し込みをしなければならない。もし、売買両当事者のいずれが責任者となるか決しかねる時には、"米国貿易定義"又は"Incoterms"を参照すれば、それらの中の各条件に売手及び買手の義務が明示してあり、容易にわかるようになっている。

(2)付保の金額はどのように決定するか。

元来は、「積送される商品の金額に、船積及び保険に関する費用を加算した額」即ち保険価額に対し全額保険に付するか（全部保険)、又は保険価額に達しない一部保険とするかは、付保責任者が自分で決定するか又は情況によっては、契約の相手方の了承を求めて決定する。保険会社と被保険者とで話しあって保険価額が協定されている時には、「評価済み保険証券」と呼んでいる。

(3)どのような海の危険が担保されるか。

海上保険で担保される危険は、次のとおりである。

ａ．海固有の危険：沈没、座礁、触礁、座州、衝突、荒天による浸水、荷崩れ、貨物の波ざらい等。

ｂ．火災：焼失、焦げ、いぶり、加熱による変質、消火のための注水など。

c．強盗（Thieves）：暴力又は威嚇による強奪のみに用いられ、いわゆる、窃盗（Theft or Pilferage）を含まない。

　d．投荷（Jettison）：貨物、船舶貯蔵品又は船舶の艤装の一部を船外へ投棄すること。船舶の遭難時に船足を軽くして、船舶および積載貨物をその共同の危険から救うために意識的に船長によって行われる共同海損の一種である。

　e．船員の悪行（Barratry of the Master and Marinens）：船長その他の乗組員の行う不正行為を言う。例えば、船員による船舶の遺棄、放火、乗り逃げ、船員が密輸を計ったための船舶の没収又は差し押さえなど。

　(4)どのような担保範囲の保険に付するか。

　輸出者又は輸入者が自己の商品に保険をつける場合、どの程度の範囲の損害を担保してもらいたいのかを保険料率とのかねあいから決定しなければならぬ。この填補範囲を定める条件には、基礎的に次の4種類がある。

　a．全損のみ担保（Total Loss Only；T.L.O.）

　次の損害について担保する。

　ⓐ保険の対象が全損となった場合。ⓑ全損となることを防ぐに必要な損害防止費用。ⓒ共同海損は分損であるので担保されない。海難救助料も担保されない。

　b．単独海損不担保（Free from Particular Average；F.P.A.）

　全損、共同海損は填補されるが、単独海損である「分損」は原則として填補されない。

　但し、この条件でも積込み、積替え、または荷卸し中に生じた梱包1個ごとの全損は填補する。しかし、火災または本船が他物と衝突したことに起因した場合には、単独海損たる分損でも填補される。損害防止費用、救助料は填補される。免責歩合の適用はない。

　c．単独海損担保（With Average；W.A.）

　全損、共同海損及び分損でも、証券に明記された担保危険による損害はすべて填補される。損害防止費用、救助料もまた填補される。なお、積込み、積替えまたは荷卸し中に生じた梱包一個ごとの全損も填補する。

　d．全危険担保（All Risks）

　英国の協会貨物約款第5条によれば、全危険担保の意義を次のようにのべている。「保険の目的の滅失、または損傷の一切の危険を担保する。ただし、遅延、または保険の目的の固有の欠陥もしくは性質に近因して生ずる滅失、損傷

または費用をも拡張担保する趣旨ではない。この保険では、免責歩合を適用しない」。この全危険担保は、包括責任主義をとっているので、被保険者は保険金請求にあたって特定の危険によって生じたことを立証する必要はない。

(5) 特別約款について

上記の4種の条件のいずれにも含まれない次のような担保条件がある。この場合には割増保険料を支払って特約しなければならない。

　a．戦争危険（War Risks）とストライキ危険（Strikes、riots and civil commotion risks ; S.R.C.C. risks）

たとえ、全危険担保においても、戦争危険、同盟罷業、一揆・暴動による損害は担保されない。従って、これらについては割増保険料を支払って特別約款をつけねばならない。

　b．両倉庫約款（「倉庫より倉庫」までの担保）

商品が保険証券記載地の倉庫を離れる時から保険証券記載の仕向地の荷受人の倉庫に引渡されるまでに生じた損害に対して、保険会社が塡補する条件であり、特約であるので割増保険料を支払わねばならぬ。

(6) 予定保険について

予定保険にも「包括予定保険」（Open Policy）と個別予定保険（Provisional Policy）の2種がある。前者は、将来、船積される多数の貨物を対象として契約をすることが出来る。「回転信用状」の関連で考えると理解しやすい。1回ごとの積荷に対しては、保険証明書が発行される。

後者の場合には、輸出者よりの船積通知が間に合わず、とにかく付保する必要がある場合には、凡その数量と金額で付保しておき、船名やその他の事項が確定した場合に改めて「確定保険証券」が発行される。

(7) 貿易業者自己の商品を付保する時に注意すべきこと。

　a．貨物の種類を考えてどの条件の保険につけるか。またL/C発行銀行との関係による条件の決定もありうる。

　b．希望利益、輸入商品に対する「増値」、仲介手数料、輸入税、着払運賃などについても保険価額に入れて保険契約を結ぶかどうかを考えることが必要である。

③貿易マンのための輸出保険

すでに本章で述べているように輸出取引においては非常危険、信用危険又は営業危険に遭遇する恐れがある。しかし、これらを恐れていては輸出貿易の振

興は出来ない。また国によっては、信用状制度を持っていないところもある。このことを考えると、既述のように国営保険にてでも輸出業者を援助しなければならない。この意味で以下に示すような輸出保険制度が確立されている。換言すれば、我が国における国際商取引の仕組みは完璧と言ってよい。あとは、その仕組みを運営する「人」の信用にかかっていると言って過言ではない。

輸出保険制度をさらにカバーするために、地方自治体で15％の追加補償を行っている場合がある。その都度、地方自治体に申し込めばよいが、予算の関係で受付が停止されることもある。なお、輸出保険では、輸出業者が個別に契約する個別保険の他に、輸出組合が保険契約者となって組合員の輸出はすべて自動的に保険をつける制度がある。保険料は輸出者より徴収して組合が納め、保険金は輸出者が受け取る。

なお、現行の貿易保険法を次ページに参考のために掲載しておく。

参考文献

〔1〕 碓井陽一・仙頭佳樹・山下睦男「貿易論講義」、北九州貿易協会、1985年。
〔2〕 http://www.houko.com/00/01/S25/067.HTM

貿易保険法

【目次】

　第1章　総　則　　　　　　　　（第1条～第2条）
　第2章　独立行政法人日本貿易保険（第3条～第21条）
　第3章　貿易保険　　　　　　　　（第22条～第56条）
　第4章　政府の再保険　　　　　　（第57条～第61条）
　第5章　罰　則　　　　　　　　　（第62条～第64条）
　　　　　附　則（抄）
　　昭和25・3・31・法律 67号
　改正平成 9・5・23・法律 59号――
　改正平成11・7・16・法律102号――
　改正平成11・12・22・法律160号――
　改正平成11・12・22・法律202号――
　改正平成13・6・27・法律 75号――
　改正平成14・6・12・法律 65号――
　改正平成16・6・2・法律 76号（未）（施行＝平17年1月1日）
　改正平成16・6・9・法律 88号（未）（施行＝5年内）

第1章　総　則

（目的）
第1条　この法律は、外国貿易その他の対外取引において生ずる為替取引の制限その他通常の保険によつて救済することができない危険を保険する制度を確立することによつて、外国貿易その他の対外取引の健全な発達を図ることを目的とする。
（定義）
第2条　この法律において「輸出契約」とは、本邦内で生産され、加工され、又は集荷される貨物を輸出する契約であつて、政令で定める事項についての定めがあるものをいう。（《改正》平11法202）
2　この法律において「輸出者」とは、輸出契約の当事者であつて、貨物を輸出するものをいう。
3　この法律において「供給契約」とは、輸出者が輸出契約に基づいて輸出すべき貨物を本邦内で生産し、加工し、又は集荷して当該輸出者に引き渡す契約をいう。
4　この法律において「生産者」とは、輸出する目的をもつて本邦内で貨物を生産し、加工し、又は集荷する者をいう。（《改正》平11法202）

5 この法律において「技術提供契約」とは、外国において技術の提供又はこれに伴う労務の提供をする契約であつて、政令で定める事項についての定めがあるものをいう。
6 この法律において「技術提供者」とは、技術提供契約の当事者であつて、技術の提供又はこれに伴う労務の提供をするものをいう。
7 この法律において「輸出代金貸付契約」とは、輸出契約に基づく輸出貨物（第30条第2項の政令で定める貨物に限る。）の代金若しくは賃貸料又は技術提供契約に基づく技術若しくは労務の提供の対価の支払に充てられる資金を外国の政府、地方公共団体若しくはこれらに準ずる者（以下「外国政府等」という。）、外国法人又は外国人に貸し付ける契約であつて、政令で定める事項について定めがあるものをいう。（《改正》平11法202）
8 この法律において「輸出代金貸付者」とは、輸出代金貸付契約の当事者であつて、資金を貸し付けるものをいう。
9 この法律において「輸出保証」とは、次に掲げる保証であつて、保証金額その他政令で定める事項についての定めがあるものをいう。
  1. 輸出契約又は技術提供契約に関する入札（以下「入札」という。）の条件に含まれる保証条項に従い入札に基づく債務について当該入札の相手方に対してする保証（違約金その他これに類する金銭を支払い、又はその支払に代えて主たる債務の全部若しくは一部を主たる債務者に代わつて履行し、若しくは第三者に履行させる旨の保証をいう。次号において同じ。）
  2. 輸出契約又は技術提供契約に含まれる保証条項に従いこれらの契約に基づく債務について当該契約の相手方に対してする保証
  3. 前2号に掲げる保証（前2号に掲げる保証に係る保証であつて、この号に該当するものを含む。）をした者（以下「保証人」という。）がその保証の条件に従い保証債務を履行した場合における主たる債務者の当該保証人に対する賠償債務について当該保証人に対してする金銭の支払の保証
10 この法律において「前払輸入契約」とは、貨物を輸入する契約のうち、その輸入貨物の代金又は賃借料の全部又は一部を当該輸入貨物の船積期日前に支払うことを条件とする契約であつて、政令で定める事項についての定めがあるものをいう。
11 この法律において「前払輸入者」とは、前払輸入契約の当事者であつて、貨物を輸入するものをいう。
12 この法律において「仲介貿易契約」とは、本邦法人又は本邦人が一の外国の地域において生産され、加工され、又は集荷される貨物を他の外国の地域に販売し、又は賃貸する契約であつて、政令で定める事項についての定めがあるものをいう。
13 この法律において「仲介貿易者」とは、仲介貿易契約の当事者であつて、貨物

を販売し、又は賃貸するものをいう。
14　この法律において「仲介貿易代金貸付契約」とは、仲介貿易契約に基づく仲介貿易貨物の代金又は賃貸料の支払に充てられる資金を外国政府等、外国法人又は外国人に貸し付ける契約であつて、政令で定める事項についての定めがあるものをいう。
15　この法律において「仲介貿易代金貸付者」とは、仲介貿易代金貸付契約の当事者であつて、資金を貸し付けるものをいう。
16　この法律において「海外投資」とは、本邦法人又は本邦人が行う次に掲げるものをいう。(《改正》平11法202)
　　1．外国法人の株式その他の持分（以下「株式等」という。）の取得
　　2．本邦外において行う事業の用に供する不動産若しくは設備に関する権利若しくは鉱業権、工業所有権その他の権利又はこれらに類する利益（以下「不動産に関する権利等」という。）の取得
17　この法律において「海外事業資金貸付」とは、本邦法人又は本邦人が行う外国政府等、外国法人若しくは外国人に対する本邦外において行う事業に必要な長期資金に充てられる長期貸付金に係る債権若しくは当該資金を調達するために発行される外国政府等若しくは外国法人の公債、社債（社債等の振替に関する法律（平成13年法律第75号）第66条第1号に規定する短期社債を除く。以下この項において同じ。）その他これらに準ずる債券（以下「貸付金債権等」という。）の取得又は当該資金に充てられる外国政府等、外国法人若しくは外国人の長期借入金若しくは当該資金を調達するために発行される外国政府等若しくは外国法人の公債、社債その他これらに準ずる債券に係る保証債務（保証債務を履行した場合に、その履行した者がその履行した金額につき主たる債務者に対する求償権を取得するものとされるものに限る。）の負担をいう。(《改正》平11法202)(《改正》平13法075)(《改正》平14法065)

第2章　独立行政法人日本貿易保険
第1節　総則
（目的）
第3条　独立行政法人日本貿易保険の名称、目的、業務の範囲等に関する事項については、この章の定めるところによる。(《全改》平11法202)
（名称）
第4条　この法律及び独立行政法人通則法（平成11年法律第103号。以下「通則法」という。）の定めるところにより設立される通則法第2条第1項に規定する独立行政法人の名称は、独立行政法人日本貿易保険とする。(《追加》平11法202)
（日本貿易保険の目的）

第 5 条　独立行政法人日本貿易保険（以下「日本貿易保険」という。）は、対外取引において生ずる通常の保険によつて救済することができない危険を保険する事業を効率的かつ効果的に行うことを目的とする。(《追加》平 11 法 202)
(事務所)
第 6 条　日本貿易保険は、主たる事務所を東京都に置く。(《追加》平 11 法 202)
(資本金)
第 7 条　日本貿易保険の資本金は、貿易保険法の一部を改正する法律（平成 11 年法律第 202 号）附則第 7 条第 2 項の規定により政府から出資があつたものとされた金額とする。(《追加》平 11 法 202)
2　政府は、必要があると認めるときは、予算で定める金額の範囲内において、日本貿易保険に追加して出資することができる。(《追加》平 11 法 202)
3　日本貿易保険は、前項の規定による政府の出資があつたときは、その出資額により資本金を増加するものとする。(《追加》平 11 法 202)

第 2 節　役員及び職員

(役員)
第 8 条　日本貿易保険に、役員として、その長である理事長及び監事 2 人を置く。(《追加》平 11 法 202)
2　日本貿易保険に、役員として、理事 3 人以内を置くことができる。(《追加》平 11 法 202)
(理事の職務及び権限等)
第 9 条　理事は、理事長の定めるところにより、理事長を補佐して日本貿易保険の業務を掌理する。(《追加》平 11 法 202)
2　通則法第 19 条第 2 項の個別法で定める役員は、理事とする。ただし、理事が置かれていないときは、監事とする。(《追加》平 11 法 202)
3　前項ただし書の場合において、通則法第 19 条第 2 項の規定により理事長の職務を代理し又はその職務を行う監事は、その間、監事の職務を行つてはならない。(《追加》平 11 法 202)
(役員の任期)
第 10 条　役員の任期は、2 年とする。(《追加》平 11 法 202)
(秘密保持義務)
第 11 条　日本貿易保険の役員若しくは職員又はこれらの職にあつた者は、その職務上知ることができた秘密を漏らし、又は盗用してはならない。(《追加》平 11 法 202)
(役員及び職員の地位)
第 12 条　日本貿易保険の役員及び職員は、刑法（明治 40 年法律第 45 号）その他の罰則の適用については、法令により公務に従事する職員とみなす。(《追加》平 11 法

202)

第3節　業務等

(業務の範囲等)

第13条　日本貿易保険は、第5条の目的を達成するため、次の業務を行う。《追加》平11法202)

1. 次章の規定による貿易保険の事業を行うこと。
2. 前号の業務に附帯する業務を行うこと。

2　日本貿易保険は、前項の業務のほか、同項の業務の遂行に支障のない範囲内で、貿易保険によりてん補される損失と同種の損失についての保険（再保険を含む。）の事業を行う国際機関、外国政府等又は外国法人を相手方として、これらの者が負う保険責任につき再保険を引き受けることができる。《追加》平11法202

3　前項の規定により日本貿易保険が引き受ける再保険の再保険料率は、第1項の業務の健全な運営に支障を生ずることのないように定めなければならない。《追加》平11法202)

第14条　日本貿易保険は、第4章の規定による政府を相手方とする再保険のほか、貿易保険によりてん補される損失と同種の損失についての保険（再保険を含む。）の事業を行う国際機関、外国政府等又は外国法人を相手方として、この法律により日本貿易保険が負う保険責任につき再保険を行うことができる。《追加》平11法202)

(業務の委託)

第15条　日本貿易保険は、経済産業大臣の認可を受けて、金融機関に対し、第13条第1項第1号の業務（保険契約の締結を除く。）の一部を委託することができる。《追加》平11法202)

2　金融機関は、他の法律の規定にかかわらず、前項の規定による委託を受け、当該業務を行うことができる。《追加》平11法202)

3　第1項の規定により業務の委託を受けた金融機関（以下「受託金融機関」という。）の役員及び職員であつて当該委託業務に従事するものは、刑法その他の罰則の適用については、法令により公務に従事する職員とみなす。《追加》平11法202)

(利益及び損失の処理の特例等)

第16条　日本貿易保険は、通則法第29条第2項第1号に規定する中期目標の期間（以下この項において「中期目標の期間」という。）の最後の事業年度に係る通則法第44条第1項本文又は第2項の規定による整理（以下この項において「整理」という。）を行つた後、同条第1項の規定による積立金（以下この項において「積立金」という。）がある場合において、次の各号のいずれかに該当するときは、当該各号に定める金額について経済産業省令で定める基準により計算した額を国庫

に納付しなければならない。《追加》平11法202)
1. 当該中期目標の期間（以下この項において「当該期間」という。）の直前の中期目標の期間（次号において「前期間」という。）の最後の事業年度に係る整理を行つた後積立金がなかつたとき当該期間の最後の事業年度に係る整理を行つた後の積立金の額に相当する金額
2. 前期間の最後の事業年度に係る整理を行つた後積立金があつた場合であつて、当該期間の最後の事業年度に係る整理を行つた後の積立金の額に相当する金額が前期間の最後の事業年度に係る整理を行つた後の積立金の額（当該前期間の最後の事業年度においてこの項の規定により国庫に納付した場合にあつては、その納付した額を控除した残額）に相当する金額を超えるときその超える額に相当する金額

2　日本貿易保険の通則法第30条第1項に規定する中期計画に関する同条第2項の規定の適用については、同項中「6.剰余金の使途　7.その他主務省令で定める業務運営に関する事項」とあるのは、「6.その他主務省令で定める業務運営に関する事項」とする。《追加》平11法202)

3　日本貿易保険については、通則法第44条第1項ただし書、第3項及び第4項の規定は、適用しない。《追加》平11法202)

4　日本貿易保険の最初の中期目標の期間については、第1項第1号中「なかつたとき」とあるのは、「なかつたとき又は当該期間が最初の中期目標の期間であるとき」とする。《追加》平11法202)

5　前各項に定めるもののほか、納付金の納付の手続その他積立金の処分に関し必要な事項は、政令で定める。《追加》平11法202)

（長期借入金及び貿易保険債券）
第17条　日本貿易保険は、経済産業大臣の認可を受けて、長期借入金をし、又は貿易保険債券を発行することができる。《追加》平11法202)

2　経済産業大臣は、前項の規定による認可をしようとするときは、あらかじめ、経済産業省の独立行政法人評価委員会の意見を聴かなければならない。《追加》平11法202)

3　第1項の規定による貿易保険債券の債権者は、日本貿易保険の財産について他の債権者に先立つて自己の債権の弁済を受ける権利を有する。《追加》平11法202)

4　前項の先取特権の順位は、民法（明治29年法律第89号）の規定による一般の先取特権に次ぐものとする。《追加》平11法202)

5　日本貿易保険は、経済産業大臣の認可を受けて、貿易保険債券の発行に関する事務の全部又は一部を銀行又は信託会社に委託することができる。《追加》平11法202)

6　商法（明治32年法律第48号）第309条、第310条及び第311条の規定は、前

項の規定により委託を受けた銀行又は信託会社について準用する。(《追加》平11法202)

7　前各項に定めるもののほか、貿易保険債券に関し必要な事項は、政令で定める。(《追加》平11法202)

(償還計画)
第18条　日本貿易保険は、毎事業年度、長期借入金及び貿易保険債券の償還計画を立てて、経済産業大臣の認可を受けなければならない。(《追加》平11法202)

2　経済産業大臣は、前項の規定による認可をしようとするときは、あらかじめ、経済産業省の独立行政法人評価委員会の意見を聴かなければならない。(《追加》平11法202)

第4節　雑　則

(報告及び検査)
第19条　経済産業大臣は、この法律を施行するため必要があると認めるときは、受託金融機関に対し、その委託を受けた業務に関し報告をさせ、又はその職員に、受託金融機関の事務所に立ち入り、その委託を受けた業務に関し業務の状況若しくは帳簿、書類その他の物件を検査させることができる。(《追加》平11法202)

2　前項の規定により立入検査をする職員は、その身分を示す証明書を携帯し、関係者にこれを提示しなければならない。(《追加》平11法202)

3　第1項の規定による立入検査の権限は、犯罪捜査のために認められたものと解釈してはならない。(《追加》平11法202)

(財務大臣との協議)
第20条　経済産業大臣は、次の場合には、財務大臣に協議しなければならない。(《追加》平11法202)

1. 第15条第1項、第17条第1項若しくは第5項又は第18条第1項の認可をしようとするとき。
2. 第16条第1項の経済産業省令を定めようとするとき。

(主務大臣等)
第21条　日本貿易保険に係る通則法における主務大臣、主務省及び主務省令は、それぞれ経済産業大臣、経済産業省及び経済産業省令とする。(《追加》平11法202)

第3章　貿易保険
第1節　総　則

(貿易保険の種類)
第22条　貿易保険は、普通輸出保険、輸出代金保険、為替変動保険、輸出手形保険、輸出保証保険、前払輸入保険、仲介貿易保険、海外投資保険及び海外事業資金貸付保険とする。

(引受条件)
第23条　日本貿易保険は、貿易保険の保険料率その他の引受けに関する条件（以下「引受条件」という。）を定め、経済産業省令で定めるところにより、経済産業大臣に届け出なければならない。これを変更しようとするときも、同様とする。(《追加》平11法202)

2　経済産業大臣は、前項の規定による届出に係る引受条件が次の各号のいずれかに該当しないと認めるときは、日本貿易保険に対し、期限を定めてその引受条件を変更すべきことを命ずることができる。(《追加》平11法202)
1. 保険料率が保険契約者の負担の観点から著しく不適切なものでないこと。
2. 特定の者に対して不当な差別的取扱いをするものでないこと。
3. 対外取引の健全な発達を阻害するものでないこと。

3　日本貿易保険は、第1項の規定による届出をした引受条件以外の引受条件により、貿易保険を引き受けてはならない。(《追加》平11法202)(《1条削除》平11法202)

(契約の解除等)
第24条　日本貿易保険は、貿易保険の保険契約の保険契約者、被保険者又は保険金を受け取るべき者がこの法律（これに基づく命令を含む。）の規定又は貿易保険の保険契約の条項に違反したときは、当該保険契約に基づく保険金の全部若しくは一部を支払わず、若しくは保険金の全部若しくは一部を返還させ、又は将来にわたつて当該保険契約を解除することができる。(《改正》平11法202)

(準用)
第25条　日本貿易保険の貿易保険の事業については、商法第662条の規定を準用する。この場合において、同条第1項中「損害カ第三者ノ行為ニ因リテ生シタル場合ニ於テ」とあるのは、「普通輸出保険、輸出代金保険、輸出保証保険、前払輸入保険、仲介貿易保険、海外投資保険若クハ海外事業資金貸付保険ニ付キ貿易促進法第27条第2項、第30条第2項、第42条第2項、第46条第2項、第49条第2項、第52条第2項若クハ第54条第2項ニ規定スル損失カ生シタル場合又ハ輸出手形保険ニ付キ銀行等カ荷為替手形ノ満期ニ於テ支払ヲ受クルコトヲ得サリシ場合若クハ荷為書手形ニ付キ遡求ヲ受ケテ支払ヒタル場合ニ於テ」と読み替えるものとする。(《追加》平11法202)

(2以上の契約に該当する場合の取扱い)
第26条　一の契約が、次項に規定する場合を除き、輸出契約及び技術提供契約のいずれにも該当する場合、輸出契約及び仲介貿易契約のいずれにも該当する場合又は技術提供契約及び仲介貿易契約のいずれにも該当する場合には、当該一の契約は、当該契約に基づく輸出貨物の代金の額又は賃貸料の合計額（以下「輸出代金等」という。）が当該契約に基づく技術の提供若しくはこれに伴う労務の提供の対価の額（以下「技術提供対価等」という。）に等しく若しくはこれを超え、又は当

該契約に基づく仲介貿易貨物の代金の額若しくは賃貸料の合計額（以下「仲介貿易代金等」という。）に等しく若しくはこれを超えるときは輸出契約と、技術提供対価等が輸出代金等を超え、又は仲介貿易代金等に等しく若しくはこれを超えるときは技術提供契約と、仲介貿易代金等が輸出代金等又は技術提供対価等を超えるときは仲介貿易契約とみなす。(《追加》平11法202)

2　一の契約が輸出契約、技術提供契約及び仲介貿易契約のいずれにも該当する場合には、当該一の契約は、技術提供対価等が輸出代金等を超え、かつ、仲介貿易代金等に等しく又はこれを超えるときは技術提供契約と、仲介貿易代金等が輸出代金等及び技術提供対価等を超えるときは仲介貿易契約と、その他のときは輸出契約とみなす。(《追加》平11法202)

3　前2項の規定により輸出契約とみなされる一の契約の当事者であつて、貨物の輸出及び技術の提供若しくはこれに伴う労務の提供又は仲介貿易貨物の販売若しくは賃貸をするものは、輸出者とみなす。(《追加》平11法202)

4　第1項又は第2項の規定により一の契約が輸出契約とみなされる場合には、第3節、第4節及び第6節の規定の適用については、当該契約に基づく技術の提供若しくはこれに伴う労務の提供又は仲介貿易貨物の販売若しくは賃貸及び当該技術の提供若しくはこれに伴う労務の提供の対価又はその仲介貿易貨物の代金若しくは賃貸料は、それぞれ、貨物（第30条第2項、第34条第2項又は第42条第2項の規定を適用する場合にあつては、これらの項の政令で定める貨物）の輸出及びその掲出貨物の代金とみなす。(《追加》平11法202)

5　第1項又は第2項の規定により一の契約が技術提供契約とみなされる場合には、第3節、第4節及び第6節の規定の適用については、当該契約の当事者であつて技術の提供若しくはこれに伴う労務の提供及び貨物の輸出又は仲介貿易貨物の販売若しくは賃貸をするもの、当該契約に基づく貨物の検出又は仲介貿易貨物の販売若しくは賃貸並びにその輸出貨物の代金若しくは賃貸料又はその仲介貿易貨物の代金若しくは賃貸料は、それぞれ、技術提供者、技術の提供又はこれに伴う労務の提供（第42条第2項の規定を適用する場合にあつては、外国における技術の提供又はこれに伴う労務の提供であつて同項の政令で定めるもの）及びこれらの対価とみなす。(《追加》平11法202)

6　第1項又は第2項の規定により一の契約が仲介貿易契約とみなされる場合には、第8節の規定の適用については、当該契約の当事者であつて仲介貿易貨物の販売若しくは賃貸及び貨物の輸出又は技術の提供若しくはこれに伴う労務の提供をするもの並びにその輸出貨物の代金若しくは賃貸料又は当該技術の提供若しくはこれに伴う労務の提供の対価は、それぞれ、仲介貿易者及びその仲介貿易貨物の代金とみなす。(《追加》平11法202)(《2条削除》平11法202)(《章名削除》平11法202)

第2節　普通輸出保険

（保険契約）
第27条　日本貿易保険は、普通輸出保険を引き受けることができる。《改正》平11法202)

2　普通輸出保険は、輸出者（前条第1項又は第2項の規定により技術提供契約又は仲介貿易契約とみなされる契約の当事者であつて、貨物を輸出するものを含む。以下この節において同じ。）が保険契約の締結後生じた次の各号のいずれかに該当する事由によつて輸出契約（同条第1項又は第2項の規定により技術提供契約又は仲介貿易契約とみなされる契約を含む。以下この節において同じ。）に基づいて貨物を輸出することができなくなつたこと（第1号から第5号までのいずれかに該当する事由が生じたため当該貨物の輸出が著しく困難となつたと認められる場合において、輸出契約で定める船積期日から2月を経過した日まで当該貨物を輸出することができなかつたことを含む。）により受ける損失（輸出貨物について生じた損失を除く。）、輸出者が保険契約の締結後生じた第1号から第7号までのいずれかに該当する事由によつて輸出契約に基づいて輸出貨物の代金を回収することができなくなつたことにより受ける損失（輸出貨物について生じた損失を除く。）、輸出者がこれらの損失を受けたことによつて供給契約の当事者たる政令で定める貨物に係る生産者が供給契約に基づいて当該貨物を引き渡し、若しくは当該貨物の代金を回収することができなくなつたことにより受ける損失又は輸出者が保険契約の締結後生じた第1号から第7号までのいずれかに該当する事由による航海若しくは航路の変更により運賃若しくは保険料を新たに負担すべきこととなつたことにより受ける損失をてん補する貿易保険とする。《改正》平9法059)
《改正》平11法202)

1. 外国において実施される為替取引の制限又は禁止
2. 仕向国において実施される輸入の制限又は禁止
3. 外国における戦争、革命又は内乱による為替取引の途絶
4. 仕向国における戦争、革命又は内乱によりその国に輸入することができないこと。
5. 本邦外において生じた事由による仕向国への輸送の途絶
6. 前各号に掲げるもののほか、本邦外において生じた事由であつて、輸出契約の当事者の章めに帰することができないもの
7. 外国為替及び外国貿易法（昭和24年法律第228号）による輸出の制限又は禁止（同法第25条の2又は第53条の規定による禁止を除く。）
8. 輸出契約の相手方が外国政府等である場合において、当該相手方が当該輸出契約を一方的に破棄したこと又は当該相手方の責めに帰すべき相当の事由により輸出者が当該輸出契約を解除したこと。
9. 輸出契約の相手方の破産その他これに準ずる事由

(保険金)
第28条　輸出者を被保険者とする普通輸出保険において日本貿易保険がてん補すべき額は、輸出者が前条第2項各号のいずれかに該当する事由により輸出することができなくなつた貨物（同項第1号から第5号までのいずれかに該当する事由が生じたためその輸出が著しく困難となつたと認められる場合において、輸出契約で定める船積期日から2月を経過した日まで輸出することができなかつた貨物を含む。）の輸出契約に基づく代金の額若しくは輸出契約に基づく輸出貨物の代金の額のうち輸出者が同項第1号から第7号までのいずれかに該当する事由により回収することができなくなつた金額から次の各号に掲げる金額を控除した残額又は輸出者が同項第1号から第7号までのいずれかに該当する事由による航海若しくは航路の変更により新たに負担すべきこととなつた運賃若しくは保険料の増加額に、保険契約で定める一定の割合（以下「一定割合」という。）を乗じて得た額とする。《《改正》平11法202）
1. 輸出貨物の処分その他損失を軽減するために必要な処置を講じて回収した金額又は回収し得べき金額
2. 当該事由の発生により支出を要しなくなつた金額
3. 貨物の輸出によつて取得すべきであつた利益（当該貨物に係る部分に限る。）の額
2　前項の規定は、前条第2項に規定する生産者を被保険者とする普通輸出保険において日本貿易保険がてん補すべき額に準用する。《《改正》平11法202）《《2条削除》平11法202）

(他契約に付随する輸出契約に関する特例)
第29条　輸出契約が、一の契約で当該契約に基づいて一の外国の地域から他の外国の地域に貨物が引き渡されるもの（以下この条において「貨物引渡契約」という。）の当事者であつて貨物を引き渡すものに当該契約に基づく債務の一部の履行に必要な貨物を輸出するもの（輸出貨物の代金の全部又は一部の決済期限が当該貨物引渡契約に基づく債務の履行の対価の全部又は一部の受領の日を基準として定められているものに限る。）である場合における第27条第2項の規定の適用については、同項第6号及び第9号中「輸出契約」とあるのは「輸出契約又は第29条の貨物引渡契約」と、同項第8号中「輸出契約の相手方」とあるのは「輸出契約又は第29条の貨物引渡契約の相手方（貨物引渡契約にあつては、その当事者であつて、貨物の引渡しを受けるものをいう。以下この号及び次号において同じ。）」と、「当該輸出契約」とあるのは「当該輸出契約若しくは貨物引渡契約」と、「輸出者」とあるのは「輸出者若しくは第29条の貨物引渡契約の当事者であつて貨物を引き渡すもの」とする。《《改正》平11法202）《《章名削除》平11法202）

第3節　輸出代金保険

（保険契約）
第30条　日本貿易保険は、輸出代金保険を引き受けることができる。《改正》平11法202）

2　輸出代金保険は、輸出者が輸出契約に基づいて政令で定める貨物を輸出した場合に次の各号のいずれかに該当する事由によつて当該輸出貨物の代金若しくは賃貸料を回収することができないことにより受ける損失（仕向国における戦争、革命又は内乱により輸出貨物について生じた損失以外の輸出貨物について生じた損失を除く。）、技術提供者が技術提供契約に基づいて技術の提供若しくはこれに伴う労務の提供をした場合に次の各号のいずれかに該当する事由によつて当該技術若しくは労務の提供の対価を回収することができないことにより受ける損失又は輸出代金貸付者が輸出代金貸付契約に基づいて資金を貸し付けた場合に次の各号のいずれかに該当する事由によつて当該貸付金を回収することができないことにより受ける損失をてん補する貿易保険とする。《改正》平11法202）

1. 外国において実施される為替取引の制限又は禁止
2. 外国における戦争、革命又は内乱
3. 前2号に掲げるもののほか、本邦外において生じた事由であつて、輸出契約、技術提供契約又は輸出代金貸付契約の当事者の責めに帰することができないもの
4. 輸出契約、技術提供契約又は輸出代金貸付契約の相手方の破産
5. 輸出契約、技術提供契約又は輸出代金貸付契約の相手方の3月以上の債務の履行遅滞（輸出者、技術提供者又は輸出代金貸付者の責めに帰することができないものに限る。）

3　日本貿易保険は、保険契約の申込みを承諾したときは、保険証券を作成し、保険契約者に交付する。《改正》平11法202）

（保険価額）
第31条　輸出代金保険においては、輸出契約に基づく輸出貨物の代金若しくは賃貸料、技術提供契約に基づく技術若しくは労務の提供の対価又は輸出代金貸付契約に基づく貸付金（2以上の時期に分割して代金若しくは対価の決済又は貸付金の償還を受けるべきときは、一の時期において決済又は償還を受けるべき当該代金若しくは対価又は貸付金の部分）の額を保険価額とする。《1項削除》平11法202）

（保険金）
第32条　輸出代金保険において日本貿易保険がてん補すべき額は、保険価額のうち第30条第2項各号のいずれかに該当する事由により輸出者若しくは技術提供者又は輸出代金貸付者がそれぞれ決済期限又は償還期限（同項第5号に該当する事由によるときは、決済期限又は償還期限後3月を経過した時。以下この節において

同じ。）までに回収することができない代金若しくは賃貸料若しくは対価又は貸付金の額から次の各号に掲げる金額を控除した残額に、保険金額の保険価額に対する割合を乗じて得た金額とする。(《改正》平 11 法 202)
  1. 当該事由の発生により支出を要しなくなつた金額
  2. 決済期限又は償還期限後に回収した金額 (《 2 条削除》平 11 法 202)
(他契約に付随する掲出契約等に関する特例)
第 33 条　輸出契約又は技術提供契約が、一の契約で当該契約に基づいて一の外国の地域から他の外国の地域に貨物が引き渡され又は技術若しくは労務が提供されるもの（以下この条において「貨物等提供契約」とい、つ。）の当事者であつて貨物を引き渡し又は技術若しくは労務を提供するものに当該契約に基づく債務の一部の履行に必要な貨物を輸出し、又は技術若しくは労務を提供するもの（輸出貨物の代金若しくは賃貸料又は技術若しくは労務の提供の対価の全部又は一部の決済期限が当該貨物等提供契約に基づく債務の履行の対価の全部又は一部の受領の日を基準として定められているものに限る。）である場合における第 30 条第 2 項及び前条の規定の適用については、第 30 条第 2 項第 3 号及び第 5 号中「又は輸出代金貸付契約」とあるのは「、輸出代金貸付契約又は第 33 条の貨物等提供契約」と、同項第 4 号中「又は輸出代金貸付契約の相手方」とあるのは「、輸出代金貸付契約又は第 33 条の貨物等提供契約の相手方（貨物等提供契約にあつては、その当事者であつて、貨物の引渡し又は技術若しくは労務の提供を受けるものをいう。次号において同じ。)」と、前条中「それぞれ決済期限」とあるのは「それぞれ決済期限（次条に規定する場合にあつては、同条の貨物等提供契約に基づく債務の履行の対価を受領すべき日を基準とする決済期限をいう。以下この条において同じ。)」とする。(《改正》平 11 法 202) (《章名削除》平 11 法 202)

第 4 節　為替変動保険

(保険契約)
第 34 条　日本貿易保険は、為替変動保険を引き受けることができる。(《改正》平 11 法 202)
  2　為替変動保険は、輸出者が輸出契約（政令で定める貨物の輸出に係るものであつて、その貨物の代金又は賃貸料の全部又は一部が政令で定める外国通貨（以下「特定外国通貨」という。）をもつて表示されているものに限る。）に基づいて当該貨物を輸出した場合又は技術提供者が技術提供契約（技術又は労務の提供の対価の全部又は一部が特定外国通貨をもつて表示されているものに限る。）に基づいて技術の提供若しくはこれに伴う労務の提供をした場合に、第 1 号に掲げる外国為替相場が第 2 号に掲げる外国為替相場に対してその 100 分の 3 を超えて低落したことにより、当該輸出貨物の代金若しくは賃貸料又は当該技術若しくは労務の提

供の対価のうち、特定外国通貨をもつて表示されている部分（決済期限が保険契約の締結の申込みがあつた日から政令で定める期間を経過するまでに満了するもの及び決済期限が保険契約の締結の申込みがあつた日から政令で定める期間を経過した後に満了するものを除く。以下「代金等」という。）について受ける損失をてん補する貿易保険とする。

1. 決済期限の満了の日の本邦における本邦通貨をもつて表示される当該特定外国通貨の外国為替相場（以下「特定外国為替相場」という。）。ただし、当該特定外国為替相場が代金等を回収した日の特定外国為替相場より低いときは、その日の特定外国為替相場
2. 保険契約の締結の申込みがあつた日の特定外国為替相場。ただし、当該特定外国為替相場が当該輸出契約又は技術提供契約を締結した日の特定外国為替相場より高いときは、その日の特定外国為替相場

(保険金)

第35条　為替変動保険において日本貿易保険がてん補すべき額は、輸出者又は技術提供者が回収した代金等の当該特定外国通貨をもつて表示された額（以下「外国通貨表示額」という。）を前条第2項第2号に掲げる特定外国為替相場で本邦通貨に換算して得た金額（以下「本邦通貨表示額」という。）から、当該代金等の外国通貨表示額を同項第1号に掲げる特定外国為替相場で本邦通貨に換算して得た金額及び当該代金等の本邦通貨表示額に100分の3を乗じて得た金額の合計額を控除した残額（当該代金等の本邦通貨表示額に政令で定める割合を乗じて得た金額を超えるときは、その額）とする。(《改正》平11法202)

(為替差益の納付)

第36条　保険契約者は、代金等が回収された日の特定外国為替相場が第34条第2項第2号に掲げる特定外国為替相場に対してその100分の3を超えて高騰したときは、回収された代金等の外国通貨表示額を代金等が回収された日の特定外国為替相場で本邦通貨に換算して得た金額から、当該代金等の本邦通貨表示額に100分の103を乗じて得た金額を控除した残額（当該代金等の本邦通貨表示額に前条の政令で定める割合を乗じて得た金額を超えるときは、その額）を日本貿易保険に納付しなければならない。(《改正》平11法202) (《章名削除》平11法202)

第5節　輸出手形保険

(保険契約)

第37条　日本貿易保険は、事業年度又はその半期ごとに銀行法（昭和56年法律第59号）第2条第1項に規定する銀行その他政令で定める者（以下この節において「銀行等」という。））を相手方として、輸出手形保険の保険契約を締結することができる。(《改正》平9法059)(《改正》平11法202)

2　輸出手形保険は、銀行等が輸出貨物の代金の回収のため振り出された荷為替手形をその振出人から買い取つたことを日本貿易保険に通知することにより、その買取りにつき日本貿易保険と銀行等との間に、銀行等が荷為替手形の満期において支払を受けることができなかつた金額又は荷為替手形につきそ求を受けて支払つた金額をてん補すべき保険関係が成立する貿易保険とする。(《改正》平9法059)(《改正》平11法202)

(保険価額)

第38条　輸出手形保険においては、手形金額を保険価額とする。(《1項削除》平11法202)

(保険金)

第39条　輸出手形保険の保険関係に基づいて日本貿易保険がてん補すべき額は、保険価額のうち銀行等が荷為替手形の満期において支払を受けることができなかつた金額又は荷為替手形につきそ求を受けて支払つた金額から次に掲げる金額を控除した残額に、保険金額の保険価額に対する割合を乗じて得た金額とする。(《改正》平11法202)

1.満期後に支払を受けた金額

2.附属貨物の処分その他附属貨物に関する権利の行使により回収した金額

3.そ求権を行使して回収した金額 (《改正》平9法059)

(そ求権の不行使)

第40条　日本貿易保険は、保険金を支払い、第25条において準用する商法第662条の規定により、荷為替手形上の権利を取得した場合において、銀行等がその荷為替手形の満期において支払を受けることができず、その荷為替手形につきそ求を受けたことについて荷為替手形の振出人の責めに帰すべき事由がないときは、支払つた保険金の額に相当する金額についてそ求権を行使しないものとする。(《改正》平9法059) (《改正》平11法202) (《1項削除》平11法202)

(保険関係の成立の制限)

第41条　日本貿易保険は、取引上の危険が大であるとき、その他貿易保険の事業の経営上必要があるときは、将来にわたつて、輸出手形保険の保険契約に基づく保険関係を成立させないことができる。(《追加》平11法202) (《1条削除》平11法202) (《章名削除》平11法202)

第6節　輸出保証保険

(保険契約)

第42条　日本貿易保険は、輸出保証保険を引き受けることができる。(《改正》平11法202)

2　輸出保証保険は、銀行法第2条第1項に規定する銀行その他政令で定める者(以下この節において「保証者」という。)が、入札をする者、輸出者又は技術提

供者(以下「入札者等」という。)の委託に基づき政令で定める貨物の輸出又は外国における技術の提供若しくはこれに伴う労務の提供であつて政令で定めるものに関してこれらの者のためにした輸出保証について、次の各号のいずれかに該当する場合において、保険契約の締結後に当該輸出保証の相手方から保証債務の履行の請求を受け、保証の条件に従いこれを履行したことにより受ける損失をてん補する貿易保険とする。(《改正》平9法059)(《改正》平11法202)

1. 主たる債務者たる入札者等が入札又は輸出契約若しくは技術提供契約に基づく債務であつて第2条第9項第1号又は第2号に掲げる保証の対象とされるもの(以下「保証対象債務」という。)をその本旨に従つて履行したとき。
2. 主たる債務者たる入札者等が保証対象債務をその本旨に従つて履行せず、又は履行することができなかつた場合において、それが第27条第2項各号に掲げる事由その他の当該入札者等の責めに帰することができない事由のうち、当該入札者等が債務不履行の責任を負わないものとして当事者が定めたものによるものであるとき。

(保険価額)

第43条 輸出保証保険においては、輸出保証の保証金額を保険価額とする。(《1項削除》平11法202)

(保険金)

第44条 輸出保証保険において日本貿易保険がてん補すべき額は、保険価額のうち第42条第2項各号のいずれかに該当する場合において保証者が輸出保証の相手方から請求を受けて保証の条件に従い支払つた金額(当該輸出保証が第2条第9項第1号又は第2号の保証である場合において、違約金その他これに類する金銭の支払に代えて主たる債務の全部又は一部を主たる債務者に代わつて履行し、又は第三者に履行させたときは、そのために要した費用の額と違約金その他これに類する金銭の額とのいずれか少ない金額)から輸出保証の相手方から回収した金額を控除した残額に、保険金額の保険価額に対する割合を乗じて得た金額とする。(《改正》平9法059)(《改正》平11法202)

(権利の不行使)

第45条 日本貿易保険は、保険金を支払い、第25条において準用する商法第662条の規定により、保証者が輸出保証の保証債務の履行により取得した主たる債務者たる入札者等に対する求償権又は第2条第9項第3号に掲げる保証を受けている場合における当該入札者等の賠償債務について保証した者に対する保証に係る金銭の支払請求権を取得した場合においては、これらを行使しないものとする。(《改正》平9法059)(《改正》平11法202)(《1項削除》平11法202)(《1条削除》平11法202)(《章名削除》平11法202)

第7節　前払輸入保険

(保険契約)

第46条　日本貿易保険は、前払輸入保険を引き受けることができる。《改正》平11法202

2　前払輸入保険は前払輸入者が前払輸入契約に基づいて輸入貨物を輸入することができなくなつた場合に次の各号のいずれかに該当する事由によつて当該前払輸入契約に基づいて当該輸入貨物の船積期日別に支払つた代金又は賃借料（以下「前払金」という。）の返還を受けることができないことにより受ける損失をてん補する貿易保険とする。《改正》平11法202

1. 外国において実施される為替取引の制限又は禁止
2. 外国における戦争、革命又は内乱
3. 前2号に掲げるもののほか、本邦外において生じた事由であつて、前払輸入契約の当事者の責めに帰することができないもの
4. 前払輸入契約の相手方の破産
5. 前払輸入契約の相手方の前払金に係る債務の3月以上の履行遅滞（前払輸入者の責めに帰することができないものに限る。）

(保険価額)

第47条　前払輸入保険においては、前払金の額を保険価額とする。《1項削除》平11法202

(保険金)

第48条　前払輸入保険において日本貿易保険がてん補すべき額は、保険価額のうち第46条第2項各号のいずれかに該当する事由により前払輸入者が前払金の返還の期限（同項第5号に該当する事由によるときは、前払金の返還の期限後3月を経過した時。第2号において同じ。）までに返還を受けることができない前払金の額から次の各号に掲げる金額を控除した残額に、保険金額の保険価額に対する割合を乗じて得た金額とする。《改正》平11法202

1. 当該事由の発生により支出を要しなくなつた金額
2. 前払金の返還の期限後に回収した金額《2条削除》平11法202《章名削除》平11法202

第8節　仲介貿易保険

(保険契約)

第49条　日本貿易保険は、仲介貿易保険を引き受けることができる。《改正》平11法202

2　仲介貿易保険は、次の各号のいずれかに該当する損失をてん補する貿易保険とする。《全改》平11法202

1. 仲介貿易者（第26条第1項又は第2項の規定により輸出契約又は技術提供契約

とみなされる契約の当事者であつて、仲介貿易貨物を販売し、又は賃貸するものを含む。以下この号及び第51条第1項において同じ。）が保険契約の締結後生じた次のいずれかに該当する事由によつて仲介貿易契約（第26条第1項又は第2項の規定により輸出契約又は技術提供契約とみなされる契約を含む。以下この号及び第51条第1項において同じ。）に基づいて仲介貿易貨物を販売し、若しくは賃貸することができなくなつたこと（イからホまでのいずれかに該当する事由が生じたため当該仲介貿易貨物の販売又は賃貸が著しく困難となつたと認められる場合において、仲介貿易契約で定める船積期日から2月を経過した日まで当該仲介貿易貨物を販売し、又は賃貸することができなかつたことを含む。）により受ける損失（仲介貿易貨物について生じた損失を除く。）又は仲介貿易者が保険契約の締結後生じたイからトまでのいずれかに該当する事由による航海若しくは航路の変更により運賃若しくは保険料を新たに負担すべきこととなつたことにより受ける損失

　イ　外国において実施される為替取引の制限又は禁止
　ロ　仕向国において実施される輸入の制限又は禁止
　ハ　外国における戦争、革命又は内乱による為替取引の途絶
　ニ　仕向国における戦争、革命又は内乱によりその国に輸入することができないこと。
　ホ　本邦外において生じた事由による仕向国への輸送の途絶
　ヘ　イからホまでに掲げるもののほか、本邦外において生じた事由であつて、仲介貿易契約の当事者の責めに帰することができないもの
　ト　外国為替及び外国貿易法による仲介貿易貨物の販売又は賃貸の制限又は禁止（同法第25条の2の規定による禁止を除く。）
　チ　仲介貿易契約の相手方が外国政府等である場合において、当該相手方が当該仲介貿易契約を一方的に破棄したこと又は当該相手方の責めに帰すべき相当の事由により仲介貿易者が当該仲介貿易契約を解除したこと。
　リ　仲介貿易契約の相手方の破産その他これに準ずる事由

2. 仲介貿易者が仲介貿易契約に基づく仲介貿易貨物の販売若しくは賃貸（第26条第1項又は第2項の規定により仲介貿易契約とみなされる契約に基づく貨物の輸出又は技術の提供若しくはこれに伴う労務の提供を含む。）をした場合に次のいずれかに該当する事由によつて当該仲介貿易貨物の代金若しくは賃貸料を回収することができないことにより受ける損失（仕向国における戦争、革命又は内乱により仲介貿易貨物のうち第30条第2項の政令で定める貨物について生じた損失以外の仲介貿易貨物について生じた損失を除く。）又は仲介貿易代金貸付者が仲介貿易代金貸付契約に基づいて資金を貸し付けた場合に次のいずれかに該当する事由によつて当該貸付金を回収することができないことにより受ける

損失
- イ　外国において実施される為替取引の制限又は禁止
- ロ　外国における戦争、革命又は内乱
- ハ　イ及びロに掲げるもののほか、本邦外において生じた事由であつて、仲介貿易契約又は仲介貿易代金貸付契約の当事者の責めに帰することができないもの
- ニ　仲介貿易契約又は仲介貿易代金貸付契約の相手方の破産
- ホ　仲介貿易契約又は仲介貿易代金貸付契約の相手方の3月以上の債務の履行遅滞（仲介貿易者又は仲介貿易代金貸付者の責めに帰することができないものに限る。）

（保険価額）

第50条　前条第2項第2号の損失に係る仲介貿易保険においては、仲介貿易契約に基づく仲介貿易貨物の代金若しくは賃貸料又は仲介貿易代金貸付契約に基づく貸付金（2以上の時期に分割して代金の決済又は貸付金の償還を受けるべきときは、一の時期において決済又は償還を受けるべき当該代金又は貸付金の部分）の額を保険価額とする。（《1項削除》平11法202）

（保険金）

第51条　第49条第2項第1号の損失に係る仲介貿易保険において日本貿易保険がてん補すべき額は、仲介貿易者が同号イからリまでのいずれかに該当する事由により販売し、若しくは賃貸することができなくなつた仲介貿易貨物（同号イからホまでのいずれかに該当する事由が生じたためその販売又は賃貸が著しく困難となつたと認められる場合において、仲介貿易契約で定める船積期日から2月を経過した日まで販売し、又は賃貸することができなかつた仲介貿易貨物を含む。）の仲介貿易契約に基づく代金の額から次の各号に掲げる金額を控除した残額又は仲介貿易者が同号イからトまでのいずれかに該当する事由による航海若しくは航路の変更により新たに負担すべきこととなつた運賃若しくは保険料の増加額に、一定割合を乗じて得た金額とする。（《追加》平11法202）

1. 仲介貿易貨物の処分その他損失を軽減するために必要な処置を講じて回収した金額又は回収し得べき金額
2. 当該事由の発生により支出を要しなくなつた金額
3. 仲介貿易貨物の販売又は賃貸によつて取得すべきであつた利益（当該仲介貿易貨物に係る部分に限る。）の額

2　第49条第2項第2号の損失に係る仲介貿易保険において日本貿易保険がてん補すべき額は、保険価額のうち同号イからホまでのいずれかに該当する事由により仲介貿易者又は仲介貿易代金貸付者がそれぞれ決済期限又は償還期限（同号ホに該当する事由によるときは、決済期限又は借還期限後3月を経過した時。第2号

において同じ。）までに回収することができない代金若しくは賃貸料又は貸付金の額から次の各号に掲げる金額を控除した残額に、保険金額の保険価額に対する割合を乗じて得た金額とする。(《改正》平11法202)
1. 当該事由の発生により支出を要しなくなつた金額
2. 決済期限又は借還期限後に回収した金額
(《2条削除》平11法202)(《章名削除》平11法202)

第9節　海外投資保険

(保険契約)
第52条　日本貿易保険は、海外投資保険を引き受けることができる。(《改正》平11法202)
2　海外投資保険は、海外投資を行つた者が次の各号のいずれかに該当する事由により受ける損失をてん補する貿易保険とする。(《改正》平11法202)
1. 株式等の元本以下この節において「元本」という。）、株式等に対する配当金の支払請求権（以下「配当金請求権」という。）又は不動産に関する権利等を外国政府等により奪われたこと。
2. 第2条第16項第1号に掲げる海外投資の相手方が戦争、革命、内乱、暴動、騒乱その他本邦外において生じた事由であつて海外投資を行つた者若しくはその相手方の責めに帰することができないものにより損害を受け、又は不動産、設備、原材料その他の物に関する権利、鉱業権、工業所有権その他の権利若しくは利益であつて事業の遂行上特に重要なものを外国政府等によつて侵害されたことにより損害を受けて当該海外投資の相手方の事業の継続の不能その他政令で定める事由が生じたこと。
3. 戦争、革命、内乱、暴動、騒乱その他本邦外において生じた事由であつて海外投資を行つた者の責めに帰することができないものにより不動産に関する権利等について損害を受けて当該不動産に関する権利等を事業の用に供することができなくなつたこと。
4. 元本の喪失（第1号、第2号又は次号の事由によるものを除く。）により取得した金額、株式等に対する配当金又は不動産に関する権利等の喪失（第1号又は前号の事由によるものを除く。）により取得した金額（以下「取得金等」という。）を次のいずれかに該当する事由により政令で定める期間以上の期間本邦に送金することができなかつたこと。
　　イ　外国において実施される為替取引の制限又は禁止
　　ロ　外国における戦争、革命又は内乱による為替取引の途絶
　　ハ　外国政府等による当該取得金等の管理
　　ニ　当該取得金等の送金の許可の取消し又は外因政府等がその許可をすべきことをあらかじめ約していた場合においてその許可をしなかつたこと。

ホ　イからニまでに掲げる事由の発生後における外国政府等による取得金等の没収

5. 第2条第16項第1号に掲げる海外投資について、海外投資の相手方の破産（第2号に掲げるものを除き、海外投資を行つた者の責めに帰することができないものに限る。）が生じたこと。

3　海外投資保険の保険期間は、10年以上において政令で定める期間を超えてはならない。

（保険金）

第53条　前条第2項第1号から第3号までのいずれかに該当する事由により受けた損失に係る海外投資保険において日本貿易保険がてん補すべき額は、元本に係る損失にあつては当該事由に係る元本について同項第1号の事由又は同項第2号の損害の発生の直前に評価した額と当該元本の取得のための対価の額とのいずれか少ない金額から、配当金請求権に係る損失にあつては当該事由に係る配当金請求権について同項第1号の事由又は同項第2号の損害の発生の直前に評価した額から、不動産に関する権利等に係る損失にあつては当該事由に係る不動産に関する権利等について同項第1号の事由又は同項第3号の損害の発生の直前に評価した額と当該不動産に関する権利等の取得のための対価の額とのいずれか少ない金額から、次の各号に掲げる金額を控除した残額に、一定割合を乗じて得た金額とする。（《改正》平11法202）

1. 当該元本、配当金請求権又は不動産に関する権利等についてそれぞれ当該事由の発生の直後に評価した額
2. 当該事由の発生により取得した金額又は取得し得べき金額
3. 損失を軽減するために必要な処置を講じて回収した金額

2　前条第2項第4号の事由により受けた損失に係る海外投資保険において日本貿易保険がてん補すべき額は、元本又は不動産に関する権利等（以下「元本等」という。）の喪失により取得した金額に係る損失にあつては同号イからホまでのいずれかに該当する事由により同号の政令で定める期間以上の期間本邦に送金することができなかつた金額（その事由の発生前に本邦に送金し得べきであつた金額を除く。以下「送金不能額」という。）と当該元本等の取得のための対価の額とのいずれか少ない金額から、株式等に対する配当金に係る損失にあつては送金不能額から、次の各号に掲げる金額を控除した残額に、一定割合を乗じて得た金額とする。（《改正》平11法202）

1. 当該事由の発生により支出を要しなくなつた金額
2. 当該送金不能額をもつて支出した金額
3. 損失を軽減するために必要な処置を講じて回収した金額

3　前条第2項第5号に該当する事由により受けた損失に係る海外投資保険におい

て日本貿易保険がてん補すべき額は、元本に係る損失にあつては当該事由に係る元本の取得のための対価の額から、配当金請求権に係る損失にあつては当該事由に係る配当金請求権に基づき取得し得べき配当金の額から、次の各号に掲げる金額を控除した残額に、一定割合を乗じて得た金額とする。（《改正》平 11 法 202）
 1. 当該事由の発生により取得した金額又は取得し得べき金額
 2. 損失を軽減するために必要な処置を講じて回収した金額
4　元本等について前 3 項の規定により算定した日本貿易保険がてん補すべき額又はその累計額が当該元本等の取得のための対価の額から次の各号に掲げる金額を控除した残額を超えるときは、政府がてん補すべき額は、これらの規定にかかわらず、その残額とする。（《改正》平 11 法 202）
 1. 当該事由の発生前における当該元本等の喪失（前条第 2 項第 1 号から第 3 号まで又は第 5 号のいずれかに該当する事由によるものを除く。）により取得した金額又は取得し得べき金額（送金不能額が含まれる場合にあつては、これらの金額から当該送金不能額を控除した残額）とその喪失した元本等の取得のための対価の額とのいずれか多い金額
 2. 当該事由発生前における前条第 2 項第 1 号から第 3 号まで又は第 5 号のいずれかに該当する事由の発生により取得した金額又は取得し得べき金額
 3. 第 1 項各号、第 2 項各号又は前項各号に規定する金額
5　日本貿易保険は、第 1 項及び前 2 項の規定にかかわらず、前条第 2 項第 1 号から第 3 号まで又は第 5 号のいずれかに該当する事由の発生により取得した金額又は取得し得べき金額のうち次の各号のいずれかに該当する事由により本邦に送金することができない金額（その事由の発生前に本邦に送金し得べきであつた金額を除く。以下「送金不能取得額」という。）が生じたときは、第 1 項及び前 2 項の規定により算定した日本貿易保険がてん補すべき金額のほか、その額と第 1 項第 2 号、第 3 項第 1 号又は前項第 2 号に規定する金額から送金不能取得額を控除した残額をそれぞれ第 1 項第 2 号、第 3 項第 1 号又は前項第 2 号に規定する金額とみなして第 1 項及び前 2 項の規定を適用して算定した日本貿易保険がてん補すべき額との差額をてん補しなければならない。（《改正》平 11 法 202）
 1. 外国政府等による没収
 2. 外国政府等による管理（政令で定める期間以上の期間継続して行われたものに限る。）
 3. 前 2 号に準ずる事由であつて、政令で定めるもの（《2 条削除》平 11 法 202）（《章名削除》平 11 法 202）

第 10 節　海外事業資金貸付保険

(保険契約)
第 54 条　日本貿易保険は、海外事業資金貸付保険を引き受けることができる。（《改

正》平11法202)

2 海外事業資金貸付保険は、海外事業資金貸付を行つた者が次の各号のいずれかに該当する事由により貸付金債権等の元本若しくは利子（以下「貸付金等」という。）を回収することができないことにより受ける損失又は第1号から第4号までのいずれかに該当する事由により保証債務に係る主たる債務者の債務の不履行が生じたことによつて保証債務を履行したことにより受ける損失若しくは保証債務に係る主たる債務者の債務の不履行（第1号から第4号までのいずれかに該当する事由によるものを除く。）が生じたことによつて保証債務を履行したことにより取得した求償権に基づき取得し得べき金額の回収ができないこと（保証債務を負担した者の責めに帰することができず、かつ、その状態が求償権の取得の日から3月を経過する日までの期間にわたるものに限る。）により受ける損失をてん補する貿易保険とする。（《改正》平11法202)
1.外国において実施される為替取引の制限又は禁止
2.外国における戦争、革命又は内乱
3.前2号に掲げるもののほか、本邦外において生じた事由であつて、海外事業資金貸付（保証債務の負担を除く。以下この項において同じ。）を行つた者若しくはその相手方又は保証債務を負担した者若しくは保証債務に係る主たる債務者若しくは債権者の責めに帰することができないもの
4.海外事業資金貸付の相手方又は保証債務に係る主たる債務者の破産
5.海外事業資金貸付の相手方の3月以上の債務の履行遅滞（海外事業資金貸付を行つた者の責めに帰することができないものに限る。）

(保険価額)

第55条　海外事業資金貸付保険においては、海外事業資金貸付に係る貸付金等又は保証債務（2以上の時期に分割して貸付金等の償還を受けるべきとき、又は保証債務を履行すべきときは、一の時期において償還を受けるべき当該貸付金等の部分又は履行すべき当該保証債務の部分）の額を保険価額とする。(《1項削除》平11法202)

(保険金)

第56条　海外事業資金貸付保険において日本貿易保険がてん補すべき額は、保険価額のうち海外事業資金貸付を行つた者が第54条第2項各号のいずれかに該当する事由により償還期限（同項第5号に該当する事由によるときは、償還期限後3月を経過した時。以下同じ。）までに回収することができない貸付金等の額又は同項第1号から第4号までのいずれかに該当する事由により保証債務に係る主たる債務者の債務の不履行が生じたことにより保証債務の履行として支払つた額若しくは保証債務に係る主たる債務者の債務の不履行（同項第1号から第4号までのいずれかに該当する事由によるものを除く。）が生じたことによつて保証債務を履行したことにより取得した求償権に基づき取得し得べき金額について当該求償権の

取得の日から3月を経過する日までに回収することができない金額(保証債務を負担した者の責めに帰すべき事由により回収することができない金額を除く。)から、次の各号に掲げる金額を控除した残額に、保険金額の保険価額に対する割合を乗じて得た金額とする。(《改正》平11法202)
1. 当該事由の発生により支出を要しなくなつた金額
2. 償還期限後又は保証債務を履行した後若しくは求償権の取得の日から3月を経過した日後に回収した金額(《2条、2章削除》平11法202)

第4章　政府の再保険

(再保険の契約)
第57条　政府は、会計年度ごとに、日本貿易保険を相手方として、日本貿易保険が輸出手形保険以外の貿易保険を引き受けることにより、当該貿易保険の種類ごとにその保険金額の総額が一定の金額に達するまで、当該引受けによつて日本貿易保険が負う保険責任について、政府と日本貿易保険との間に再保険関係が成立する旨を定める契約を締結することができる。(《追加》平11法202)
2　政府は、会計年度又はその半期ごとに、日本貿易保険を相手方として、輸出手形保険の保険関係が成立することにより、当該保険関係の保険金額の総額が一定の金額に達するまで、当該保険関係によつて日本貿易保険が負う保険責任について、政府と日本貿易保険との間に再保険関係が成立する旨を定める契約を締結することができる。(《追加》平11法202)
3　政府は、第13条第2項に規定する再保険の引受けによつて日本貿易保険が負う再保険責任について、再保険を引き受けることができる。(《追加》平11法202)

(再保険の契約の限度)
第58条　政府は、次の各号に掲げる金額がそれぞれ会計年度ごとに国会の議決を経た金額を超えない範囲内において、再保険の契約を締結するものとする。(《追加》平11法202)
1. 一会計年度内に締結する貿易保険に係る再保険の契約に基づいて成立する再保険関係の再保険金額の貿易保険の種類ごとの総額
2. 一会計年度内に引き受ける前条第3項の再保険の再保険金額の総額

(再保険金)
第59条　第57条の再保険において政府がてん補すべき額は、日本貿易保険が支払うべき貿易保険の保険金の額又は第13条第2項に規定する再保険の再保険金の額から回収した金額を控除した残額に、経済産業大臣が定める割合を乗じて得た金額とする。(《追加》平11法202)

(再保険料率)
第60条　第57条の再保険の再保険料率は、政府の再保険事業の収入が支出を償うように、経済産業大臣が財務大臣と協議して定める。(《追加》平11法202)

（回収金の納付）
第61条　日本貿易保険は、第57条の再保険の再保険金の支払の請求をした後回収した金額に支払を受けた再保険金の額の第59条に規定する残額に対する割合を乗じて得た金額を政府に納付しなければならない。(《追加》平11法202)
2　日本貿易保険は、第36条の規定による納付を受けたときは、当該納付を受けた金額に第59条の経済産業大臣が定める割合を乗じて得た金額を政府に納付しなければならない。(《追加》平11法202)

第5章　罰　則

第62条　第11条の規定に違反して秘密を漏らし、又は盗用した者は、1年以下の懲役又は30万円以下の罰金に処する。(《追加》平11法202)

第63条　第19条第1項の規定による報告をせず、若しくは虚偽の報告をし、又は同項の規定による検査を拒み、妨げ、若しくは忌避した場合には、その違反行為をした受託金融機関の役員又は職員は、20万円以下の罰金に処する。(《追加》平11法202)

第64条　次の各号のいずれかに該当する場合には、その違反行為をした日本貿易保険の役員は、20万円以下の過料に処する。
1. この法律の規定により経済産業大臣の認可を受けなければならない場合において、その認可を受けなかつたとき。(《追加》平11法202)
2. 第13条第1項及び第2項に規定する業務以外の業務を行つたとき。
3. 第23条第2項の規定による命令に違反したとき。
4. 第23条第3項の規定に違反して貿易保険を引き受けたとき。

附　則（抄）

1　この法律は、公布の日から施行する。

第3部　中国の経済

第7章　中国型求償取引による物資協力について

第1節　はじめに

中国では、この10年来、特殊な国内取引方式が注目されてきている。

それは求償取引であり、中国の用語で表わせば物資協力と言われるものである。

物資協力と言えば、それは2つの意味を含んでいる。すなわち、それは狭義の物資協力と広義の物資協力である。

狭義的に言えば、それは地域、部門および企業間で国家計画の指導の下で平等互恵、等価交換の原則に応じて有無の互補、需要の充足のために貨幣勘定を通じて行なう「物々交換」であり、交換する物資には生産財もあるし、消費財もある。

一般的に言えば、狭義的な物資協力とは、主として不足した物資間の協力（交換）である。すなわち、協力としての甲方による乙方への供給（不足した物資）の条件は、乙方による甲方への供給（不足した物資）なのである。

これに対して、供給過剰の物資間の協力（交換）も存在しているのである。

この場合には、甲方による乙方からの購買（供給過剰物資）の条件は、乙方による甲方からの購買（供給過剰物資）なのである。

一方、広義的な物資協力とは、物資をめぐって行なう物資と物資および物資と資金・技術・人材などの生産要素間の有無互補、組合わせの優先化などの経済活動である。

前述したように、狭義的な物資協力にせよ、広義的な物資協力にせよ、いずれも条件付きの取引であるとともに見返りの取引でもあり、さらにまた求償的取引でもある。

中国の物資協力は、1977年に国務院に認可されてから今日まで、すでにもう28年も経過しており、この10年余以来、物資協力はその内容や規模、方式

および範囲において、きわめて大きな発展を遂げてきている。

物資協力の意味は、すでに単なる「物々交換」の範囲を突破し、広義的な物資協力へと進んできている。すなわち、物資をめぐる物資と物資および物資と資金・技術・人材などの生産要素間の協力は、いずれも物資協力に属しているのであり、さらにそれは流通分野から生産、金融、技術、文教、外貿および中外合資などの分野へと拡大してきている。

全国の物資協力の総額は、1981年の33億元から1989年の773億元にまで達し、55.5パーセントの年増加率で増大してきており、そうであるがゆえに、中国における物資協力は、重要な生産財流通の方式であり、そしてさらに国内取引の中で重要な地位を占めていると言っても過言ではなかろう。

そこで本章では、中国型求償取引としての物資協力の歴史や現状について考察していくことにする。

第2節　物資協力の歴史、背景および条件

物資協力がいつ、どのような歴史的背景や条件の下で発生してきたかを知ることは、中国型求償取引を認識し研究する上で最も基本的な問題であると考えられるので、まず、その発生の歴史的背景や条件を簡単に回顧することが必要であろう。

中国で物資協力と言えば、その歴史は1950年代にまで遡らねばならない。

当時、国内では経済発展のアンバランスにより、諸地方で不足品が発生するとともに相対的に過剰なる物資も生じ、とりわけ消費財のケースでその問題はとくに顕著であった。

たとえば山東省では、豚肉の供給はかなり豊かであったのに対して砂糖の供給は不足しており、一方、遼寧省では、豚肉の供給は不足していたが砂糖の供給は相対的に過剰であった。

この条件の下で、諸単位（中国では、国営工場、政府部門および学校などはいずれも単位と呼ばれている）自ら、本部単位あるいは地方本部の相対的過剰物資をもって各諸単位の不足品と交換することが開始されたのである。

たとえば山東省が豚肉を直接、遼寧省の砂糖と交換するのである。

このように消費財と消費財の直接的交換は、物資協力の原始的なパターンであり、その後、生産財と消費財の直接的交換が、ある地方間で出現してきた。

しかしながら、それらはいずれも地下活動、つまり、違法活動として存在し

てきたが、中国経済発展のアンバランス、とくに計画の科学性の欠如などによる経済の悪化につれて、諸単位は、ただひたすら自己の生産計画の実現や生活の安定のために、前述した生産財と消費財、消費財と消費財および生産財と生産財間の直接的交換の範囲を拡大していったのであった。

その一方で、この地下活動、つまり、違法活動である物資の直接的交換は、国務院による1977年の通知を契機として認められるようになり、結果としてそれは地下活動・違法活動から地上活動・合法活動へと転化し、それゆえに、中国における物資協力が民間部門より自然的に発生し、地下活動・違法活動から地上活動・合法活動への転化を契機として、本格的な発展をみたのは1977年以降のことであるということが言えよう。

そこで、中国における物資協力の歴史的背景や条件を箇条的に言うとすれば次のように要約できよう。

①産業・製品構造の地域におけるアンバランス

中国の産業・製品構造は地域によって大いに相違しており、たとえば大雑把に言うと、東北地方は重工業、とくに鋼鉄、石炭、石油、林業および機械が非常に発達しているが、これに対して華南地方は、軽工業、とくに紡績、食品および日用品工業が比較的に優位を擁している。

したがって、東北地方の諸単位は、重工業の産品（生産財）をもって華南地方の諸単位の軽工業品と交換することが普通であり、そのため諸地方の産業・製品構造の相違、とくにそのアンバランスが物質の直接的交換の第一義的条件となる。

②貨幣経済あるいは商品経済の未発達

周知のように中国は、1979年まで高度集権的計画経済の国であり、商品経済あるいは貨幣経済は未発達の状況であった。

諸地方および諸単位の生産や販売および生産財の調達は、厳格な計画制度を執行しなければならず、また物資または商品の自由流通も存在せず、貨幣の機能はきわめて限定され、ほとんど計算機能しかもっていなかったと言っても過言ではないだろう。

そのような状況の中で、諸地方や諸単位が、物資の交換を行うために直接的物々交換を採用するようになったことは決して不思議なことではなく、とくに不足した物資間の交換はそうであろう。

③流通機構や流通機能の欠如

　中国におけるこれまでの商品流通は、分業や地域によってそれぞれ明らかに別々に実施されてきたのである。

　たとえば生産財の流通を例として言うならば、それは国家物資局（1987年に国家物資局は撤廃され、そのかわりに物資省が設立された）系統と諸工業省の生産財管理局および農業生産財サービス公司などによって実施されていたのである。

　同様にして消費財流通の場合には、それは国営商業系統や供応・販売組合会社によって実施され、しかも生産財と消費財はいずれも計画に応じて実施されなければならなかったのである。

　実質的に言うならば、中国の商品流通は自由流通の性質に欠けており、「ここは過剰であるが、そこは不足である」という状態が長期間存在し、流通主体あるいは流通に従事する諸単位が、自ら規定されていた行政の地域制限を越えて商品流通を実行することは不可能であった。

　そのために、地下活動としての計画外の物資の交換は、「ここは過剰、そこは不足」という問題を解決する唯一の方式となり、前述した歴史的背景や条件の下で、諸単位は自らの生産や生活を維持するため、計画外で物資の直接的交換を試みたのであった。

④長期間の物質の供給不足

　中国では、今でも物資の供給不足は、やはり国民経済発展の重要な問題であり、物資の供給不足の条件の下で、貨幣の質の無限性は大いに限定されざるをえないであろう。

　この場合、たとえ貨幣をもっていても必要物資はなかなか買うことができず、とくに1979年まではそのようなきびしい状態が継続し、したがって、一方の不足した物資を自分の不足した物資と直接、交換することは交換主体にとって安全な交換パターンであり、これも物資協力の発生条件の1つであろう。

⑤価格システムの歪み

　長期間、中国の価格システム、とくに生産財価格システムは不合理の状態が続いたが、その主たるものとして2つをとりあげることができる。すなわち、1つは諸商品や物資の価格構造の不合理性であり、基礎原材料価格が低過ぎるのに対して加工工業品価格が高過ぎるのである。

　もう1つは同一商品の品質や地域の相違による価格格差の不合理性である。価格システムの不合理の条件下では、ミクロ経済組織は自分自身の価格面の損

失やリスクを避けるため、不足した商品や物資の直接的交換を実施せざるをえないだろう。

第3節 物資協力の発展段階とその成果

中国における物資協力は、地下活動・違法活動から地上活動・合法活動までの発展過程を経てきたわけであるが、概して言うならば3つの段階に分けることができよう。

第1は、合理ではあるが違法であるという段階である。

これは1950年代の全国の6つの経済協力区の設立から1977年の国務院の161号文書（通知）の発表までであり、この期間の物資協力は初期的単純段階であり、かつまた協力の範囲も比較的に狭く、その内容はほとんど生産財に限定されており、数量も余り多くはなく、しかも当時、主として無条件の相互支援であり、価格問題もなければ、協力（交換）比率の概念もなかった段階である。

ところで、1957年以降、とくに10年間の「文化大革命」の時期に、中国共産党の経済建設指導思想の「左」の影響を受け、物資協力は、「不正行為」、「経済分野における階級闘争の新しい動き」と見做され、批判され禁止されたが、それにもかかわらず、物資協力は経済発展の需要に応じるものであるがためにやはり存在し、かつまた発展していったのである。

第2は、認可はされたが制限の厳しい段階であり、この段階は1977年の国務院による161号文書の発表から1978年12月の中国共産党第11期中央委員会第3回大会までである。

国務院による161号文書の発表を契機として、物資協力は公式的に認められるようになり、全国で計画的、組織的かつ指導的生産財の協力（交換）が開始され、それはある程度に伝統的な経済体制、とくに流通体制に大きなショックを与えたが、これは当時、流通分野にとって大きな進歩であったと言えよう。

しかしながら、歴史的条件の制限下では、思想も余り解放されておらず、物資協力に関する統制も多過ぎ、かつまた厳し過ぎたようである。

第7-1表 全国の主要な物資協力の統計

品目	単位	1978年	1979年	1980年	1981年	1982年	1983年	1984年	1985年	1986年	1987年	1988年	1989年
総金額	億元			30	33	41	49	89	162	260	412	724	773
(一)生産財金額	〃					35	44	80	146	226	353	637	684
(二)消費財金額	〃					6	5	9	16	94	59	87	89
石炭	万トン	1,034	1,123	1,300	1,543	1,809	2,371	3,342	4,118	4,772	6,009	7,167	7,748
木材	万M³	60	77	85	78	140	190	256	424	561	721	883	712
セメント	万トン	100	91	42	47	150	219	313	375	627	731	810	811
銑鉄	万トン	80	65	30	4	22	40	75	125	194	214	239	268
コークス	万トン	75	70	81	54	135	108	163	206	264	273	288	224
板子	万箱				181	234	248	306	315		444	391	325
鋼材	万トン						115	221	263	516	633	759	725
アルミニウム	万トン						0.92	2.57	6.38	5.37	9.10	11.26	9.00
ソーダ	万トン						1.14	2.54	6.88	5.66	9.30	10.82	10.09
ゴム	万トン						4.79	13.56	18.75	25.93	30.26	34.57	42.05
トラック	万台						0.62	0.64	2.34	3.88	15.15	8.26	8.23
化学肥料	万トン						0.25	1.01	2.18	1.69	4.07	5.28	4.86
砂糖	万トン						63.33	129.63	81.24	173.65	233.66	324.65	287.97
米	万トン						1.07	0.96	3.79	9.03	8.52	37.16	22.72
自転車	万台						16.54	38.80	30.94	42.23	52.04	99.39	46.07
	万台						21.61	37.01	45.24	79.58	123.89	108.44	72.32

(出所) 中華人民共和国物資部「物資協作回顧和展望」、1989年のP.313

第 7 章　中国型求償取引による物資協力について

第 7 - 2 表　**江蘇省の石炭協力の統計**

年	協力による石炭(A)	国家分配による石炭 B	A/B（％）
1978	345 （万トン）	1,149 （万トン）	30
1979	367　〃	1,175　〃	31.2
1980	516　〃	1,304　〃	39.4
1981	688　〃	1,060　〃	64.9
1982	808.5　〃	1,104　〃	73.2
1983	854.0　〃	1,029　〃	82.9
1984	1,103　〃	1,059　〃	104.1
1985	1,214　〃	1,165　〃	104.2
1986	1,354　〃	1,265　〃	107.0
1987	1,860.9　〃	1,046　〃	177.9
合計	9,110.4　〃	11,356　〃	80.22

（出所）　前掲書、P.122

　第 3 は、大いに発展する段階であり、この段階は中国共産党第 11 期第 3 回会議から現在までである。物資協力は第 11 期第 3 回会議を契機とし、横の経済的合同や協力を基礎として、内容、規模、形式および範囲において大きな発展を遂げてきているが、第 7 - 1 表および第 7 - 2 表はその参考となり得るだろう。

　まず、内容について言うと、それは単一な生産財の協力から生産財と消費財との結合の協力へと発展し、さらに物資と物資、物資と資金・技術・人材などの生産要素との協力へと拡大し、そしてまた流通分野から生産・金融・科学技術・交通・文化教育・中外合資・対外貿易などの分野へと進んでいった。

　次に規模についてみると、全国の物資協力の金額は、1981 年の 33 億元から 1989 年の 773 億元まで増加し、年平均 55.5 パーセントの速度で発展してきている。

　パターンについて言えば、一時的な短期協力から比較的に長期かつ固定の協力関係へと発展し、資源の開発を主要な内容とするエネルギーや原材料基地も建設している。

　また物々交換の形式から求償取引、合資経営および中外合資などの資源開発の形式へと進んできている。

　最後に協力の範囲について言えば、専門的な協力部門の協力から諸部門の協

力へと発展し、中央や地方の政府部門の物資部門とも協力機構を設立しており、ここ数年来、横の経済的合同の発展に応じて協力の実体も設立し、全国では横の経済的合同と協力のネットワークも形成するようになってきている。

現在、中国ではすでに規模が大きく安定した物資などの生産要素の協力を内容とする強大な生命力をもつ物資協力の市場が形成されており、それは物資など生産要素の合理的流通やその組合わせの優先化を通じて経済構造の調整、有効なる供給の保証、物価の穏定、さらに経済の安定的発展などに重要な役割を演じてきているのである。

第4節　物資協力の現状

①物資協力の原則

物資協力の原則とは、協力者にとっての長期間、物資協力の実践で党や国家の建前や政策に基づいて物資協力の新情勢や新問題にふさわしい物資協力の行為規則である。

具体的を言えばつぎのようになるであろう。

第1は、長所を発揮し、短所を補うことである。

それは物資協力を実行し、経済を発展させる前提であり、物資協力の重要な指導思想でもある。

物資協力を行なう際に、当該地域、部門および企業の実際から出発し、自分の優位性を発揮し、自分の短所を補って経済の発展のために必要な条件を創造し、経済の発展を推進するべきである。

第2は、平等互恵の原則である。

それは物資協力の中核であり、協力は強制ではなく自主的なものでなければならない。

協力の双方の状況にいかなる相違があろうとも法律では平等なのである。

第3は、形式の多様性である。

それは物資協力の方法であり、協力の双方は自分の条件に基づき様々な物資協力の形式を選択することができるのである。

第4は、共同発展の原則である。

それは物資協力の目的でもあり、それに加えて協力の互恵性を体現することができる。すなわち、協力に参加する企業は、協力を通じて利益を得ることができることを意味する。

そのためには協力の項目をよく選択しなければならない。つまり、国家の産業政策に基づき、複雑な経済情勢の変化に応じて、協力の項目に対し科学的に分析しなければならない。

②物資協力の形式

物資協力の形式は様々であるが、主として次のような形式がある。

1．「物々交換、貨幣勘定」の物資協力

これは直接的物資協力であり、物資協力の主要な形式でもある。

その特徴は簡単かつ便利であることにあり、それは資源の優勢の発揮と経済計画の実現に重要な役割を果たしている。

改革の深化に従って一次的協力から2、3年ないし4、5年間の長期的かつ大量的な協力へと進むことは明らかである。

2．物資と資金の協力

これは資源開発の主要な形式であり、その主な形式は求償取引である。

ここ数年来、合資経営および合弁事業などが徐々に増えてきている。

合資経営は、協力企業が株式制で行なう長期的経済協力であり、協力企業は、株式の比率で利潤や商品を分配するわけである。

3．物資と技術との協力

資源に欠けている企業が、技術の移転を通じて協力の相手から資源を獲得することである。これに応じて技術を得た企業は、それを利用して製品の生産を増加し、製品の品質を向上させ、新製品を開発することができ、それはいずれも資源を開発し、不足した物資の供給を増加させる方法である。

4．物資と人材との協力

これは資源をもっている企業が、人材をもっている企業と行う協力である。

この協力は資源に欠けている企業にとっては、資源の欠如の問題を解決でき、同時にまた人材に欠けている企業にとっては、人材欠如の問題も解決できるのである。

5．輸出資源の協力

この協力は、主として港のある都市と輸出製品の生産地との間にある。

主として3つの形式がある。すなわち、まず1つは、港のある都市は、輸出製品の生産を原材料産地に移転させ、港のある都市が輸出業務を取扱うのであり、協力する双方は、契約に応じて輸出による外貨を分配するのである。

もう1つは、原材料産地が原材料を提供し、港のある都市で加工し、輸出す

るのである。

　さらにもう1つは、港のある都市が原材料の産地に資本や技術を投入し、輸出製品を生産し輸出するのであり、協力の双方は共同で外資を分配するのである。

　この協力は中国の対外貿易に対し極めて大きな役割を果たしており、この方式を通じて集めた輸出産品が、ある地域において重要な地位を占めていることは事実である。

　たとえば、1988年に上海と天津がこの協力を通じて集めた輸出産品は、それぞれその輸出総額の31パーセントと41パーセントを占めたのであった。

③物資協力の対象

　中国の物資協力の対象について言うと、だいたい不足した生産財と消費財の

第7-3表　主な協力物資の品目

品　目	単位	1988年	1989年
石　　炭	万トン	7,167	7,748
木　　材	万M³	883	712
セメント	万トン	810	811
銑　　鉄	〃	239	268
コークス	〃	288	224
板ガラス	万箱	391	325
鋼　　材	万トン	759	725
銅	〃	11.26	9.00
アルミニウム	〃	10.82	10.09
苛性ソーダ	〃	6,055.5	2,397
ゴ　　ム	〃	8.26	8.23
トラック	万台	5.28	4.86
化学肥料	万トン	324.65	287.97
砂　　糖	〃	37.16	22.72
米	〃	99.39	46.07
小麦粉	〃	21.32	41.46
食用植物油	〃	7.68	2.49
自転車	万台	108.44	72.32
ミシン	〃	20.35	16.10

（出所）　前掲書、P.313より作成

2種類があり、最近の協力対象となった物資については第7-3表を参照して頂きたい。

④物資協力の組織システム

近年来、物資協力の発展にしたがって中国の各地方に物資協力の組織が現われるようになった。

中央から地方まで、物資協力を経営・管理する組織が存在しており、目下、全国では2,700社、従業員4.5万人の物資協力会社が存在している。

この物資協力会社の名前は様々であるが、たとえば、「物資協力開発公司」、「物資協力公司」、「物資開発公司」、「経済協力弁公室」および「経済協力サービス公司」などがそれである。

各地の物資協力組織の主な任務は次の通りである。

第1に、地方・部門・企業間のすべての協力項目を協調、執行するところであり、物資を中心とする諸協力の計画の制定、協力相手の選択および協力文書・契約の調印などは物資協力組織の第一義的任務である。

第2に、各地方政府からの任務を担当・執行するところである。

各地方政府が、ある物資を必要とすればその任務をほとんど物資協力組織に委託するのであり、そして物資協力組織は、各地方政府の必要に応じて積極的に物資協力を行うわけである。

第3に、資源を開発するところである。

物資協力組織は、短期的物資協力を行なうだけでなく、不足した物資の開発や生産を中心とする長期的物資協力も行なうのである。

たとえば、資本の投入を通じて長期的な不足物資の生産や供給の基地を建設することがそれである。

物資協力組織の資源開発には2つの道がある。すなわち、1つは部門や関係企業の積極性を発揮させ、そこに情報やサービスを提供することによって資源

第7-1図　中国の物資協力の組織

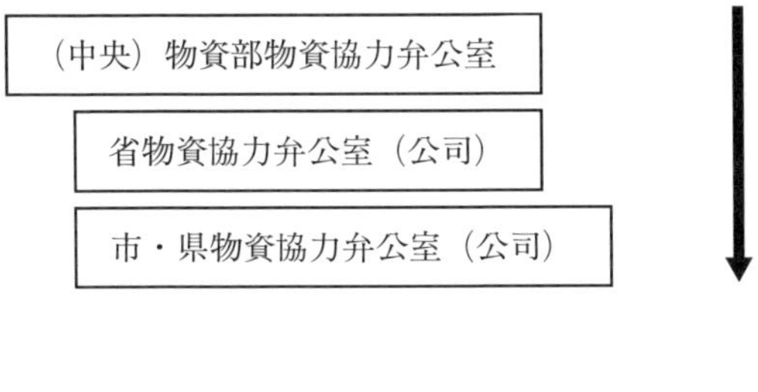

（中央）物資部物資協力弁公室

省物資協力弁公室（公司）

市・県物資協力弁公室（公司）

第7-4表　（中央）**物資部物資協力の計画書**（1989年）

地方・部門	木　材 （万M³）	セメント （万トン）	銑　鉄 （万トン）	コークス （万トン）	備　　考
全　国　合　計	167.67	383.14	102.98	99.89	
北　京　市					北京、天津、
天　津　市					上海、青海、
河　北　省	0.70	30.00	20.00	5.00	新疆、海南、
山　西　省					浙江、チ
内　蒙　古	13.00	0.20		20.00	ベット、山
遼　寧　省	2.14	89.04	4.42	1.08	西などの
その内：瀋陽市		0.60			省・市・区は
大連市		35.90	1.50		1989年の
吉　林　省	25.00	4.70	2.28	1.60	物資協力計
黒　竜　江　省	21.40	0.70	1.20	1.10	画を策定し
その内：ハルピン市	1.40	0.70	0.70	0.10	ていなかっ
江　蘇　省	2.00	30.00	15.00	10.00	た。
安　徽　省		1.00	0.40	0.55	
福　建　省	10.00				
江　西　省	21.00	23.20	0.12	1.80	
山　東　省	2.97	35.00	10.43	12.81	
その内：青島市		0.10			
河　南　省	1.97	16.70	11.45	8.20	
湖　北　省		55.77	2.58	0.20	
その内：武漢市		0.15	0.60		
湖　南　省	5.00	20.00	2.50	4.50	
広　東　省		1.30	0.45	0.20	
その内：広州市		0.10			
広　西　区	5.70				
西　川　省	3.52	32.30	12.76	2.85	
その内：重慶市	0.50	18.00	3.40	2.70	
貴　州　省	23.00	15.00	15.00	12.00	
雲　南　省	1.15	8.00	1.23	10.00	

（出所）　前掲書、P.234より作成

第7章　中国型求償取引による物資協力について　　　　　　　189

第7-5表　（中央）**物資部の物資協力計画書**（1989年）

地方・部門	木　材 （万 M³）	セメント （万トン）	銑　鉄 （万トン）	コークス （万トン）	備　考
全　国　合　計					
陝　西　省	0.77	7.00	2.60	2.50	
その内：西安市		1.50	0.40	0.20	
甘　粛　省	2.95	7.73	0.19		
寧　夏　区		5.00	0.45	4.50	
海　南　省					
青　海　省					
新　疆　区					
林　業　部	25.00				
農　業　部	0.04	0.50		1.00	
浙　江　省					
チ　ベ　ッ　ト					
上　　　　海					

（出所）　前掲書、P.234より作成

第7-6表　**各省・市・区の物資協力計画書**（1989年）

計画書の記入単位（押印）　　　　　　　　　　　　　　　　　月　　　日

物資品目	単位	協力搬入量		協力搬出量		備　考
		1988年 実　績	1989年 計　画	1988年 実　績	1989年 計　画	
1. 石　　炭 　　××省・区・市	万トン					
2. 木　　材 　　××省・区・市	万 M³					
3. セ メ ン ト 　　××省・区・市	万トン					
4. 銑　　鉄 　　××省・区・市	万トン					
5. コ ー ク ス 　　××省・区・市	万トン					
6. 鋼　　材 　　××省・区・市	万トン					
7. アルミニウム 　　××省・区・市	万トン					
8. 苛性ソーダ 　　××省・区・市	万トン					
9. ト ラ ッ ク 　　××省・区・市	台					
⋮						

（出所）　前掲書、P.235より作成

を開発するのであり、もう1つは、政府から開発任務を負うのである。

物資協力の発展にしたがって物資協力を旨とする経営組織が徐々に増加してきているが、それは1つの独立した経営組織体として物資協力の過程で重要な役割を果たしているのである。

⑤物資協力の計画

物資協力は、諸部門・企業が自主的に行なう経済・経営活動であるにもかかわらず、それは盲目的に行なうことではなく、中央から地方にかけて物資協力の計画を策定することが普通である。

一般的に言えば、中央や物資部（省）が、毎年、木材、セメント、銑鉄およびコークスの4種類の物資の協力計画を策定するのである。

しかしながら、物資協力計画は指令的計画ではなく指導的計画であり、同様に各省・市・自治区と計画単列都市は、毎年、前述した4種類の物資の協力計画を策定するほかに、石炭、鋼材、アルミニウム、苛性ソーダおよびトラックなどの5種類の物資の協力計画も策定しており、その資料としては第7-4表、第7-5表および第7-6表を参照して頂きたい。

物資計画は下から上への方法で策定するのであるが、それは県レベルから始まる。

諸県の物資協力組織は、県の計画委員会と相談して県および所属の部門や企業のもっている協力物資や協力希望物資をまとめて、綜合平衡をさせながら県レベルの物資協力計画を立て、県の主管機関（市）へ報告するわけである。

同様に各地方や市も当該地方・市の物資協力計画を立て、それを省に報告し、各省は省レベルの物資協力計画を策定し、それを物資部（中央）に報告、そして最後に、物資部は全国の物資協力計画を立てるのであるが、以上が中国の物資協力計画の立て方と過程である。

⑥物資協力の価格

物資協力価格の策定には、主として3つの方法がある。

第1は、指令的計画項目に供給する協力物資には国家定価を執行する。

協力物資は、指令的計画の項目に供給すればその価格は国家定価である。

一般的に、他の平価（国家定価）物資を協力物資にするために、計画から一部の平価物資を取ることが普通である。

しかしながら、協力相手の必要物資をもっていなければ、市場価で当該物資を購入して、それを協力物資として平価で相手と協力するわけである。

この場合、平価と市場価の差（中国では、市場価は平価より高い）が存在するので、赤字になる恐れがあり、もし赤字になった場合、当該部分は地方財政の補助金で補填することが普通である。

第2に、指導的計画の項目や任務に供給する協力物資は、「均衡価」を執行する。

「均衡価」とは、次の部分から成り立っている。すなわち、①は協力物資の価格であり、②は流通費用であり、③は協力物資の市場価と国家定価（平価）との差であり、④は適当な損耗と国家の認めた諸費用である。

第3に、市場に供給する協力物資は、市場価よりやや安い準市場価を執行する。

⑦物資協力の比率

物資協力の比率は、協力双方が物資を交換する数量関係であり、双方の経済利益を調節する重要な手段である。

協力比率が価値法則によって支配されるのは当然であり、それは物資の需給関係の変化につれて変わるのである。

毎年、物資部は当年の物資需給の状況に基づいて主たる物資の協力比率を策定するが、一般的には、協力企業や部門は、その比率に応じて物資協力を行なうのであり、この点に関しては第7-7表を参照して頂きたい。

⑧物資協力の契約

協力企業は、物資協力契約の調印を通じて物資協力を法律的に保障することができる。

中国では、物資協力契約は、通常の商品取引契約と同一の法律的機能をもっているが、物資協力契約の様式や内容については第7-8表を参照して頂きたい。

第7-7表 **物資協力の比率**

年\品目	1978	1979	1980	1981	1982	1983	1984	1985	1986	1987	1988	1989
鋼材 vs 石炭		1:15~20		1:20		1:12~20	1:11~20	1:15~30	1:22~35	1:25~35	1:25~35	1:8~16
鋼材 vs 木材		1:2.5~4			1:1	1:1	1:1.1	1:1.5	1:2~5	1:2~5	1:2~5	1:2~5
鋼材 vs 銑鉄						1:2	1:2	1:2	1:2	1:2.5	1:3	1:3
鋼材 vs 銅	4:1					2.5:1	2.5:1	2.5:1	2.5:1	2.5:1	2.5:1	4:1
鋼材 vs アルミニウム						2:1	2:1	2.5:1	3:1	3:1	3:1	4:1
鋼材 vs トラック								15~25:1	8~14:1	6~10:1	7~10:1	8~12:1
石炭 vs 木材				15:1	13~25:1	12~20:1	11~20:1	10~15:1	10~15:1	12~15:1	12~15:1	6~10:1
石炭 vs セメント						1~2:1	1~2:1	0.5~2:1		1~2:1	1~2:1	1~1.5:1
石炭 vs 板ガラス							1.2~1.5:1	1~1.2:1	1~1.2:1	1~1.5:1		
石炭 vs 苛性ソーダ							12~20:1	12~20:1	12~20:1	18~22:1	18~22:1	8~16:1
石炭 vs 米				25:1	15~25:1	15~25:1						
木材 vs セメント					1:6~10	1:5~9	1:5~9	1:5~8	1:5~8	1:4~8	1:5~8	
木材 vs 板ガラス					1:8~12	1:8~12	1:8~12	1:8~12	1:9~13	1:9~13	1:10~15	1:8~12
木材 vs 苛性ソーダ					1:1.2~1.5	1:1.2~1.5	1:0.9~1	1:0.8~1	1:0.5~1	1.5~2.5:1		
木材 vs 化学肥料					1:1.2~1.5	1:1.2~1.5	1:1~1.1	1:1~1.2		1.5~2:1	1.8~2.5:1	
木材 vs 小麦粉					1:0.8~1	1:0.8~1	1:0.8~1					

(出所) 前掲書、P.280~283より作成。

第7章　中国型求償取引による物資協力について

第7-8表　**物資協力の契約書**

甲方番号：　　　　　　　　　　　　　　　　　　　　　　　　年　月　日　　　　　　　　　　　　　　　　　　　乙方番号：

甲方の乙方への供給						乙方の甲方への供給					
物資名	品目・規格・品質	単位	数量	単価	金額	物資名	品目・規格・品質	単位	数量	単価	金額

甲方（押印）		代表	乙方（押印）		代表
貨物の差出人			貨物の差出人		
電話	電報	出発駅	電話	電報	出発駅
取扱銀行		口座	取扱銀行		口座
貨物の受取人			貨物の受取人		
電話	電報	到着駅	電話	電報	到着駅
取扱銀行		口座	取扱銀行		口座
甲方サイン（押印）			乙方サイン（押印）		

協議項目：
1. 勘定方式：
2. 貨物の渡し方と運送方式：
3. 運賃・雑費・管理費：
4. 貨物の引渡し期間：
5. 違約の責任：

（出所）前掲書　P.241より作成

第5節　物資協力の理論的分析

「物々交換」型の物資協力は、計画経済管理体制下のものであるが、商品経済の原則に応じ商品流通を行なう形式でもある。

表面上、物資協力は確かに昔の「物々交換」とよく似ているが、それらはいずれも商品－商品′の流通である。

公式で示すと、それはW－W′である。すなわち、ある数量の甲商品をもってある数量の乙商品と直接、交換することであり、かつ購買と販売は統一・同時である。

しかしながら、それらの内容や実質から考察すると、それらの性質は全く違うのであり、その理由は次の通りである。

①それらの存在条件としての社会・歴史的条件が相違している。

原始的物々交換は、人間社会の第1・2期の大分業の時期に現われたのであり、それは生産力の低レベルと簡単な手工労働を基礎としていたのである。

その当時、交換できる物資はきわめて少なく、簡単な道具や消費財に限定され、かつまた交換の規模・地域・範囲も狭く、偶然的かつ不確定的な交換であり、交換の対象・比率はいずれも個人の主観的な意志によって決められ、かなり交換者（個人）の心理・感情・興趣などに影響され、非理性的な交換であった。

これに対して、物資協力の物々交換は、社会的大生産を基礎とし、多層的な生産力構造を前提としたものであり、それは、交換の品目が多く、数量が大きく、地域範囲も広く、協力の関係も相対的に穏定で、しかも理性的交換なのである。

②物々交換は、貨幣の出現以前のものである。

したがって、この交換には交換媒介物としての物質形態の貨幣もないし、価値標準としての観念的形態の貨幣もない。

これに対して、物資協力の物々交換は、実際、貨幣を媒介物としたものである。

これは物資協力の双方が、一般的に「買う」ために「売る」のであり、購買と販売の統一である。すなわち、甲が契約に応じて自分でもっている不足した（乙にとって）物資を乙に売り、乙は契約に応じて貨幣で銀行を通じて相手に支払うのである。

そうすると1つの販売・購買の活動が出来上がり、それと同時に、乙が自分

のもっている不足した（甲にとって）物資を甲に売るわけである。

したがって、物資協力の性質は一般的な貨幣を媒介物とした商品交換の性質と同一であるが、違うところは甲の乙への販売の条件として、乙が甲に不足した物資を売らなければならぬことだけにある。

換言すれば、それは条件付きの交換であり、歴史的物々交換ではないのである。たとえ物資協力の物々交換が貨幣で勘定せずに、あるいは物質形態の貨幣を交換の媒介物としなくても、それも貨幣の観念的価値標準としての機能を利用しているのである。すなわち、物資協力は依然として貨幣を媒介としているものであり、これが物資協力と原始的物々交換の最も重要な相違点であろう。

ところで、なぜ物資協力がたとえ貨幣をもって勘定しなくても、貨幣の価値標準としての機能を利用するのであろうか。

それはこのような物資協力にしても、2つの物資流通過程の統一であり、その中に1つの貨幣を省略しているからである。

それは2人の商人を媒介としない直接流通（W－G－W′）の統一なのであり、たとえば、生産者間の直接的交換がそれである。

あるいは、2人の商人を媒介とする間接流通（G－W′－G′）の統一なのであり、たとえば、物資企業（生産財流通企業）間の交換がそれである。

あるいは、1つの直接流通と1つの間接流通の統一なのである。すなわち、1回の物資協力は、2つの反対物資の生産分野から消費分野への運動過程を含んでいるのである。

さて、2つの直接流通が同時に運動する場合には、その公式はW→$\begin{array}{c}G\\G\end{array}$←W

である。2つの間接流通が同時に運動する場合には、その公式は
G→W→$\begin{array}{c}G\\G\end{array}$←W′－G′である。

また、2つの異なる流通形式が同時に運動すると、その公式は
W→$\begin{array}{c}G\\G\end{array}$←W′－Gになるのである。したがって、物々交換（W－W′）から考察すると、この3つの場合の中には、いずれも2つのGがあり、つまり省略された貨幣が存在するのである。

それでは、なぜ省略されたのであろうか。

それは2つのGの量が等しいからであり、等しいからこそ、等価交換を体

現することができ、さらに等価交換こそ、交換（協力）の双方に受け取られるからである。

それでは、どのように等価を実現するのであろうか。

それは、協力時に決められた交換（協力）の比率によるものであり、たとえば、何トンの鋼材（W_1）が何トンのアルミニウムと交換されているかは、鋼材（W'）とアルミニウムの価格に依拠しているのである。

仮に $5W_1：W_2$ が双方に受け取られる比率とすれば、また W_1 の単価は 200 単位の貨幣であれば、W_2 の単価は 1000 単位の貨幣でなければならない。

もし需給関係が変化し、W_1 の単価を 250 単位の貨幣に引き上げたとすれば、W_2 の単価が変わらなければ、協力の比率は $4W_1：W_2$ に調整しなければならないのである。

これは毎年、公表される交換（協力）比率から明確に見つけ出されるであろう。

それゆえに、比率の変化の裏には価格の変化があり、現われていない G である貨幣は等しいのであり、その結果として物資協力はやはり貨幣を媒介とする商品交換であり、商品流通でもあるということになる。

要するに、中国の物資協力は実質的に言えばやはり商品流通であり、国内の求償取引の1つの形式として存在しているのである。

参考文献

〔1〕 楊学淇、夏春玉著『物資協作的回顧与展望』「物資流通研究」、1989 年第 4 期。
〔2〕 中華人民共和国物資部物資協作弁公室編「物資協作資料」、1989 年。
〔3〕 中華人民共和国物資部信息中心編「物資信息」1988、1989、1990、1991 各年版。
〔4〕 中華人民共和国物資部著「物資協作回顧和展望」、1989 年。

第8章　企業の経営規模に関する一考察
—— 日本との比較を中心に ——

　中国の計画経済体制から部分的市場経済体制への転化にともない、中国企業の経営規模を正確に評価し、市場経済体制下の企業の経営規模の形成や発展の理論を研究することは、科学的企業の発展戦略の策定や経営規模の効果の向上にとって重要な意義をもつものと考えられる。

　したがって、以下本章では、中国企業の経営規模の問題について一考察を試みてみたい。

第1節　歴史と現実

①企業の平均的経営規模

　統計データーの制約のため、中国の製造業を例として中国企業の平均的な経営規模の分析しかできないが、中国における製造業の平均的規模は以下の第8-1表の通りである。

　第8-1表から、平均的に言うならば、1990年の1社当たりの従業員数と総生産額は、それぞれ14.6人と30.1万元であることがわかる。さらにそれに加えて、1987年から1990年までの従業員数はほとんど変化していないのに比して総生産額は徐々に増加しているのである。

　つぎに、日本における製造業の経営規模について第8-2表を使ってみてみよう。

第8-1表　**中国における製造業の平均的経営規模**（1987年～1990年）

年	企業数(万社) A	従業員数(万人) B	総生産(億元) C	B/A (人)	C/A (万元)
1987	747.41	10,993.29	13,812.99	14.7	18.5
1988	810.56	11,569.49	18,224.58	14.3	22.5
1989	798.07	11,589.96	22,017.06	14.5	27.6
1990	795.78	11,643.85	23,924.36	14.6	30.1

（出所）　①『中国工業経済統計年鑑』中国統計出版社、1988年～1991年。
　　　　　②『中国統計年鑑』中国統計出版社、1990年、1991年。

第8-2表　**日本における製造業の平均的経営規模**（1980年～1984年）

年	企業数(社) A	従業員数(人) B	総生産(億円) C	$\frac{B}{A}$(人)	$\frac{C}{A}$(万元)*
1980	734,623	10,932,041	2,146,998	14.9	2,337.6
1981	436,463	10,567,601	2,247,119	24.2	4,118.4
1982	427,998	10,480,985	2,229,340	24.5	4,166.4
1983	780,280	11,346,860	2,386,879	14.5	2,448.0
1984	428,998	10,733,413	2,530,298	25.0	4,718.4

（出所）　日本経済新聞社編『日本的企業』東方出版社、1992年版、p.210。
　　＊ 1元＝12円

　第8-1表と第8-2表より、中国と日本の製造業1社当たりの平均従業員数の差は、それほど大きいものではないけれども、総生産額の格差が100倍以上であることが容易に理解できるが、これは言うまでもなく、日本の製造業の平均的規模が中国のそれを大幅に上回っていることを示している。
　②大企業の経営規模
　前述の①より、中国企業の平均的経営規模が日本と比較してかなり小さいことは明白な事実であるが、それでは中国における大企業の経営規模は相対的にどうなのであろうか。
　つぎの第8-3表は、1991年の中日両国の主要業種における最大企業の比較を示している。
　第8-3表より、日本の大企業の方が中国の大企業よりはるかに大きいことは一目瞭然であるが、その中でも石油産業における規模の差が一番小さく、印刷業の規模の差が一番大きいことが容易に察知できる。
　さらにまた電器、建築、木材加工、通信、小売および建材等の産業の規模の差は100倍から200倍以上もあり、それ以外の産業の規模の差も50倍から100倍以上であることがわかる。
　したがって、中国と日本の最大企業の経営規模の差は、言うまでもなく相当に大きいことが理解できる。
　③大企業の生産集中度（市場占有率）
　これまでは絶対量の側面から中・日企業の経営規模を考察し、その結果とし

第 8 章　企業の経営規模に関する一考察　　199

第 8-3 表　中日両国の主要業種における最大企業の比較（1991 年）

単位：億元*

日本(A)		業　種	中国(B)		中日の比較(倍数) $\dfrac{A}{B}$
企業名	売上高		企業名	売上高	
新　日　鉄	2,103.5	鋼　　鉄	鞍山製鉄	104.0	20.2
トヨタ自動車	6,851.2	運輸設備	第一自動車	61.8	110.9
松下電器	3,995.8	電子・電器	陝西カラーTV	17.6	227.0
旭　化　成	773.8	化　　学	吉林化学	52.8	14.7
鐘　　紡	420.0	繊　　維	上海石油化学	74.0	5.6
王子製紙	380.6	製　　紙	上　海　製　紙	13.1	29.1
ブリヂストン	589.1	ゴ　　ム	上海タイヤ	11.5	51.2
東洋製罐	438.6	金属製品	上海陶器	3.7	118.6
三菱重工	1,987.4	機　　械	第一トラック	14.4	138.1
旭　硝　子	817.6	建　　材	耀華ガラス	3.7	221.0
日本石油	1,623.2	石油加工	燕山石化	67.5	24.0
東京電力	3,677.8	電　　力	華東電力	131.1	28.0
キヤノン	858.70	精　　密	上海儀表	3.6	238.6
大日本印刷	874.1	印　　刷	国営 541	2.4	364.2
日本たばこ産業	2,206.6	た　ば　こ	玉溪たばこ	31.0	71.2
キリンビール	1,052.6	食品・飲料	健　力　宝	6.7	157.1
日本石油開発	166.1	鉱　　業	大　慶　石　油	131.6	1.3
住友林業	411.8	木　　材	広東木材	1.7	242.2
清水建設	1,704.2	建　　築	鉄道部第一**	6.7	254.4
東日本鉄道	1,560.0	運　　輸	北京鉄道局	21.5	72.5
伊　藤　忠	16,009.4	貿　　易	中国化工	504.1	31.7
Ｎ　Ｔ　Ｔ	4,844.8	通　　信	広東郵電	27.4	176.8
ダイエー	1,620.8	小　　売	上海一百	9.6	168.8

* 1 元＝12 円　**「鉄道部第一」は「鉄道部第一工事局」のことである。

(出所)　①『中国行業一百強』中国統計出版社、1992 年。
　　　　②実業之日本社編『会社比べ』1993 年、p.157～161。

　て中国の企業の経営規模の絶対的レベルの低さを理解することができたが、それに引き続いてさらに相対量すなわち大企業の生産集中度の側面からの中・日両国の大企業の経営規模の比較対照も必要である。

　第 8-3 表から、中国では石油加工、化学繊維および鉄・金属加工業の生産集

第8-4表　中国の主な業種の生産集中度*（1990年）　　（単位：％）

業　　種	CR_4	CR_8
食　　　品	1.4	2.3
繊　　　維	38.4	44.6
紡　　　績	0.8	1.4
製　　　紙	7.5	10.8
建　　　材	1.4	2.6
鉄金属加工	25.1	32.6
非鉄金属加工	13.3	23.4
石 油 加 工	33.4	55.2
化　　　学	12.1	15.6
交 通 設 備	14.9	21.0

（出所）　馬建堂著「中国行業集中度和行業効績」『管理世界』1993年第1期。
　　＊：CR_4、CR_8はそれぞれ4社と8社の最大企業の生産集中度、つまり市場占有率である。

中度が一番高く、それらの最大企業4社の生産集中度は、それぞれ33.4パーセント、38.4パーセントそして25.1パーセントであることがわかる。さらにまた、それらの最大企業8社の生産集中度は、それぞれ55.2パーセント、44.6パーセントそして32.6パーセントを示している。

　これに対して、食品、紡績、および建材業の生産集中度は一番低く、それらの最大企業4社の生産集中度は、それぞれ1.4パーセント、0.8パーセントそして1.4パーセントであり、そしてまたそれらの最大企業8社の生産集中度はそれぞれ2.3パーセント、1.4パーセントそして2.6パーセントに過ぎないことがわかる。

　しかしながら、生産集中度の高さは大企業の絶対的な経営規模の大きさを表わすだけではなく、その相対的な経営規模の大きさや大企業の地位および重要性も表わすことが可能である。すなわち、生産集中度が高ければ高いほど大企業の経営規模は大きく、業種間におけるその地位は高いが、それとは反対に、集中度が低ければ低いほど大企業の経営規模は小さく、その業種間における地位も低いことを表わしているのである。

　それでは次に、中国における大企業の生産集中度の高低を、日本企業との比較を通してみてみよう。

　第8-5表より、日本における主たる業種の生産集中度は、中国のそれと比

第8章　企業の経営規模に関する一考察　　　　　　　201

第8-5表　**日本における主たる業種の生産集中度**（1984年）　　　単位：％

業　種	CR$_1$	CR$_3$	CR$_5$
食　品：砂糖	13.1	32.3	49.6
ビール	60.3	92.2	100.0
化学繊維：ナイロン	32.9	69.2	90.9
ポリエステル	25.2	61.3	82.0
紡　績	7.9	22.5	33.4
建　材：ガラス	47.0	100.0	－
セメント	12.9	37.0	57.4
鉄金属：製鉄	37.6	69.2	93.7
粗鋼	27.7	34.0	75.4
非鉄金属：アルミニウム	34.0	75.4	100.0
銅	24.5	63.2	86.6
石油加工	17.5	43.9	59.1
交通設備：トラック	23.3	49.6	70.8
乗用車	33.6	70.5	93.6

（出所）　池元吉、張賢淳著『日本経済』、人民出版社、1989年版、p.332より。

較して大幅に高く、ある業種の3社～5社の最大企業生産額は、当該業種の50パーセント以上を占めており、したがって中国の大企業の経営規模は、絶対量の面で日本より小さいばかりでなく相対量の面でも日本より小さいことがわかる。すなわち、中国における大企業の国内における地位や重要性は、日本における大企業の国内での地位や重要性よりはるかに低いのである。これも中国の産業発展が、基本的に企業社数の増加に依存してきたのに対して、日本の産業発展が、主として少数の大企業の経営規模の拡大に依拠してきたことを説明しているのである。

④経営規模と経営効率

経営規模と経営効率との間にどのような関係が存在しているのかということや、大企業はなぜ大きく発展できたかということは、考慮されなければならない重要な問題である。

もちろん、専門家達は、早い時期より経営規模と経営効率との関係を研究している。たとえば、有名なマクシー・シルバトン曲線は、自動車工業における規模と効率との間に直接的な相関が存在するという理論であり、この理論では、同じ型の自動車を生産する場合、その生産量が多くなればなるほど1台当たり

第8-6表　1990年における中国の主たる業種の最大企業50社と全企業の経営効率の比較

業　種	労働生産性（万元/人・年）		資本利益率（％）	
	最大企業50社	全企業	最大企業50社	全企業
食　　品	1.22	0.61	20.43	9.22
たばこ産業	16.12	10.33	169.18	133.99
紡　　績	1.00	0.55	24.60	9.84
製　　紙	1.67	0.60	24.20	12.03
印　　刷	1.48	0.49	28.23	16.12
電　　力	0.04	1.52	13.96	13.03
石油加工	3.26	3.13	29.19	30.77
化学工業	2.47	0.95	27.23	17.41
医　　薬	1.84	1.12	23.60	16.97
化学繊維	2.32	1.84	26.00	20.77
ゴ　　ム	2.01	0.88	38.71	22.90
プラスチック	1.02	0.60	15.69	8.90
建　　材	1.24	0.39	17.98	9.15
鉄金属	1.31	1.01	18.80	16.27
非鉄金属	1.24	0.98	14.96	11.92
機　　械	0.93	0.51	12.36	6.98
交通設備	1.05	0.62	11.03	8.64
電子・電器	2.93	0.92	20.41	9.75

（出所）『管理世界』、1991年第6期、p.104より。

の生産コストが少なくなることを証明している。

それ以外には、ある業種の生産集中度が高ければ高いほど当該利益率も高くなることを論じている学者もいる[1]。

現実には中国の場合でも、経営規模と経営効率との間に直接的な関連性が存在しており、それは以下の事実から十分な証明を得ることができる。

第8-6表より、電力や石油加工業以外の産業の最大企業50社の労働生産性や資本利益率は、いずれも当該産業の全国平均レベルを超えていることが明らかである。

これは規模の経済が中国にも存在していることを説明しているが、残念ながら規模の経済は、中国の産業界では重視されていないのが現状である。

それに代替するものとして中国では、主として新規企業の増加を通じて産業を発展させるというルートが選択され、その結果として「大企業」はそれほど大きくはならず、「小企業」もそれほど小さくなく、さらに生産集中度もそれほど高くなく、規模の経済利益も低く、そしてまた資源の無駄が激しく、生産コストも高く、結局、国際競争力が弱いという状況になっているのである。

それでは、何故、中国における企業の経営規模は日本より小さいのであろうか。そしてまた中国における生産集中度は、何故、日本より低いのであろうか、ということが次の問題になってくるが、その原因こそは、まさに中国における社会主義体制そのものにあると考えられる。

そこで次にその原因を吟味してみよう。

第2節　分析と思考

①計画経済制度

非常に長期間にわたって中国は計画経済制度を執行し、計画的にかつまた比例的に国民経済を発展させる原則を堅持してきたので、どの産業に投資し、どれぐらいの企業を設立するかという問題に対して、全体的に「計画」と「バランス」の原則を体現させなければならなかった。

しかしながら、「計画」と「バランス」には、当然のことながら2つの意味が含まれている。すなわち、その1つは産業間の「計画」と「バランス」であり、もう1つは地域間の「計画」と「バランス」である。

そうであるがゆえに、中央政府の経済計画の中では、産業間の「計画」と「バランス」の体現と同時に、地域間の「計画」と「バランス」も考慮に入れられなければならない。

その結果として、産業への投資や企業の設立時に産業や企業の地域における均衡的分布が考慮されることは当然であろう。

それにもかかわらず、地方政府の立場から考えると、地方政府は中央政府の経済計画の執行者でもあるし地方経済計画の策定者でもあり、前者としての地方政府は、積極的に中央政府の産業や企業の地域間における均衡的分布に関する指令を執行することが可能であり、また後者としての地方政府は、地方の産業や企業を発展させる方向で積極的に努力することも可能である。

この両方の努力の結果として、地方政府の思考方法は、全国の「計画」と「バランス」ではなく、自己の所属する地方の「計画」と「バランス」ということになり、地方政府は必ず自己の所属する地方産業の完備に努力を尽くすということになる。

　それを実現させるために、地方保護政策を地方政府は実施し、さまざまな障害を設けて他の地方産業や企業の進出を防止するようになることは当然である。

　このような地方主義的「計画」と「バランス」という原則は、マクロ的にみれば、各地方の産業構造の趨同化(2)を促進させる一方、ミクロ的にみれば、地方障壁の存在の結果として政策的に市場を分割させ、企業の経営規模の拡大を妨げることになるのである。

　②企業の産権*制度

　中国の企業、とくに大・中型企業は、ほとんど国有または地方政府所有であり、本質的に言うならば企業や当該経営者は、責(任)・権(利)・利(益)の主体ではない。

　このような企業の産権制度の下では、企業や当該経営者はその経営責任を負うことができないだけでなく、科学的な投資や経営も実行することは不可能である。

　このような状況の下では、企業の経営者は外延型の拡大再生産を重視し、内涵型の拡大再生産を軽視するようになるのである。

　＊産権とは財産権のことである。

　③緩慢な大企業の拡大化

　大企業の拡大化の速度を反映する指標としては、次のような２つがあげられると考えられる。すなわち、その１つは大企業の数の増加速度であり、もう１つは大企業の生産集中度の増加速度である。

　前者の観点から分析すると、中国における大企業の数は、1978年の1,222社から1991年の4,257社にまで増加し、毎年、19.1パーセントの増加を示しているが、これに対して日本の大企業の数は、1955年の169社から1984年の2,726社にまで増加し、毎年、52.2パーセントの増加を示している(3)。

　一方、後者の観点から分析すると、1985年から1990年にかけて、中国における主たる工業の最大企業8社の生産集中度の変化は第8－7表に示されている。

　第8－7表をみると、中国における主要工業の生産集中度は徐々に増加して

きてはいるけれども、その増加率はそれほど大きいものではなく、逆にある業種の生産集中度は減少してきている。たとえば、電器冷蔵庫産業の場合では、最大企業4社の生産集中度は、1983年の78パーセントから1985年には42パーセントに、そしてさらに1990年には20.4パーセントにまで減少してきている[4]。

第8-7表 中国における主たる工業の最大企業8社の生産集中度

単位：％

業　　種	1985年	1990年
食　　品	1.39	2.30
紡　　績	1.92	1.40
製　　紙	7.74	10.80
化 学 工 業	13.43	15.60
石 油 加 工	47.20	55.20
ゴ　　ム	3.70	12.70
建　　材	1.90	2.60
鉄 金 属	31.86	31.00
非 鉄 金 属	21.03	23.40
機 械 工 業	3.47	4.00
運 輸 設 備	11.17	21.00

（出所）　楊偉民著「我国工業企業規模結構的実証分析」、『工業経済』1991年第5期より作成。

　このような傾向を見るかぎり、中国における大企業の拡大化の速度は、決して速いものではないと言うことができる。
　その原因としては、主として次のような2つがあげられる。すなわち、その1つは、産権制度の欠陥による経営能力の成長の緩慢であり、もう1つは、地方における保護政策による大企業拡大化の制限である。
　④急速な市場需要の膨張
　近年来、中国における投資需要と消費需要の膨張は周知の通りであるが、この市場需要の膨張の原因としては、主として次のような2つの要因があげられる。すなわち、その1つは伝統的計画体制下での「投資飢渇」であり、これは投資需要を制御できないほどその増加を促進させるものである。

もう1つは効率約束の軟化であるが、これは賃金収入または消費需要の急速な増加をもたらすのみならず、平均主義の分配制度下では、消費需要の増加には「同期性」と「単一性」の特徴が現れてくる。

　この「同期性」と「単一性」の需要の増大は、必然的に或る商品に対する需要の急速な膨張をもたらすことになり、その結果としてあるブームの商品に対する品質要求を放棄し、相争って購買に走る状況を生み出すようになる。

　そしてさらに急速に成長、拡大した市場需要は、既存企業の緩慢な拡大とともに同時に存在することになり、これによって大きな利益空間を創造することが可能になる。

　さらにまた、この利益空間の存在は多くの小企業の進出を可能にし、その結果として、このような小企業が大量に存在する原因となっているのである。

⑤価格システムの歪みと「二重価格制」の存在

　改革・開放の当初には、中国の価格システムは歪んだ状態になっており、この歪んだ価格システムを改善するために、「二重価格制」が導入された。価格システムの歪みがあるがゆえに、産業間の収入格差は極端に大きなものとなり、その結果として各地では、ブームの状態にある産業が競って進出する状況になっているが、たとえば、近年来、出現してきた「家庭用電器産業ブーム」、「タバコ産業ブーム」および「自動車産業ブーム」などはその典型的証拠である。

　その他の影響としては、「二重価格制」の存在による小企業の急速な成長の促進もあげられよう。

　周知のように、大企業が「計画価」あるいは「平価」を、大体、執行するのに対して、小企業はほとんど「市場価」あるいは「高価」を執行するのが通例である。

　現在のところ、まだ依然として「計画価」と「市場価」との格差が大きいがゆえに、小企業は「市場価」の優勢を利用して大企業と「競争」することが可能であり、このような状況の結果として、小企業は激しい物資消耗度および想像以上の汚染度の高さや品質の低下にもかかわらず存在することが可能であり、さらに場合によっては、「小さい魚が大きい魚を食べる」という現象も出現してくるのである。

⑥不足する企業間競争と地方間の過当競争

　われわれとしては、企業間の競争が十分であるか否かを判断する基本的標準

とは、優良企業が非優良企業に対し、その「優良性」を十分に発揮できるか否かということと、「市場排除能力」であると考えている。

　前者は、市場が優良企業に対して認可程度、すなわち、その規模や市場シェアの急速な拡大を通じて表わすことが可能であり、後者は、企業の倒産件数を通じて表わすことが可能である。

　しかしながら、前述したように、中国における企業の生産集中度は、緩慢な成長あるいは低下の状態にあり、これは優良企業が非優良企業に対して、「優良性」を十分に体現していないことを証明している。すなわち、企業間の競争は十分ではないと言うことができるのである。

　一方、企業の倒産件数からみる限り、優良企業の非優良企業に対する「市場排除能力」もそれほど強いものではなく、そうであるがゆえに、物資の消耗度が高く、品質やサービスも悪い企業も存在あるいは発展することが可能なのである。

　しかしながら、企業間の不十分な競争の背後に、強い地方間の競争が隠れていることにわれわれは注意する必要がある。すなわち、各地方は投資額や生産額の面でそれぞれ順位を争うがゆえに、たとえ非優良企業であったとしても、可能な限り当該企業を保護しなければならないのである。

⑦垂直的協力の軽視

　この数年来、中央政府は規模の経済問題を重視するようになってきており、そのために企業間のさまざまな横断的連合を提唱している。

　しかしながら、現実の横断的連合の過程の中で、人・金・物の協力（連合）だけは重視しているけれども、生産・経営過程の協力は軽視している。

　これは人・金・物の協力は、基本的には水平的協力であり、しかもこの協力のために協力者の「主体」の地位を失うことがないからである。

　しかしながら、生産・経営過程の協力は垂直的協力であり、協力者はこの協力の結果として他企業の「部品」になるかもしれないのである。

　そうであるがゆえに、この水平的協力だけを重視し、垂直的協力を軽視する横断的連合も、企業の経営規模の拡大を制限する主たる原因であると言うことができる。

第3節　発展と対策

①認識の転化

中国における企業の経営規模の発展を推進するためには、次のような理念が樹立されなければならない。すなわち、①市場経済は効率を第1の準則とする経済であり、効率の追求は目標であり、それ以外の一切は手段であるということ。そしてまた、②市場経済は広く深い社会的分業と専門的生産を基礎とする経済であるということである。

しかしながら、市場経済制度下の社会的分業には、主として2種類の形態があり、その1つは水平的分業であり、異なる産業間あるいは製品間に存在し、役割を果たしており、もう1つは垂直的分業であり、これは同一産業間あるいは製品間に存在し、その役割を果たしている。

水平的分業は、各企業に異なる産業あるいは異なる製品を経営、生産させて商品生産の多様化や企業経営の専門化を促進させるものであり、一方、垂直的分業は、各企業に1つの製品を生産させる結果として、商品生産の効率化や企業経営の大規模化を促進させるものである。

水平的分業の観点から言うならば、市場経済は横の経済であり、そしてまた垂直的分業の観点から言うならば、市場経済は縦の経済でもあり、そうであるがゆえに、市場経済は水平的分業と垂直的分業、あるいは横向経済と縦向経済が同時に存在する経済であると言うことができる。

しかしながら、水平的分業（横向経済）と垂直的分業（縦向経済）は、いずれも地域間の独占の排除を要求しているのである。

要するに、市場経済の企業経営に対する基本的要求は専門化と大規模化であり、経営の専門化と大規模化こそ企業経営の効率化を実現させる基本的前提と手段なのである。

そうであるがゆえに、中国における現在の企業経営の状態に言及するならば、水平的分業と垂直的分業、横向経済と縦向経済および独占と競争との関係を的確に認識し、垂直的分業の強化や企業経営の系列化の推進、そしてさらに経営規模を拡大させ、産業の生産集中度を向上させることこそが緊急に必要であると言うことができる。

②体制の保証

前述したように、伝統的計画経済制度こそが中国における企業の経営規模に

関する小型化の体制的要因であり、したがって規模に関する不経済の問題を解決するためには、伝統的計画経済制度を改革しなければならない。

　もちろん周知のように、中国では現在、すでに伝統的計画経済制度が改革され、市場経済制度への転化が開始されていることは非常に喜ぶべきことではあるが、中国における市場経済制度の確立は、依然として未完成の状況にある。

　とくに市場経済制度の中核である企業の産権制度は根本的に改革されなければならず、産権関係の明確な企業制度が確立されるならば、企業における効率・責任約束の確定化、理性的かつ科学的な経営活動および企業の大規模経営への発展を保証できるということはすでに理論と実践によって証明されている。

　しかしながら、企業における産権制度の完善化（完成）は、企業の経営規模の問題の必然的な解決を意味するものではない。なぜならば、これだけが中国における企業の経営規模の決定要因ではないからである。

　言うまでもなく、産権制度以外の計画制度、価格システム、競争メカニズムおよび地方政府の保護主義なども企業の経営規模に影響を与えるのであり、とくに地方政府の保護主義は、中国における企業の経営規模に極めて大きな影響を与える要因である。なぜならば、たとえ企業の産権制度が完善化されたとしても、地方政府は依然として当該地方にある企業の投資や経営を優先的に保護するからであり、これは主権を有する国家の外国企業に対する姿勢と非常によく似ている。

　そうであるがゆえに、地方政府の有する「主権的地位」を取り消さなければ、統一市場や公平競争の環境は形成されることはなく、企業の大規模経営化もかなり制限されることになるのである。

　③政府の役割

　前述したように、地方における保護主義の存在は、地方政府が「主権的地位」をもっているからである。

　しかしながら、地方政府が「主権的地位」をもっているのは、当該経済、とくに直接、利潤的産業に投資する能力が存在するからであるが、この経済能力は2つの側面からもたらされるものと考えられる。すなわち、その1つは、地方政府自身が産み出すものであり、もう1つは、中央政府から与えられるものである。

　前者は、部分的企業の地方政府所有によるものであり、後者は中央政府による地方政府への地方経済（生産高、利潤など）発展の要求によるものである。

したがって、根本的に地方主義を排除するためには、地方政府の経済能力を弱化させ、その「主権的地位」を取り消し、地方政府の有する経済能力の2つの源泉を遮断しなければならない。

その措置としては、次のような2つの手段があげられよう。すなわち、その1つは徹底的に企業の産権制度を完善化させることであり、もう1つは中央政府による地方政府への地方経済発展の要求を放棄すると同時に、地方政府に与えていた経済権力を取り上げることである。

そうするならば、地方経済発展の任務は、企業の跨地域経営に依存することが可能になる。

要するに、市場経済体制下では、マクロ的には可能なる限り地方政府の経済能力を弱化させながら中央政府の経済能力を強化し、それと同時に企業の経営能力を拡大させなければならないのである。

そしてまたミクロ的には、可能なる限り中央・地方政府の「企業者の役割」を弱化させると同時に、企業の「企業者の役割」を強化させなければならない。

それ以外の政府の役割としては、次のような方向で努力するべきである。すなわち、①積極的に市場環境を整理し、競争メカニズムを完備すること。②可能な限り公益事業の分野へ投資すること。③適正に「規模障壁」を設置して重複投資を回避すること。④企業の垂直的協力と垂直的合併を促進させることである。

④企業と当該経営者の理念

前述したように、体制的要因は企業の経営規模に影響を与えるが、ミクロ的には企業や当該経営者の理念も企業の経営規模に影響を与えるのである。そうであるがゆえに、企業や当該経営者は次のような理念をもつことが必要であると考えられる。すなわち、①競争と協力はいずれも有効的経営手段であるから、有機的にそれをうまく利用すること。②企業の協力、連合あるいは合併は、誰でも回避することが不可能な永久的主題であるということ。③大規模経営化は、企業業績を向上させる有効な措置の1つであるということである。

〔註〕
(1)たとえば原興偉、劉浦泉著『中国企業的困惑和出路』、新華出版社、1990年、p.95およひ馬建堂著「中国行業集中度和行業効績」、(『管理世界』1993年第1期)を参

照。
(2) 1989年の国家計画委員会での趙世洪氏の発表によれば、中国の大部分の省・区の工業構造趨同係数は0.9以上であり、しかも時系列的にみれば、趨同係数が徐々に増加し、各地の工業構造の趨同化がますます厳しくなっていることが示されている。なお参考までに、趨同という言葉は日本語にはないが、相似の言葉としては均一或いは同質というような意味である。詳しくは趙世洪著「我国地区工業結構的趨同問題」、『浙江経済』、1989年第10期を参照して頂きたい。
(3) 池元吉、張賢淳著『日本経済』、人民出版社、1989年版、p.331および中国統計出版社、『中国統計年鑑』、各年版。
(4) 『中国工業産品経済規模』企業管理出版社、1992年版、p.331。なお、第8-7表は比較のための抜萃であり、詳細な表は省略している。

第9章　流通業の現状と流通業改革案

第1節　流通業の基本的状況

①流通業の歴史

　理論的には、流通業とは主として、商品流通事業を行なう営利的経済組織であるから、厳格に言うならば、1949年から1979年までの期間、中国には流通業は存在していなかったということになる。なぜならば、計画経済体制の下で、製品の計画的配給や無償的調達が商品流通にとって代わり、製品の配給機能は、行政分配機関によって執行されてきたからである。

　たとえば、商業局は消費財の分配や供給を担当し、物資局は生産財の分配や供給を、対外貿易局は輸出入業務を担当し、食糧局は食糧の購買や供給を、そしてさらに購買・販売組合は、農産物の購買や工業製品の部品供給を担当していたのである。

　伝統的計画経済体制の下では、以上のような行政機関が国家の計画に基づいて製品の購買や供給を担当していたが、経済的採算も重要視しなければ、営利も重要視しなかったため、流通業としては特徴づけられなかったのである。

　1979年の改革・開放以降、流通業の芽生えが、行政機構という母体から分離して、徐々にではあるが国有流通業という形態で発生し、また、それ以外にも新たな流通業が誕生したが、このような状況こそ中国における流通業の歴史の始まりであった。

　18年間にもわたる歴史的変革期の中で、中国における流通業は、次のような4つの発展段階を辿ったのである。すなわち、その第1期は、1979年から1984年にかけての段階であり、この段階では、各流通業には明確な分業と部門的所属があり、部分的商品の開放的供給が実行され、商業的経営も始まり、とくに消費財流通業の商業的経営が比較的に多くなったが、生産財流通業や対外貿易業は、相変らず政策的経営を主とし、自主権もなかったのである。

　第2期は、1984年から1988年にかけての段階であり、この期間に商業的経営による流通業がますます増加し、とりわけ非国有流通業が急速に発展し、とくに消費財流通分野では、「多経路、少段階」という体制改革が実施されたがゆえに、非国有流通業、とくに個人・私営商業の発展が大いに推進された。

　第3期は、1988年から1992年にかけての段階であり、この段階では各流通

業には明確な分業がなく、業種の横断的経営が盛んであり、生産財流通の市場化過程が速くなり、流通業の自主権が拡大され、請負経営が広く採用され、「貿易センター」、「二重制」、「国有民営」、「配送・代理」、「総合商社」、「スーパー・マーケット」および「チェーン・ストア」などが流通業改革の中心になった時期である。

第4期は、1992年から現在にかけての段階であり、この段階では各流通業が相互に激烈な競争段階に突入し、国有流通業の経営は苦しい環境に陥り、その経済効果も毎年逓減し、国内貿易部（省）所属の商業、物資、食糧および購買・販売組合のそれぞれの企業が、すべて損失を計上し、その結果として、国有流通業のシェアは下がり続けたのであった。

流通業の現代企業制度に関する改革は、試行錯誤の段階に入り、国内貿易業の対外貿易化と対外貿易業の実業化という傾向が日増しに明らかになってきているのである。

②流通業の規模と構造
 1．規模

流通業の規模は、2つの意味を含んでいる。すなわち、その1つは総規模、つまり、あらゆる流通業の総規模であり、そしてもう1つは平均規模、つまり各流通業の平均規模である。

国家統計局の統計によれば、1991年には中国全土に商業経営機構が964万ヶ所、従業員総数2,625万人、そして総売上高は9,415億元にも達しており、さらにまた、1992年の中国全土の生産財流通企業数は23,121社、従業員総数は135万人、そして総売上高は6,046億元を記録している。

平均規模から見れば、各商業企業はそれぞれ2.72人の従業員を擁し、総売上高は9.67万元、そして各生産流通企業は、それぞれ58.4人の従業員を擁し、総売上高は2,617万元となっている。

大規模流通企業の視点から見れば、中国における最大の小売商業企業は上海第一百貨店であり、1991年の総売上高は9.6億元にも達しており、そしてまた中国における最大の生産財流通企業は中国自動車貿易センターであり、1991年の総売上高は51.6億元に達し、さらにまた中国における最大の対外貿易企業は中国化学工業輸出入会社であり、1991年の輸出入総額は84億ドルに達している。

大型の流通企業のシェアから見れば、1991年の小売大手企業10社の総売上

高は57.6億元で、全国の小売総売上高の0.6パーセントを占め、また1991年の生産財流通企業大手10社の総売上高は357.6億元で、全国の生産財流通総額の3.1パーセントを占め、さらにまた1991年の対外貿易大手企業10社の輸出入総額は325.3億ドルであり、全国輸出入総額の24パーセントを占めていることがわかる。

第9-1表　**小売商業企業大手10社**（1991年）

順位	企　業　名	総売上高（億元）
1	上　海　第　一　百　貨	9.6
2	上　海　華　連	7.0
3	北　京　西　単	6.9
4	北　京　百　貨　大　楼	6.5
5	沈　陽　中　興	5.8
6	天　津　華　連	5.2
7	南　京　新　街　口	4.8
8	武　漢　商　場	4.7
9	ハ　ル　ビ　ン　第　一　百　貨	4.6
10	大　連　商　場	4.5

（出所）「中国行業－百強」、中国統計出版社、1992年版。

第9-2表　**生産財流通企業大手10社**（1991年）

順位	企　業　名	総売上高（億元）
1	中国自動車貿易センター	51.6
2	上　海　金　属　材　料　会　社	50.5
3	中国黒色金属材料会社	48.4
4	中　国　軽　工　物　資　会　社	39.8
5	中　国　機　電　設　備　会　社	38.7
6	上　海　化　工　軽　工　会　社	35.3
7	中　国　有　色　金　属　会　社	32.1
8	上　海　機　電　設　備　会　社	25.0
9	中国水利電力物資会社	18.7
10	中　国　化　工　軽　工　会　社	17.5

（出所）「中国行業－百強」、中国統計出版社、1992年版。

第9-3表 **対外貿易企業大手10社** (1991年)

順位	企　業　名	輸出入総額 (億ドル)
1	中国化工輸出入会社	84.0
2	中国糧油輸出入会社	57.9
3	中国紡績輸出入会社	33.2
4	中国五金・礦産輸出入会社	29.5
5	遼寧化工輸出入会社	26.7
6	中国土畜産輸出入会社	25.6
7	中国技術輸出入会社	24.2
8	中国電子輸出入会社	15.0
9	中国冶金輸出入会社	14.6
10	中国機械輸出入会社	14.6

(出所)「中国行業－百強」中国統計出版社、1992年版。

2．構造

　流通企業の構造は、主として3つの側面を包括していると考えられる。すなわち、1番目は、業種構造であり、2番目は、地域構造であり、そして3番目は所有制構造である。
　まず第1に、業種構造から見ると、中国の流通企業は、主として国内商業、国内物資購買・販売（生産財流通業）および対外貿易業という3つの部分から構成されている。
　売上高から言えば、国内商業が1番多く、2番目は対外貿易業であり、そして3番目は物資購買・販売業であり、また従業員の人数から言えば、国内商業、物資購買・販売業、そして対外貿易業となり、さらに企業規模や大企業のシェアから言えば、対外貿易企業の平均規模やシェアが最大であり、2番目は物資購買・販売企業であり、そして3番目は国内商業企業となっている。
　地域構造から見ると、各種流通企業のほとんどが東部地域に集中している。たとえば、広東、江蘇、山東、四川、遼寧、浙江、河南、河北、湖北および上海は、社会商品の総小売高が1番多い地域であり、1991年の総小売高は5,480.12億元に達し、全国総小売高の58.2パーセントを占めたのであった。
　また四川、山東、広東、浙江、江蘇、河南および河北などの省は、小売商業企業が1番多い地域であり、1991年には小売商業機構が467.1万ヶ所あり、

全国小売商業機構の51パーセントを占め、さらに江蘇、浙江、上海、山東、広東および遼寧は、物資（生産財）販売額が1番多い地域であり、1992年の物資購買・販売企業の実質売上高は3,275.9億元に達し、全国物資購買・販売額の54.2パーセントを占めたのであった。

そしてまた浙江、江蘇、遼寧、山東、湖北、四川、広東、河南および湖南などの省は、物資購買・販売企業が1番多く、1992年には物資購買・販売企業が13,124社もあり、全国物資購買・販売企業の56.8パーセントを占めたのであった。

所有制構造から見ると、物資購買・販売企業の中で全人民所有制企業は83.9パーセントを占め、集団所有制企業は15.4パーセント、そしてそれら以外の所有制企業は0.7パーセントを占めている。

また小売業の中で、全人民所有制企業は4.7パーセント、集団所有制企業は14.1パーセント、そして個人・私営企業は81.2パーセントを占めている。

③流通業の経営

　1．企業形態

現在、中国における流通企業には、おおよそ以下のような企業形態がある。すなわち、その1つは伝統的国有企業であり、ほとんどの物資購買・販売企業や対外貿易企業および部分的大型小売商業企業は、伝統的国有企業形態を採用しているが、説明するまでもなく、企業の財産権主体は、国家あるいは政府主管部門に一体化されているのである。

もう1つは伝統的集団所有制企業であり、このような形態の企業は、主として物資購買・販売企業や小売商業にみうけられるが、対外貿易企業には多くない。

3つ目は、個人・私営企業であり、このような形態の企業は主として小売商業にみうけられる。

そして4つ目は、現代会社制度の企業であり、株式会社や有限会社が含まれているが、このような形態の企業の数は、現状では少数であり、そのほとんどが試行錯誤の段階に置かれており、その中で株式会社はおよそ500社で、さらにその中で上場会社はわずか40社しかない。

　2．経営方式

個人・私営流通企業のほとんどは家族式経営であるが、国有や集団流通企業は、主として請負経営あるいは賃借経営であり、そしてそのほとんどが請負経

営であるが、請負経営には主として2つの形式がある。すなわち、その1つは全員請負であり、もう1つは個人請負である。

全員請負経営は、物資購買・販売企業や対外貿易企業に比較的に普及しているが、個人請負経営は、主として小売商業企業、とくに中・小型の小売商業企業に採用されている。

　3．マーケティングの手段

近年来、数多くの流通企業は、激しい市場競争に直面しており、マーケティング手段の革新に十分留意してきつつある。たとえば、「有償販売」、「10パーセントの利益率」、「倉庫販売」、「訪問販売」、「郵送販売」、「スーパー・マーケット」、「チェーン・ストア」、「先物取引」、「配送・代理」、「ビジネス文化」および「CI企画」などのマーケティング手段や取引方式は、絶えず流通企業に採用・普及してきているが、これらのマーケティング手段の採用がある程度、中国における流通企業経営の進化を促進させてきたことは事実である。

　第2節　流通企業の問題点

①国有流通業の曖昧な産権関係

現在の状況から見ると、国有流通企業は、商品流通の過程の中で重要な地位を占めてきており、商品流通の主たる活力源であると言えよう。

とくに対外貿易業や物資購買・販売業の中では、国有流通企業が著しい優勢を示しており、したがって、国有流通企業の経営状況の趨勢は、商品流通産業の発展に直接的影響を与えるのである。

しかしながら、国有流通企業にかかわる今日の顕著な問題は、財産権関係の不透明なところにあり、国有流通企業の有効経営を強く制限しているのである。

国有流通企業の財産権関係の不透明さは、主として次のような側面に現れているのである。すなわち、第1に、所有者機能の分散化があげられる。つまり、いかなる部門も完全な所有者機能を持っていないため、どの部門も国有資産の経営に対して責任を負うことができないのである。たとえば、計画部門は投資権を、財政・税務部門は収益権を、行政管理部門は経営者の委任権を、そして家屋不動産部門は流通企業の部分的家屋産権を持っているのである。

第2に、所有者機能の行政化があげられる。たとえば、政府部門は所有者の身分をもって国有企業に市場物価の安定、供給の保障、工・農業生産の支持および就業の処置などの責任を負担させて政府と企業の一体化を指導し、企業の

営利的目標の実現を妨げているのである。

第3に、産権の区別の曖昧化があげられる。すなわち、長期間にわたって、国有流通企業はわずかな経営権しか所有せず、法人財産権も所有することがなかったがゆえに、企業の国有資産とその他の国有の財産との区別がはっきりしないまま、気軽に企業財産を流用し、企業の正常な経営を妨げているのである。

②流通業の組織化レベルの低下

産業組織論から言えば、組織化レベルとは、一般的に業種の集中度、つまり、ある産業（業種）の大手企業のシェアを意味している。

一般的に言えば、組織化レベルが高ければ高いほど規模の経済効果は良いわけであり、この意味では、現代の市場経済にとって必要な市場構造とは、完全競争の「原子型」市場構造ではなく、適切な独占的市場構造であると言える。

この適切な独占的市場構造は、大企業あるいは大型の企業グループの存在を前提としているのであり、したがって、適切に企業の組織化レベルを向上させることは、現代市場経済の必然的な要請であると言っても過言ではなかろう。

事実、市場経済下にある先進国では、前述した理論のための十分な経験的証拠が多数提供されているのである。たとえば、日本の場合、210万社の流通企業が存在しているが、その中で総合商社9社の輸出額は、日本の輸出総額の40パーセント以上を占め、さらにその中で総合商社6社の鋼材取引量は日本の鉄鋼生産高の65パーセントを占めているのである。

また、韓国のケースでは、80万社の流通企業が存在しているが、その中で総合商社8社の輸出額は韓国の総輸出額の50パーセント以上を占めているのである。

一方、中国では、現在1,000万社の流通企業が存在しているが、大型の流通企業のシェアは相当に低く、たとえば1991年の小売商業上位10社の小売高は、全国総小売高のわずか0.6パーセントしか占めておらず、また生産財流通企業の上位10社の売上高は、全国の3.1パーセント、そして対外貿易企業の上位10社の売上高は、全国の24パーセントを占めているに過ぎないのである。

さらに、大企業の規模から見ると、日本の大型流通企業の年商は、1,000億ドル以上であるのに対して、中国の大型流通企業の年商は100億ドルに過ぎず、その格差は10倍近くにまでなっており、そうであるがゆえに、中国における流通企業の組織化レベルがいかに低いかということが明白になるのである。

もちろん、中国における流通企業の組織化レベル低下の原因としてはさまざ

まな要素が考えられるけれども、その最も基本的な要素としては次の2つがあげられよう。すなわち、その1つは、計画経済の遺産である。つまり、計画経済体制の下で、中国における流通企業は、行政地域によって設立されたものであるがゆえに、その業種分業と地域分業が明らかであり、業種にまたがる経営（多角化経営）もできなければ、地域にまたがる経営も不可能であり、その結果として、企業規模の拡大を制限するようになったのである。

もう1つは、地方保護主義である。すなわち、今日まで地方保護主義は相当に厳重であり、市場経済の垂直分業や企業規模の拡大を妨げてきたのである。

③経済効果の低下

近年来、流通企業、とくに国有流通企業の利益の減少あるいは欠損という状況は、ごく普通のことであり、大きな問題になってきている。

1993年以降、国内貿易部（省）所属の商業、物資、食糧および購買・販売組合という4つの業種は、例外なく赤字であり、たとえ対外貿易企業でも、経営困難に陥っている状況が報告されている。

しかしながら、各種流通企業の欠損・減益の原因はそれぞれ異なっている。たとえば、商業企業のケースでは、欠損のほとんどは卸売企業であり、流通体制改革の深化、とくに企業自主権の拡大に伴って伝統的卸売システムが打破され、生産企業の自己販売や小売企業の生産企業からの直接的購買の比率が増えつつあるがゆえに、伝統的卸売企業の経営を減少させるようになってきたのである。

それ以外の原因としては、多くの国有小売企業が、個人・私営商業からのショックに直面し、已むを得ず一部の市場を放棄したからである。

物資企業（生産財流通企業）のケースでは、減益・欠損の主たる原因としては、投機の失敗があげられる。

より具体的に言うならば、次のような3つの側面に現れている。すなわち、その1つは、家屋不動産への過大な投資であり、2つ目は先物取引の失敗であり、そして3つ目は過大な在庫物資である。

食糧企業のケースでは、減益・欠損の主たる原因としては、政策的経営による購買・販売の価格逆転があげられる。すなわち、政府は食料品の安定的供給や農家の利益保護のため、已むを得ず価格逆転という政策を採用し、食糧企業の減益・欠損を招来させたのである。

対外貿易企業のケースでは、減益・欠損の直接的原因としては、「三資企業」

や「非外資企業」の自営輸出入業務の拡大および輸出入競争の激化があげられる。

当然のことではあるが、対外貿易体制の改革が、ある程度、対外貿易企業の経営コストを増加させたことは事実である。

最後に、商品流通分野では、購買・販売組合の減益・欠損が最も深刻であり、その再建は極めて困難である。なぜならば、農村の個人・私営経済の発展および都市流通企業の農村市場への進出は、県レベル以下の末端の購買・販売組合の経営に対して大きなショックを与え、市場の分割や競争の激化という状況の下で、末端の数多くの購買・販売組合は有名無実化されつつあるからである。

④工・商の矛盾

伝統的体制の下で工（業）・商（業）の分業は政府によって決定され、工・商関係も政府の行政的権威によって維持されてきたのである。すなわち、工業は生産を、商業は販売（流通）を担当し、その分業は明らかなものであった。

政府の指令という執行から見ると、工・商の矛盾は存在していなかったのである。

しかしながら、企業改革の深化、とくに企業自主権の拡大に伴って、工業企業は商品の販売権を、商業企業は独立した経営権を有するようになってきたのである。

このようにして、市場経済の初期段階では、工・商矛盾が生じ易くなってきたが、この工・商の矛盾の主たる現象は次の通りであると考える。すなわち、その1つはミクロから見た矛盾である。つまり、生産企業は、自己販売に夢中になるのに対して、商業企業は取り次ぎ販売あるいは代理を期待するのである。

もう1つは、マクロから見た矛盾である。つまり、工業部門は、「生産・購買・販売の一体化」を主張するのに対して、流通部門は「流通の専門化と社会化」を強調するのである。

現実からみると、工・商の矛盾は、工・商間の相互不信と相互排斥をもたらし、工・商の分業を破壊し、生産と流通の効率を低下させるようになるのである。

工・商矛盾の原因としては、主として次のような3つの側面があると考えている。すなわち、①売手市場の存在、②工・商利益の差別、そして③企業経営行動の無規範化などである。

第1に、中国における経済体制改革は、売手市場という背景の下で実施され

たということである。

　売手市場の場合、生産企業は販売圧力に欠け、流通企業への依存性の低下をもたらし、しかも経済体制改革は、その依存性の低下に十分な支持を獲得させたのである。換言すれば、生産企業は販売自主権を持つようになったのである。

　第2に、改革初期の政府による工・商企業に対する販売価格への制限のアンバランスが存在したということである。すなわち、工業企業に対する販売価格への制限が厳しかったのに比して、流通企業に対する販売価格への制限はそれほど厳しくなく、その結果として、流通企業の方が比較的多くの価格差による収入を獲得し、工・商利益の差別をもたらしたのであった。

　もちろん、工業企業は、流通企業のように同一の「平均利益」を獲得できない場合、「異端者」を排除する動機や希望を生み出すこととなり、この場合、自己販売を拡大することが工業企業の必然的な選択になることは言うまでもない。

　第3に、現実的側面から見ると、中国における大部分の流通企業にとっては、厳重な「官商」の慣習が残され、サービス精神にも欠けるため、自己のイメージや信用を確立し難く、さらにまた工業企業からの信頼も獲得し難いという状況が存在するのである。

　その一方で、一部の流通企業の実力の薄弱さ、不信感および短期的行動などが工・商矛盾を招来した重要な原因でもあるということも言えるであろう。

　⑤流通秩序の混乱

　「全人民商売」とでも言うべき嵐に直面したショックの中で、流通秩序の混乱は不可避的でかつまた必然的なものであった。

　緩慢な政策やゆるやかな規則のゆえに、流通分野には基本的に進出障壁がなくなり、いかなる個人であろうが組織であろうが、商品流通に従事することが可能であり、さらに加えて商品流通分野では、闇投機取引、劣悪コピー商品、取引詐欺および脱税などの不正経営行動が日常茶飯事になっている感さえあるのである。

　また一部の個人・私営流通主体は、基本的商業道徳にも欠け、国家や消費者の利益に損害をもたらし、さらに加えて一部の国有企業や集団流通企業の経営者達は、一方的に経済的利益のみを追求し、公の利益に損害を与えて私腹を肥やし、流通秩序を破壊する主要なメンバーにさえなっているのである。

　中国における企業経営は、新・旧体制転換の進化過程の中に置かれており、

多くの流通企業やその経営者達は、主観的には文明的経営を望みながらも、必要とされる経験や知識の蓄積に欠けるため、経営者としての品位の低下や経営方式の立ち遅れを招来してきたのである。

このような意味では、中国における流通分野の秩序の混乱は、経営的進化の具現化の1つであるとも言えよう。

⑥緩慢な対外開放

現在までに、中国における「三資企業」は20.6万社が登録されているが、商品流通事業に専門的に従事している三資企業は非常に少なく、したがって、他の産業と比較すると、商品流通分野における対外開放は緩慢であると言うことができよう。

三資企業の設立は、海外の資金や技術のみならず、海外の先進的管理技法や経営思想の導入も可能にするものであり、経済の発展に伴って管理技法や経営思想が、企業経営の成功を決定する肝要な要素となることは経験的にも証明されている。

したがって、中国にとって三資企業の役割は、資金・技術の導入のみならず、管理技法や経営思想のお手本となって現れてくることなのである。

客観的に言うならば、近年来、中国における企業経営の発展、とくに管理技法、経営思想および従業員の価値観の更新は、お手本としての三資企業の役割に大きく依存してきていることは言うまでもない。

このような意味では、流通分野における三資企業の欠如は、流通分野における対外開放の緩慢さの直接的表現のみならず、流通企業における緩慢な経営的進化の重要な原因でもあるのである。

第3節　流通業改革案

中国における流通企業の直面する前述したいくつかの諸問題を少しでも解決するためには、以下のような改革を思い切って断行するべきであると考える。

①国有流通企業の産権改革の加速化

流通企業の直面するさまざまな困難については、多方面から分析・判断し、問題の解決策を探求することが可能であるが、どうしても避けられない基本的問題は、企業の産権改革であると考える。

産権制度の改革こそ本格的市場主体を創造し、さらに一層の有効的経営に前提を提供することができるのである。

ところで、国有流通企業の産権改革については、2つの問題を解決する必要があると考える。すなわち、その1つは、出資者の所有権の明確化であり、もう1つは法人財産権の整備である。
　そもそも、産権とは、このような2つの権利を指しているのである。
　しかしながら、法人財産権は、出資者所有権から派生した権利であるが、出資者所有権は産権制度の基礎であり、出資者の所有権がなければ、法人財産権も存在不可能であり、したがって産権改革の鍵は、出資者所有権の明確化であることが理解できる。すなわち、出資者所有権が明確になっているかどうかが産権改革の基本的標識となる。
　このような意味から、出資者所有権を回避しようとする一切の改革は、いずれも産権改革ではなく、少なくとも完全な産権改革とは言えないであろう。
　出資者所有権の改革については、おおよそ3つの構想が考えられる。すなわち、その1つは、1つ或いはいくつかの政府部門を出資者の所有権主体とすることであり、2つ目は、改めて国有資産の経営会社を設立することであり、そして3つ目は、民営化である。
　以上のような3つの方策の中で、本質的には、第1と第2の方策は同一である。なぜならば、元の国有の性質を堅持しているからである。しかしながら、第3の方策は非国有である。なぜならば、非国家（非政府）という出資者所有権主体を創造するからである。
　もちろん、出資者所有権を明確にする意味から言えば、以上のような3つの方策は、いずれもその目的を達成することは可能であるが、全世界レベルでの産権改革の任務は、出資者所有権主体を明確化することだけではないのである。
　そのようなことよりも更に一層重要なことは、いかなる出資者所有権主体が企業の有効的経営に有利なのかということなのである。
　理論的にも実践的にも、厳しい制約を受ける出資者所有権主体こそ、企業経営の有効的運営を保証できることが証明されている。
　さらに、厳しい制約を受ける出資者所有権主体は、次のような2つの条件のうち1つを有しなければならない。すなわち、その1つは、出資者所有権主体は出資者そのものであり、もう1つは、出資者所有権主体は、直接的出資者ではなくてもよいけれども、出資者から厳しい制約を受けなければならないということである。
　このような立場から見ると、前述した第3の方策、つまり民営化の産権改革

は、厳しい制約を受ける出資者所有権主体の第1条件は、満たすことができる。

しかしながら、第1と第2の方策の産権改革が、厳しい制約を受ける出資者所有権主体の第2条件を満たしているかどうかは、具体的な制度、とくに出資者所有権主体の人格化の代表に対する制約システムのプランニングによって決められるのである。

ところで、政府部門の人格化の代表にせよ、国有資産経営会社の人格化の代表にせよ、それらは出資者（国家）から厳しい制約を受けてこそ、まさに出資者を代表して所有者としての機能を執行できるのである。

ただし、実際、出資者の人格化の代表に、出資者による厳しい制約を受けさせるというシステムのプランニングは不可能であり、さらに加えて管理・監督は、高コストを代償とする。

したがって、このようなシステムのプランニングが果たして経済的なのかどうかには甚だ疑問が残るのである。

しかしながら、中国における経済、政治および文化などの現実から見れば、全面的に第3の方策（民営化の方策）を選択して流通企業を改革することは、高コストを伴い、したがって、現実の選択としては、類別して改革する必要があると考える。すなわち、少数の大型流通企業については、第1の方策を選択し、多数の中・小型の流通企業については、第3の方策を選択するべきであるが、その一方で、第2の方策については、それを選択するべきではないと考えている。なぜならば、第2の方策と第1の方策には、本質的な区別はなく、既存の政府部門が存在するという前提では、再び新しいシステムを創造することは不経済的だからである。

②流通企業の組織化レベルの向上

前述したように、流通企業の組織化レベルの低下は、企業規模の小型化や過当競争を招来し、規模の経済を実現不可能にしてきている。

流通企業の組織化レベルの低下を解決するためには、次のような3つの方法が考えられる。すなわち、1番目は流通企業グループの発展であり、2番目は、チェーン・ストア的経営の展開であり、3番目は、総合商社の育成である。

近年来、流通企業集団は、ある程度までに発展してきており、現在、商業、物資（生産財）流通業、対外貿易業、食糧業および購買・販売組合などの流通部門は、それぞれが企業グループを設立してきている。

しかしながら、現在の流通企業グループに存在している主要な問題は、多く

の流通企業グループが行政的手段で設立され、その結果として過去の行政管理機関の「看板取り替え会社」になっているということであり、同一メンバーの他企業と競争したり、さらにまた、グループの優位性や役割を演じることが不可能な状況になっているということである。

　このような問題を解決するためには、流通企業グループは、次のような2つの方向で発展するべきであると考える。すなわち、その1つは、資産を紐帯とする持株的グループ、つまり緊密型のグループであり、この方式のグループに参加する同一メンバーの企業経営は、高度の統一性をもつべきであると考える。

　もう1つは、懇親会方式の弛緩型グループであり、この方式のグループのメンバー企業は、それぞれ独立して経営され、必要時にのみ懇親会あるいは社長会という方式を通じて、特定の問題に関係する協調・統一を実行するのである。

　次に、第2番目のチェーン・ストア的経営は、量産理論の社会化であり、規模の経済理論の流通企業における具体的応用である。

　現在、全国的には、チェーン・ストア会社は650社、チェーン・ストアとしての店舗は9,000ヶ所、そして年間総売上高は100億元にまで達している。

　ここでとくに強調すべき点は、チェーン・ストア的経営が消費財流通業、飲食業のみならず、物資（生産財）流通業および対外貿易業にまで適応できることであり、したがって、中国におけるチェーン・ストア的経営の経験を総括した後に、さらにチェーン・ストア的経営の範囲を拡大するべきであると考える。

　言うまでもなく、チェーン・ストア的経営のスタイルはさまざまであるが、一般的には、レギュラー・チェーン、ボランタリー・チェーンおよびフランチャイズ・チェーンの3種類に分けられている。

　中国におけるチェーン・ストアの実践から見た場合、次のような問題の解決に努力するべきであると考える。

　まず第1に、チェーン・ストアの店舗数を拡大することである。

　海外のチェーン・ストアの経験によれば、店舗数が少なければ規模の経済を実現させることができない。

　現在、最低の店舗数（11ヶ所）あるいは最低店舗数以下しか有していないチェーン・ストア会社は少ない状況ではなく、その結果として、チェーン・ストアとしての役割を演じることができないのである。

　第2に、必要とされる法律や政策によって地方保護主義を排除することである。

第9章　流通業の現状と流通業改革案

　ここ数年来、地方保護主義はかなり強固であるだけではなく一般的でもあり、流通分野のみならず、生産・分配などの分野にも存在している。
　地方保護主義は、すでにもう社会主義市場経済にとって大きな阻害要因となっているので、その排除に強い力を発揮させなければならない。
　第3に、重要な商業都市における商業家屋・不動産に対する政策や企画は、統一されたものでなければならない。
　それが実現できれば、チェーン・ストアの発展を保証することが可能になるのである。
　第4に、チェーン・ストア的経営の知識や規則の学習と普及を促進させ、その規範の経営を保証する必要がある。
　最後に第3番目の方法であるが、総合商社は、現在の大流通、大貿易の必然的産物であり、多くの先進国の経験によれば、総合商社は貿易、金融、情報、産業組織および開発的機能を有し、国内・外の商品流通や産業投資に大きな役割を果たしてきている。
　日本や韓国における総合商社の実質貿易額は、それぞれの国の貿易総額全体の40パーセントから50パーセント以上を占めており、そうであるがゆえに、総合商社は、流通企業グループと巨大流通の重要な組織形態でもある。
　中国では、90年代より商業、物資、対外貿易および購買・販売組合業などで総合商社の実験が実施され、初歩的成績を残している。
　しかしながら、中国における多くの「総合商社」は、まだ依然として総合商社の基本的機能を有しておらず、ただ総合商社の雛型の状態に止まっているに過ぎないのである。
　総合商社の発生や発展の歴史から見れば、総合商社としての重要な条件の1つは、金融的支援である。
　この金融的支援は、政府からの金融的支援ではないので、政府からの金融的支援による総合商社の発展は不可能である。
　外国の経験によれば、総合商社に対する金融的支援は、基本的には2つの側面から構成されている。すなわち、その1つは、商社自身がもっている金融的機能であり、それは商社の資金力により決定される。
　もう1つは、外部の金融機関からの金融的支援であり、これは商社に対して協力銀行からの支援があるかどうかによって決定される。
　このような意味から言えば、中国における総合商社の実験は、内部金融と外

部金融機関の参加（協力）がなければ、決して成功は不可能であると考えられる。

さらに、総合商社としてのもう1つの重要な条件は、十分な商権、つまり商品貿易権である。

外国の経験によれば、総合商社の商権は、政府から与えられるものではなく、次のような3つのルートを通じて獲得されることが一般的である。すなわち、第1番目は、商社からのメーカーへの投資であり、第2番目は、商社からメーカーへのサービスであり、そして第3番目は、商社の特定産業グループへの所属である。

言うまでもなく、十分な商権がない場合、総合商社の発展は不可能であり、そうであるがゆえに、中国における総合商社の発展には、まず金融的支援と商権問題を解決しなければならないのである。

③工・商関係の改善と新たな流通方式の発展

現在、実行されている「代理商制度」は、工商関係を改善する有効なルートであると言えよう。

代理方式から見れば、コミッションによる代理もあれば、代理権による代理もあるが、外国における代理の実践から見れば、多くの代理は代理権による代理であることがわかる。

実際、代理権による代理も売買的経営であるから、「代理商制度」と伝統的取り次ぎ販売制度との区別は、売買的経営であるかどうかということではなく、工・商関係の相違によるのである。すなわち、「代理商制度」は、工・商の共同協定によって価格、マーケティングおよび利益の配分が決められる協力的販売方式である。

したがって、このような代理制度は、工・商間の協力関係の密接度とか、伝統的取り次ぎ販売制度による工・商矛盾の克服などに有利である。

代理制度に関するその中核的問題は、代理商の選択、代理関係の確立および代理協議の遵守などであり、その中では多くの法律問題が絡んでいる。

そうであるがゆえに、「代理商制度」の実行は、良好な商法環境の支援を必要としており、そのためにこそ「代理商制度」に関する法律制度の整備がどうしても必要なのである。

配送は新しい流通方式でもあり、それは在庫の減少、流通の加速および物流コストの節約などの利点をもっているがゆえに、早くから多くの先進国で普及

している。
　中国では、90年代の初めから物資企業[1]で配送制度の試行錯誤が実施され、1992年までに全国の約40の省・市および「計画単列市」[2]で、それぞれ異なるレベルの物資配送が展開され、その中で、配送協議を調印した生産企業は1,000社以上、配送物資は100種以上、そして配送金額は、120億元以上にも達したのであった。
　関係部門の計算によれば、配送を実行している生産企業では、物資の在庫は、25パーセントから70パーセントも減少し、しかも物資企業の1元の配送資金は、生産企業の3.27元の流動資金を節約することを可能にし、そこでは配送の経済的効果がいかに顕著なものであるかが示されているのである。
　このような点のみならず、配送制度は、工・商間の長期的協力関係の安定度や規模の経済の向上などにも有利であり、したがって、配送制度は、工・商関係を改善させ、流通経済効率を向上させる重要な措置でもある。
　そうであるがゆえに、他の改革と同様に、配送制度の整備や推進を軽視してはならないと考える。
　④流通秩序の整理と流通環境の浄化
　流通秩序の整理に関しては、大雑把に言うと2つの手段に分けられると考える。すなわち、その1つは、他律、つまり政府による流通への規制であり、もう1つは、自律、つまり流通主体自身による規制である。
　他律的観点からは、法制を中核とし、必要な行政的規制を補完とすることである。
　そのための流通に関する立法を整備し、流通の司法を厳格にすると同時に、科学的かつ権威的行政規制システムを設立・整備することこそ流通管理の永遠の課題である。
　自律的観点からは、流通主体の自己制限（規制）を中核とし、必要な業界の自律を補完とすることである。
　ところで、流通主体の自己規制は、主として流通主体の経営行動や合理化や経営品位の向上によって決定されるが、流通主体の道徳的進歩、公衆意識および社会的責任感は、経営行動の合理化や経営品位の向上にとって基本的前提である。
　そうであるがゆえに、企業文化の建設を強化させ、企業、とくに企業経営者の文化的素質を向上させることが、流通主体の自律性を強化させる根本的保証

ともなる。
　流通主体の自律性のもう1つの形式は、業界の自律性である。
　業界の自律とは、さまざまな民間商業組織あるいは社会組織のメンバーへの規制である。
　外国の経験から見れば、業界の自律は、経済管理の有効な手段である。
　これは業界自律の主体である業界協会あるいは商会の機能が、メンバーに対する規制および競争秩序の規範のみならず、メンバーのためにさまざまなサービスを提供し、業界間あるいは企業間の矛盾や衝突を協調・解決し、さまざまな情報を提供し、企業を代表して政府部門へ意見や提案を伝え、良い経営環境を創造することだからである。
　したがって、業界自律は、政府の経済管理の意図を実現させ、政府の管理コストを節約することができるだけでなく、企業の需要を満足させ、企業の共同的利益を保護することが可能なのである。
　中国における流通企業の現状から見れば、各種の流通企業協会の組織を回復・設立させ、協会に法律・制度を設立し、協会の運行メカニズムを整備するべきであると考える。
　それらが実現してこそ、中国における流通分野の業界自律を整備し、流通秩序の整理や流通環境浄化という目的を実現することができるのである。
　しかしながら、流通業協会の回復・設立は、決して学会のような看板取り替えのルートを選択してはならない。なぜならば、伝統的学会は、ほとんどが行政的独占であり、完全に政府に従属し、業界自律組織の機能をもっていないからである。
　⑤流通分野における対外開放の拡大
　これまで、流通分野の対外開放は、中国経済改革の1つの薄弱な環節であり、そうであるがゆえに、小売業の中・外合資という改革的実験の実施や、さらにそれ以外の部門でも流通分野の対外開放を拡大するべきであると考える。
　より具体的には、外国資本の生産財流通や対外貿易などの分野への進出、国内流通企業の海外への進出、および海外の先進的流通経営管理方法や先進的流通方式の導入などがそうである。
　とくにチェーン・ストア、配送、代理および総合商社に関する改革は、これまで以上に、一層、先進国の経験を参考にするべきであり、そうしてこそ錯誤や「学費」を減少させることが可能になるのである。

第9章 流通業の現状と流通業改革案　　231

〔註〕
(1)中国では、物資企業とは、専門的に生産財流通を経営する流通企業である。
(2)計画単列市とは、計画が独立した都市であり、経済面では、計画単列市は省レベルに相当する。

参考文献
〔1〕「中国生産資料市場統計年鑑」中国統計出版社、1993年版。
〔2〕「中国行業－百強」、中国統計出版社、1993年版。
〔3〕国内貿易部編「企業改革的回顧与展望」、1994.11.14。
〔4〕国内貿易部編「关于日本、韓国綜合商社的考察報告」、1994.11.2。
〔5〕向下日著『在新形勢下要重視発展物資配送』、「中国物資経済」、1994年第9期。
〔6〕宋　則著『価格模式転換与市場秩序的規範化』、「財貿経済」、1994年第10期。
〔7〕張皓若著『認清形勢深化改革、进一歩促進物資流通産業的発展』、「中国物資経済」、1994年第10期。
〔8〕陳乃道著『産権制度改革与市場経済運行』、「財貿経済」、1994年第3期。
〔9〕于立新著『深化外貿体制改革的几点思考』、「財貿経済」、1994年第12期。
〔10〕夏春玉著『提高流通企業的組織化程度』、「中国物資報」、1995.10.5。

第4部　中日関係論

第10章　近代科学技術と経済との関係からみた中日比較研究

第1節　問題意識と研究方法

①問題意識

　環境と科学、環境と経済、環境と生物および環境と地理等々、環境は社会科学のみならず自然科学や人文科学との関係が密接であり、歴史的にみて環境と人間との関係は、有史以来、強く意識されるか否かを問わず現在まで複雑に絡み合ってさまざまな問題の中心に必ず位置している。すなわち、換言すれば、人間の歴史は環境との関係の歴史であったと言うこともできる。

　4大文明の1発祥地であり、世界に先駆けて数多くの科学技術を生み出した中国がなぜ現在、開発途上国なのかを環境との関連より究明し、2001年12月にWTOへの加盟が実現したことにより国際的標準に段階的に中国の標準を合致させざるを得なくなり、また2008年にはオリンピックの開催が待ち構えている中国にとって離陸のためのさらなる飛躍を実現させる改革のポイントは何なのかを、科学技術との関係を分析の中心に置きながら、中日の比較をも取り入れて中国の今後の経済発展戦略のキーポイントを考察してみる。

②選題の意義

　年9％台の経済成長を中国は継続中であるけれども、その原動力となっている輸出の担い手（輸出総額に占める外資系企業の製品の輸出額は、95年には31.5％を記録し、2001年上半期には50％を突破している[1]）は外資系企業であり、さらにWTOへの加盟を契機として製造業のみならず、サービス業への外資に対する参入条件も緩和されつつあり、中国は世界の工場から世界の市場へとさらに変化しようとしている。

　この外資系企業と対抗し、追いつき肩を並べるようになるには、一部に出現しつつある「競争上崗」とか「馬上行動」の広がりであり、本章はその広がり

や、中国以外の開発途上国に対する大きな契機を与えることになると確信している。

③研究の考え方と方法

　１．対中国認識の欠如

本研究の出発点は、きわめて単純である。

それは中国に関わるあらゆる問題（これを以下、『中国問題』と呼ぶ）に対して、世界中の多くの研究者が今日に到るまで数多くの分析を残してはいるが、それらを読み進んでいく過程でいくつかの一致した共通点に気がついたのである。

それらの共通点とは、①なるほどさまざまな角度から議論がなされてはいるものの、場合によってはしばしば同一の論者でありながらも同一であるべき結論が致命的に変化しているということ、②結局、よく解らない国として処理されているということ、③ you attitude の視点にきわめて欠けているということである。

具体的にみていくと、①の点で、たとえば日本人の中国研究者は、中国の政治家の談話がなぜ出てくるのかをつき離して考えずに、談話を事実として錯覚する傾向があったように感じられる部分が多い。

その結果として、いくつかの談話をつなぎ合わせて歴史を叙述することが平然と行われるようになる(2)。

野村氏が、「たしかに、心情的アジア観、中国に対する心情的親近感は、われわれにおいて潜在的に有力である。日本において、中国問題に関し最も幅広い結集軸を提供するものは、やはりこうした意識であり、感情であるだろう。それは保守党から革新側まですべてを含みうるものであり、かつ現実に機能しているものである。…だがわれわれは、こうした遺産を継承しつつも、同時にそれを組みかえ、現代中国を世界の中に定置し、それに対してわれわれ自身の意味づけを附与していかなければならない。それはわれわれにとっての『中国問題』を過去の心情的アジア観にのみ収斂させ、回帰させてしまわないための最も意識的な試みであり、またわれわれ自らの中国観を作り上げていくための意識的な試みでもある(3)」、と新しい対中国認識を示しながらも、別の機会に、文革後の約３週間の初めての訪中（傍点は筆者）の印象として、文革が王朝権力の近代的変容をあらためて否定し、人民権力の基礎をさらに打ち固めようとするものであり、ひとまずほぼ完全に成功しつつあると述べている(4)ところ

あたりにも類似の問題点が潜んでいるように思われる。

　1840年のアヘン戦争を契機として、第2次世界大戦が終わる1945年まで、中国は100年以上もの長期間、半植民地経済体制の下に置かれた（45年から新中国建国までの4年間は共産党と国民党の内戦があり、これを加えると国内争乱の実質的期間は109年間ということになる）。

　魯迅の言う「一粒の砂」の有する宿命かも知れないが、ここで見逃してはならない重大な事実は、100年以上にもわたって国内が異常な争乱の状況に果てしなく置かれていたということである。

　「トラウマ」を回復させるには、最低でもそれに費やした年月以上もの期間が必要であると言われているが、最短の治療期間で考えても回復するのは2058年ということになり、現在（2005年）から数えても53年後ということになる。そしてさらに、文革の「10年間」（これは中国政府発表の10年間であり、実際はそれ以上であったのではないかと私は考えている）もそれに加えるならば（私は当然、加えられるべき「トラウマ」であると思うが）、2068年ということになる。

　いずれにせよ、ここで主張したいことは、10年以上もの長い期間にわたって続いた「文革」の評価は、最低でも10年以上、より慎重にやるならば（そうするべきものと私は考えているが）、40年や50年以上もの歳月が必要であるにもかかわらず、前述したように短絡的に結論を出す傾向が強く、そうであるがゆえに、主張を何度も変えざるを得なくなってくるのである。

　たとえば、貝塚氏はつぎのように述べている。すなわち、「歴史家は、沈黙からの論証（傍点は筆者）を避けねばならぬということがある。それはある歴史的事件、歴史的現象についての記事が、その時代の記録などに現われないこと、つまり史料がそのことについて沈黙していたからといって、直ちにそのことが歴史で現実におこらなかったと推論してはならないということである。史料が沈黙していることは、そのことが実際おこらなかったことにたいする消極的な証拠でしかない。そのことが実際おこらなかったという積極的な証拠が上がらない以上、歴史家は単にそれはおこらなかったろうと想像するにとどめねばならない[5]」と。

　バターフィールドも、「実は、いままでの表向きの中国なるものは、2、3週間、中国を訪ねて大急ぎで書いた西欧人の記述によって私は知ったものだった。中国訪問の外国人向きに用意された、いわば官製の旅行案内用に供される

いくつかの都市や、人民公社の目に見えないような点線の上を旅行しただけで、彼らは帰国後、口を揃えて、中国には犯罪もインフレも失業もなくなったと説いた(6)」と指摘しているが、このような専門家の主張としては短絡的であり、慎重さを欠いた発言は、革命・開放政策以降、少なくなりつつあることも指摘しておく必要があるけれども、いずれにせよ、最も重要なことは正しく知ろうとする努力(7)であり、地道かつ慎重な態度であることは言うまでもなかろう。

　さらに加えて、つぎに中国観にみられる2つのパターンについても触れておく必要があろう。

　一般に、中国に対しては好意的見方と悪意的見方の2つがあり、両者とも何らかの偏見によるものであるが、とくに後者のケースでは、その度合が著しい。

　前者は西洋人および現在の日本人に多く、後者は明治期の日本人に多く見受けられるようである。

　ここでは、とくに問題とされる後者のケースをみてみよう。たとえば、津田氏〔25〕、〔26〕はつぎのように述べている。すなわち「シナ人ほど人に対する法、人を利用し人を御する術を考え、そうしてそれを説き、それを教えたものはあるまいと思われるが、そういうことが注意の焦点となっているところにシナ思想の特色がある。…それは他の民族に適用されるべきものではないのみならず、思想として理解することすらシナ以外の民族には甚だ困難なものである。彼等に批判的精神が無く、その能力がないのも、論理的な頭脳が無いのと、現実を直視し、事物の本質を究明することができないことに重要なる理由があろう。…もっとも日本でも今日なお、文字としては極めて低級な、文化の発達を抑止する力の強い、そうしてまた、その本質として日本語を写すには適しない、シナの文字をも使用しているような状態であるが、しかし、その場合としても、少なくともその一半は、日本語をそれによって書き表わすのであるから、シナ人がシナ語の表徴として同じ文字を使うのとは使い方が違う(8)」と。

　また和辻氏〔27〕は、「かかる性格の相違をわれわれは軽視してはならない。シナ人は生活の芸術化を全然解せざる実際的国民であり、日本人は生活の芸術化をやり過ぎる非実際的国民である。その点においてシナ人はユダヤ人よりももっとユダヤ人的であり、それに反して日本人は、ギリシア人よりももっとギリシア人的である。日本人がその団結を失って個人の立場においてシナ人と対するならば、日本人は到底シナ人の敵ではない。そうしてシナ人が勝つということは、人間性にとっては一つの退歩である(9)」と中国思想を酷評する。

また福沢氏〔30〕も、津田氏や和辻氏よりも語調は弱いながらも、中国人が無知であり、世間知らずであるから、決して日本がそのまねをするべきではないと強調している[10]。

このような、一般的によく知られた明治期の日本人による酷評には、それなりの当時の日本のおかれた背景があるわけではあるが、決して容認されるものではない。

日本のおかれた当時の背景としては、中国が1840年のアヘン戦争を契機として列強資本主義諸国より侵略され、日本も日清戦争で中国と対峙する当事国として好運にも勝利し、その結果として、日本国内にはもう中国から学ぶべきものはなく、以後の日本にとって重要なものは西欧資本主義諸国の技術しかないという発想の転換、つまり「脱亜入欧」の考え方から以上のような酷評が生まれてきたこともわれわれとしては念頭に入れておく必要があろう。

さらにまた、一般に言われているような中国に対する偏見の代表的人物としてのみ、かれらを考えることにも大いなる問題があることも注意する必要があろう。なぜならば、津田氏の場合、偏見的表現をとり除けば、かなりの部分において深い洞察も見られるし、また和辻氏の場合でも、初稿と改稿の両者をみると、その相違に驚かされるからである[11]。

つぎに悪意的偏見の西洋人によるまれなケースが、バターフィールド〔13〕、〔14〕にみられるようであるが、一般的には好意的である。

たとえば、アドラー〔11〕は、その序文でスターリンがあげた、共産主義建設の2つの次元としてのロシア的勤勉さやアメリカ的能率に加え、第3番目のものとして、中国的な忍耐をあげ、中国の経済建設の明るい展望を示している[12]。

またフェアバンク〔5〕は、中国問題考察の重要性を指摘し[13]、エクスタイン〔7〕も中国が近代的経済成長の課題を遂行するには、まだかなりの時間が必要であり、あたたかい目で見守ることの寛容性を主張しているが[14]、これはきわめて意義のある見方である。なぜならば、1949年の中華人民共和国成立以降の56年間を、わずか56年と考える場合と、もうすでに56年が経過していると考える場合とでは、おのずからまったく見方が変わってくるからである[15]。

前述したように、1840年のアヘン戦争以来、中国は100年以上にもわたって混乱の時期を経験したわけであるが、そのような歴史的経過（1966年から

1976年までの文革の10年間も含めて）を考慮に入れるならば、結局、わずかな年と考える方が妥当ではなかろうか。

　もちろん、一時の、いわゆるチャイナフィーバー的見方も当然のことながら排除されるべきであることは言うまでもない。

　重要なことは、中国人民の立場に立って考えるということである。

　特別な目で見るのでなく、日本を見るために中国を見る必要があるのである。

　そのためには、中国あるいは中国人の歴史を真剣に考える必要があることは言うまでもない。

　ニーダムも〔1〕、〔2〕、〔3〕および〔4〕で指摘しているように、中国の貢献なくしては、われわれの文明の歩みは、すべてありえなかったかもしれないのである。なぜならば、火薬、紙、印刷および磁針なしには、ヨーロッパの封建制度の消滅は考えられず、また、環境条件について十分な説明がなされるようになれば、ヨーロッパ人が近代科学と近代技術を発展させたこと自体、それほど誇ることでもないことになる。

　前述したように、能力はどこにでもあったけれども、それにふさわしい条件はどこにでもあるものではなかった、ということを知ろうとする努力こそが重要なのである。

　つぎに第2番目のよく解らない国という問題であるが、一般的に、そのような具体的表現としての中国の行動の研究とは無関係な人々ほど、その傾向は顕著である。

　アーサー・ミラーはつぎのように述べている。すなわち、「私の知りえた教訓は、真の矛盾と似非矛盾との区別が容易にできるようにならないかぎり、一つの国を理解（傍点は筆者）しているとは、決してだれも考えてはならない。中国人なら、まるで問題にもしないようなことがらに依然として注目し、ましてや驚いたりすることがあるかぎり、われわれは中国を理解していないのである[16]」と。

　もちろん、逆にミラーの指摘するように、特定のある人々にとってはなに事にもつねに驚くという感覚の必要性があることも事実であろう[17]。

　しかしながら、ここで重要なことは、実質的に中国あるいは中国人そのものを完全に理解することは不可能だとしても、事前的に可能な範囲内において理解する、あるいは理解しようとする積極的態度である。

　具体的表現としての中国の対内外的行動を、深い考慮なくして考察すること

第 10 章　近代科学技術と経済との関係からみた中日比較研究　　239

には、重大な危険が存在することは既に述べたが、決して忘れてはならないのである。

　あさはかなその時々の評価は、つねに重大な修正を必然的に要求され、評価する者の能力を疑われることにもなりかねないのである。

　中国の不可解さを解明することにより、最も重要なことは正しく知ろうとする努力と慎重さであることは前述したが、まず基本的に何を知るべきかが次の問題となる。

　根岸氏は、買辦制度の研究についてつぎのように述べている。すなわち、「買辦制度を研究するもので買辦の性格を検討するものは殆ど稀である。研究の性質上已むを得ないものかも知れぬ。しかし中国では制度により動くものでなく、人により動くものである。人が主であって、制度が従であるのだ。買辦制度もまた買辦そのものを主とし、制度を従としなければならない。それで買辦制度を研究して、その性格を検討しないのは、あたかもなお人間の皮肉骨格諸臓を究明して精神をないがしろに付するが如きものでなかろうか。日本人の中国を研究するものは無数であり多くの歳月を経たのだから、中国のあらゆる方面を検探しつくして餘蘊なきはずである。しかるに一事件の生ずるごとに往々その見通しを誤り、機宜の処置を失することを免れなかった。これ畢意、中国の事実を研究して中国人を検討することが少なかった結果である。これを要するに中国研究ということは、中国人研究ということに帰せねばならぬ[18]」と。

　つまり、中国研究にとり最も重要なことは、中国人の研究ということになる。

　中国人を研究する場合、肉体的研究と精神的研究にまず分けられるが、ここで意味されているものは、言うまでもなく精神的研究、すなわち思想研究であり、中国思想の研究家のみならず、それ以外の『中国問題』の中国研究者にとっても、まず基本的認識として、中国思想の研究が必要ということになる。

　中国思想あるいはシナ思想の研究は、それ以外の思想研究と同様に難解であり、津田氏も指摘するように、シナ思想といってもそこにはいろいろな思想や考え方があり、複雑でもあれば多方面でもあろう。また思想は、人々の階級、地位および考え方などにより相違してくるとともに、同じ思想として概括することができてさえも、実際に主張する場合には、説く人の心理や気分に応じて、さまざまの調子を帯び、差異をもって表現される傾向があるようであるから、ある一面のみをとって、これがシナ思想であると断定することは誤りであろう。

さらに、書物にあらわされた少数の知識階級の思想のみにより、シナ思想を把握することにも大いなる問題があろう。なぜなら、民衆は文字を知らなかったからである。

　津田氏が指摘するように、中国思想あるいはシナ思想の研究には、かず多くの困難があるようであるが、とにもかくにも、中国研究あるいは中国人研究をする場合、百家争鳴以降のきわめて複雑な思想の理解および整理における問題点は問題点として、それらよりもはるか以前の中国思想の原点に触れることには、大いなる意義があるものと考える。

　この場合の基本的認識として、あらゆる思想の研究にも要求されるべき心構えでもあるが、なんらの偏見をも決してさしはさんではならないことがあげられよう。

　いつ、いかなる地域におけるどのような思想も、それぞれの背景としての存在意義を当然のことながらもっており、なんらの価値判断をも介入させることは許されないのである。

　かりにそのような価値判断がなされたとすれば、虚偽の鏡に映し出された自分自身の姿は、同じように偽りの姿であり、なんらの成果をも生み出しはしないのである。

　思想の比較対象は可能であるけれども、評価そのものに対しては、いかなる人にもその判断を下すことは不可能であり、かつまた許されないのである。

　つぎに第3番目の *you attitude* の視点に欠けているという問題について触れてみよう。

　チョン・スー・シーはつぎのように述べている。すなわち、「交易と文明の趨勢は、一般に東洋から西洋へと移っている。文明は、チグリス川、ユーフラテス川およびナイル川から地中海へ、続いて大西洋へと進み、今や太平洋へと西に向かって移動し、太平洋は人類の関心と商業活動の中心に急速になりつつある。太平洋時代の幕開けとともに、極東の目覚めをわれわれは目撃しつつあり、とくに4億（傍点は筆者）の人口とすばらしい天然資源を擁する中国が、動き全体の鍵となっている。途方もないいくつかの変化が東洋にあるその国で生じてきているが、われわれはまだその国のもっている重要性に、十分には気がついていないのである[19]」と。

　これはおよそ200年前に在米の中国人が記した「中国の外国貿易」というタイトルの著書の中の一節である。

第10章　近代科学技術と経済との関係からみた中日比較研究

　気を付けるべきは、現在の世界における情勢や中国のそこに占める地位を意味していることは当然であるが、まさに現在にも当てはまるように感じられはしないだろうか。

　著者は世界における中国の重要性を指摘しながら、もう一方では次のように述べている。すなわち、「世界の人々は、もっとよく中国を知らねばならない。なぜならば、中国人民ほど誤解されてきた民族は他に存在しないからである。…中国人の立場に立って書かれたものは、たとえあるにしてもきわめてまれである。外国人の著者達により出版された本のほとんどは、中国人民を公平にとりあつかってきてはいないのである。…かれらは中国人自身の利益のためではなく、外国人の関心や利益を促進させるために、中国はこうするべきであるとか、ああするべきであるとかを、われわれに伝えてくれるのである。もちろん、これはすべての著者達が意識して不公平に伝えてきたということを必ずしも意味するものではない。というのは、いくつかのケースでは、メダルの片方以上のものをみることのできなかった偏見そのものからきているからである。しかしながら、これまでに中国人に対してなされてきたことが、それでもなお依然として効力をもちながら、なされ続けているのである。中国人民に関する誤った考え方から、その結果として世界中の人々に、いわんや中国内においてまでも、誤用が氾濫してきているのである。…中国人に対する無数の誤解が生じてきており、それらのほとんどは今もなお存在している。それらをとり除くことは可能であり、また取り除かれるべき時期が来たと考えている。…外国人が心から中国人民を理解し、かれらに公平なる処遇を与えようとする試みほど、より正確に外国人を中国人民に理解させることのできるものは他にはない。…ヨーロッパ人に対する中国人民の初期の駆逐政策が、中国におけるかれら自身の先駆者達の嘆かわしい行為によりもたらされたということを西洋人が知っていたならば、かれらは間違いなく中国人民を非難しなかったであろう。どのようにしてイギリス人が、イギリス政府の援助をうけて中国に強制的にアヘンの害毒をもたらしたか、ということを西洋人が知っておれば、かれらはアヘン戦争に対して中国を非難することはなかっただろう。長年の無害なる人民に対する外国人による屈辱と侵略の当然の結果として、義和団の乱が生じたという事実をかれらが知っていたならば、それに対して中国人民を非難することはなかっただろう。またさらに、中国の遅々として進まない進歩が、中国における武力による利己的でかつ分裂的な条約政策に、そのほとんどが起因するという

ことをかれらが知っておれば、それについてそんなに声高々に非難することもないだろう[20]」と述べているが、まさにその通りである。

一般的に言って、人間はとかく利己主義的であり、自分を、そして自分の国を基準（尺度）として他者を、そして他国のことを考える傾向が強いが、そのような行動を取る限り、他者をそして他国を理解することは不可能であることは言うまでもない。

前述したように、完全に他者になるきることは不可能であるけれども、可能なる限り他者の立場に立ち、より客観的な観点から考察することが専門家には強く求められるべきことは当然であり、そうしない限り、真実は見えてこないのである。

you attitude と言う言葉自体は、貿易英語で使用される専門用語であり、要するに、相手の立場に立って手紙を書くことの必要性を強く訴えるものであり、そうであってこそ取引の継続性が保証されるのである。

このように貿易英語で使用される専門用語ではあるけれども、私はそれだけに止まらず、あらゆる人間の対他者に関するきわめて重要なる大原則でありながらも、とかく忘れがちになり、主観的に流れ易い傾向を打破するためにも、意図的に強調したいのである。

そのような状況の中で研究者にまず要求されることは、分析の対象をよく知ることである。たとえば、ある国の制度は、その国の人々が作ったものであり、単にその制度のみの研究に終始するならば、真実が見えてこないのは当然の帰結である。

その国の制度を作った人々の置かれた歴史的、地理的背景、すなわち、それらの人々を取り巻いている環境を理解し、それらの環境により育てられた人々を理解してこそ真実が見えてくるのである。

2．時系列による環境分析の必要性と『ニーダムパズル』との遭遇

1．の認識に関する本研究に強い刺激をもたらした研究者は、前述したように、日本における買辦制度研究の第一人者である根岸氏であるが、本研究と密接につながる刺激は、ニーダムによるものであった。

言うまでもなくニーダムは、「中国の科学と文明」という大著で世界中にその名をとどろかせた研究者であるが、中国の知的科学的伝統に無知な西洋人に中国科学の存在を知らしめることが彼の執筆の１つの動機になっており、西洋人に明確に印象づけさせるために中国の発明・発見の多くが西洋に先んじてい

ることを証明した。

　以後、西洋では、それまでギリシア以来の西洋の科学史を述べて「科学史」としてきたが、それに加えて中国の科学史が導入されるようになった結果、「西洋科学史」と呼ばれるようになったことは周知の事実である[21]。

　ニーダムは、中国科学史に入るに当たって、「なぜ中国には科学革命は起こらなかったのか？」という問題意識で出発し、研究が進むにつれて「なぜ中国は14世紀まで西洋よりも技術を発展させたか？」という第2の問いに到ったが、一般的には、これは『ニーダムパズル』と呼ばれている[22]。

　しかしながら、『ニーダムパズル』の第2の答は、歴史の流れから考えれば発展するべくして発展したものであり、本研究とのつながりで重要なことは第1の問いである。

　ニーダムは、環境により生み出されたものが、逆にまた環境によりその成長が止められたのである[23]、と結論づけ、以下のような具体的説明をしている。すなわち、ニーダムは、降雨量の大きな相違からヨーロッパと中国を比較し、中国のケースでは、①大規模な灌漑事業早期化の必要性→河川管理の発達→数百万の労働者の必要性→監督の為の官吏の大群の必要性→中央集権化→皇帝権力の増大、②大陸的性格→地域の網上組織の容易化→文官権力の増大→商人の無権力化→官僚的封建社会の形成、③灌漑→農業文明→商人の無権力化により説明し、一方、ヨーロッパのケースでは、水陸の分布状態より、①商業都市国家の発達、②技術の発展と商人階級の権力化との緊密な結びつき、③さらに文明が進展し、商人の地位のより強力な確立化を挙げて説明しているが、両者の相違のポイントは、環境によりもたらされた官僚的封建社会と商人の地位である。

　ニーダムは直接には触れてはいないが、本研究ではさらに加えて商業に対する歴史的蔑視観、理非曲直をよしとする儒家の影響の導入および中国人の自然観も主要な要因として取り上げ、これが15世紀以降の中国における科学技術停滞の主要原因として説明している。

　3．サイクルの拡大と中日比較の導入

　以上は環境↔科学技術のニーダムのサイクルであるが、本研究ではこの循環に思想と経済を加え、環境↔思想↔科学技術↔経済↔環境の循環で、今後の中国経済の発展戦略を考察している。

　さらにまた、それらの分析の中に中日比較を導入し、中国の「中体中用」→

「中体西学」と日本の「和魂漢才」→「和塊洋才」を拡大したサイクルの中で説明しているが、この面で本研究に有用な示唆を与えてくれたのがバックであり、中国人の「無変化導入」と日本人の「有変化導入」という言葉で比較考察しているが[24]、この両者の行動も言うまでもなく両者の置かれた長い歴史的、地理的環境の相違によって十分に説明され得るのである。

4. 研究状況

(1)欧米人の研究者としては、主として、①ブラーシュ（Paul Vidal de la Blasche, '22）、②ニーダム（Needham, J., '54）、③フェアバンク（Fairbank, J. K. '67）、④エクスタイン（Eckstein, A., '77）および⑤バック（Buck, P.S., '79）等々が挙げられるが、一般的にそれらの研究のほとんどは欧米を基準にした主観的なものが多い。

その中でより客観的基準に近い分析としてブラーシュとバックがあげられ、ブラーシュは環境決定論者として有名であり、バックは文学者ではあるけれども中国内部からの深い洞察力による中日文化の比較では卓越している。

しかしながら、本研究と密接なつながりを持っているのはニーダムであり、数多くの分野で世界で一番最初にもっともすぐれた科学技術をもたらした中国に、なぜそれ以降の発展がなかったのかという問題に対する解答として提出した「環境により生み出されたものが、逆にまた環境によりその成長が止められたのである」という結論は大いに評価されるべきである。

(2)中国人研究者としては、①チョン・スー・シー（1850）、②林語堂（'35）、馬家駿（'88）、湯重南（'88）、呂万和（'88）、周啓乾（'89）、林毅夫（'95）、陳炳富（'95）、林倬史（'95）、劉則淵（'97）および王前（2002）等があげられるが、チョン・スー・シーが欧米人の中国観に対して欧米基準を強く非難しながら、客観的基準による中国の古代からの貿易史で、史実に基づき忠実かつ詳細に記述しているのに対して[25]、林語堂は環境による中国人の考え方や行動様式を中国人として中国内部から説明し、本研究の循環の一部とも一致している[26]。

(3)日本人研究者としては、①根岸佶（'48）、②中村元（'60）、③津田左右吉（'65）、④藪内清（'70）、⑤湯淺光朝（'71）、⑥家永三郎（'72）、⑦岡田武彦（'73）、⑧林雄二郎（'75）、⑨山田圭一（'75）、⑩山田慶児（'75）、⑪貝塚茂樹（'76）、⑫和辻哲郎（'77）、⑬福沢諭吉（'77）、⑭今堀誠二（'79）、⑮森谷正規（'80）、⑯辻康吾（'83）、⑰篠原三代平（'88）、⑱星野芳郎（'93）、⑲湯浅赳男（'93）および⑳植松忠博（'97）等々がいるが、主として明治期の人々には「脱

亜入欧」という日本の置かれた背景からくる欧米志向の偏向型が多いのに対して、平成に近づくにつれて客観的な分析が多く出てきている。

　本研究と密接な関係があるのは①であり、その中で「中国では制度により動くものではなく、人により動くものである。人が主であって制度は従である。…要するに中国研究で最も重要なことは中国人研究である[27]」と主張しているが、大いに傾聴に値するものと考える。

第2節　環境と思想

①環境の定義

　大辞林（三省堂、1989年3月）によれば、環境とは、「取り囲んでいる周りの世界。人間や生物の周囲にあって、その意識や行動に何らかの作用を及ぼすもの。また、その外界の状態[28]。」と説明されているが、大別するならば、そもそも生物が地球上に出現する以前から存在していたあるがままの周りの状況、つまり、自然環境と人間が作り出した周りの状況、つまり社会環境の2つに分けられ、一方で自然環境がそこで居住、生活する人間の生活を規定し、もう一方でそこで生活する人間によって作り出された社会環境により自然環境も部分的に変わらざるを得ないのである。つまり、そもそもまず自然環境が存在し、人間の生活に影響を与え、人間も文明や文化が生まれ進展するにつれて自然環境に影響を及ぼしてきたのである。

　要するに、まず自然環境が存在し、その後に人間によって社会環境が生み出されるわけであるが、この社会環境も最初の自然環境に強い影響を与え、両者が相互に影響し合って存在するものであるということである。

　ブラーシュ〔6〕は、つぎのように述べている。すなわち、「人類の社会集団は、植物や動物の社会集団と同じく、環境の影響に服せしめられた複雑な要素を以て組成されている。それが、何うした風の吹き回しで寄せ集められたものか、何処から来たものか、如何なる時代のことか、それは判らないけれども、彼等は住む国土を同じうし、そして少しずつその国土の色に染め上げられていったのであった。」[29]と。つまり、これがかの有名なる環境決定論である。

　いかなる国の人々でも、それぞれの歴史的、地理的環境の影響を著しく受けて形成されたものが思想である。そうであるがゆえに、それぞれの思想は、それぞれの環境にもっとも適応した形で発生し、育成されてきたものであるから、なんら他者の評価する余地がないことは言うまでもなかろう。

このような観点から和辻氏〔54〕は、風土と人間を結びつけ、たとえば、それぞれの民族をモンスーン型、砂漠型および牧場型に類型し、モンスーン的風土の特殊形態として中国および日本の思想を分析し(30)、また、ニーダム〔1〕、〔2〕、〔3〕および〔4〕は、科学技術と環境との関係より、前述したように中国民族の分析を試みている。

　ニーダムは、かず多くの分野で、世界で1番最初に、もっともすぐれた科学技術をもたらした中国に、なぜそれ以降の発展がなかったのかという問題に対する1つの解答として、想像を絶するほどの著しく豊富な資料をもとに導出した結論が、2要素循環論（環境↔科学技術）であるが、結局、環境により生み出されたものが、逆にまた環境によりその成長が止められたというニーダムの主張についての詳細は後述することにする。

　このように環境により思想は生み出されたものであるが、中国では、どのような環境によりどのような思想が生み出されたのかが次の重要な問題になってくる。

②環境と中国思想

　広大な国土、恵まれた天然資源という「地大物博」の中国にどのような具体的思想が環境の影響によって生まれてきたのであろうか。

　4大文明の1つの発祥地である中国が、恵まれた条件があったがゆえに4大文明の1発祥地になったことは当然の帰結であるが、そうであるがゆえに、そこから、取り巻く環境の強い影響を受けた独特の思想が生まれてくることも当然の帰結である。

　しかしながら、日本のおよそ25倍もの広さをもち、さらに四大文明の1発祥地という「地大物博」の恵まれた条件の中では、単純に1つや2つの思想ではなく、さまざまな思想が林立したことは容易に想像できるけれども、古代からの皇帝権力の強大さや、多数の労働者を監督するために生まれた官僚主義という1つの側面と、中国全体としては1部に過ぎなかったそれらの官僚の支配下におかれた一般大衆との間に、それぞれ異なる思想が生まれたとしても何の不思議もなかろう。

　そこで次にさまざまな思想の頂点に立つものとして考えられる中国の2つの基本思想について触れてみよう。

③複雑な中国思想と基本思想

　中国人の基本的な考え方としては、百花斉族あるいは百家争鳴という言葉が

あることからもわかるように、かず多くのものがあり、またその分類方法にも無数のやり方があるけれども、それらの個別的思想の原点としては、「中国中心論」と「天命論」があげられよう[31]。

「中国中心論」とは、周知のように、中国こそが世界の文化の中心であり、自然の流れとして中国を中心とした文化が、世界各地に拡大展開していくものとする王者の思想である。

広大な土地や、豊富な物的・人的資源にめぐまれた中国に、このような考え方が生じえたことは、後述するように、歴史的、地理的背景および過程を通じて容易に推察できる。

しかしながら、気を付けねばならないことは、前述したように、支配者と被支配者、一部の人々と多くの人々（一般大衆）および上位下達という独特の状況の中で以下に図示するように支配者の間に生まれた思想であるということであり、民意の反映されない一方的な両者の関係には注意する必要があろう。

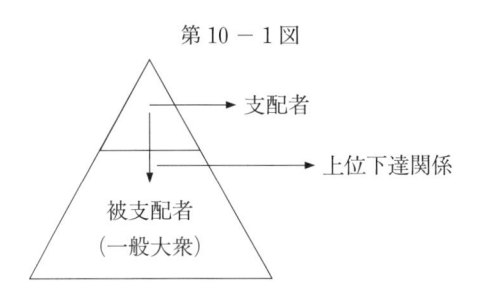

第10－1図

```
       ／＼
      ／  ＼──→ 支配者
     ／ ↓  ＼──→ 上位下達関係
    ／被支配者＼
   ／（一般大衆）＼
  ─────────
```

また、一方の「天命論」も、天命的思考として、すなわち、権力の交代、秩序原理および運命などについても天、つまり自然のなせるわざと考え、自然と人間のかかわりあいの中から生まれてきた大きな思想であり、「中国中心論」のもう一方の対極に位置する思想であると言える。

前述したように、中国の古代の権力構造は、一部の支配者が多数の一般人民に命令するだけで、一般大衆の意見（民意）を聞くということは、形式的にはあったにせよ、実質的にはないに等しく、完全な一方的上位下達の関係にあった。

そのような環境の中では、一般大衆は自分自身（家族をも含めて）の身を守るだけで精一杯であり、政治に関わる話はタブーどころか、場合によっては死をも意味していたので「莫談国事」にならざるを得ず、強大なものに言うがま

まに仕えるという事大主義の考え方をとらざるを得なかったのである。

権力の交代に関しても全く興味を示さず、そこから権力の交代は天命の変化であるという「易姓革命」という言葉が生まれ、長きにわたってまさに典型的な利己主義とも言える「天命論」が一般大衆の間でしっかりと育まれていったのである。

そのような意味で、「中国中心論」と「天命論」が複雑雑多な数多くの思想の起点として定着していったのである。

④基本思想の3方向への展開

このような伝統的大思想を起点として、具体的にはそれぞれの特徴をもった数多くの思想が生まれてくるわけである。

それらの基本的内容としては、現実主義的なものや理想主義的なもの、および超越主義的なものとしてとらえられているようであるが、その中心をなすものは現実主義的立場であるように思われる[32]。すなわち、基本的には、すべての面において満たされた状況で、夢を見る必要もなければ、外に飛び出す必要もないのであり、ひたすら現実の生活を直視すれば事足りるのである。

もちろん、中国のおかけた歴史的過程の変化を通じて、外見上、理想主義的なものや超越主義的なものが、時代的にしろ、部分的にしろ、一般に受け入れられてくることは言うまでもない。すなわち、現実主義的思想は、商鞅、申不害、慎到、韓非などの法家、孫子、呉子などの兵家、蘇秦、張儀などの縦横家はもちろん、毛沢東などの共産主義に受け継がれ、「実事求是」という言葉を使用して今日まで引き継がれている。

また理想主義的思想は、孔子、孟子、朱子、王陽明などの、いわゆる儒家により、そして超越主義的思想は、老子、荘子、列子などの、いわゆる道家により受け継がれていくのである[33]。

その基本的思想は維持しつつも、状況に応じて、さまざまに変化していくものが個別的思想である。

ここで注意しなければならないことは、一見、それぞれの思想は分かれているように見えるけれども、実際は共通した「家族主義」という大原則に貫かれているということである。

林語堂は次のように述べている。すなわち、「中国の家族制度は、その属する家系を忘れることができないほど明瞭になっており、組織もされている。中国人があらゆる財産にもまして尊しとする社会的不滅の形態は、幾分か宗教の

色彩を帯び、祖先崇拝の儀式によって一層強化せられ、その意識は深く魂の中にまで浸透したのである。」と(34)。

また「忍耐は、人口過剰と経済的圧迫が活躍の余地をほとんど残さなかったという事情からくる民族調整の結果であり、とくに中国社会の縮図である家族制度の帰着である。」(35) と。

つまり、家族主義の中に「中国中心論」や「天命論」があり、「家族制度は、中国社会の根底であり、ここから中国人一切の社会的特徴が起源するのである」(36) とも述べている。

一方で、「易姓革命」や「莫談国事」が天の思想から生まれ、そうであるがゆえに、「没有」、「没関係」、「不知道」、「没辦法」および「不一定」と言う言葉が今もなおよく使われ、またもう一方で、支配者の思想とされる儒教が説く「五倫」も家族関係そのものであり、中国人が自国を「ミドルキングダム（中庸の王国）」と呼称するほど重要視される「中庸」は、オルガー・ラングも言う「差不多」、つまり、あらゆる衝突を妥協によって解決しようとする現実主義そのものなのである(37)。

⑤日本との比較

たとえば、中村氏〔28〕は、つぎのように述べている。すなわち、「シナ人はインド人とは反対に、普遍者を無視して個物ないし特殊者に注視する傾向がある。とくに感覚にたより、具象的知覚を重視する。まず、文字が象形文字であり、具象的であるし、概念に関しても具象的表現を愛好する。理論的な説明にしても、知覚表象にたより、図示的説明を好む。他方、普遍に対する自覚に乏しく、抽象的思惟が発達していない。言語表現および思惟の性格は非論理的であり、法則の理解が欠如し、単に先例にたよることのみで満足する。インド論理学（因明）も畸形的に受容せられ、仏教も禅宗として一般化するや、きわめて非論理的なものとなった。個別性を強調するが故に、個性記述的な学問（歴史・地誌など）が発達した。一般に過去の事実を重視し、尚古的保守性があり、数千年にわたって同一の思惟方法が継続している。学問も伝承的であり、自由思想もあまり発展しなかった。またシナ人は具象的形態に即した複雑多様性を愛好し、芸術的空想も具象的であり、飾られた文字による表現を愛好し、訓詁癖がある。また安易な形式的斉合性を愛好する。生活態度としては現実主義的である。とくに人間中心的な態度があるために、宗教も現世中心的であり、形而上学を発展せしめなかった。個人中心主義は、ややもすれば利己主義的傾

向となってあらわれる。シナ思想は倫理的であると一般に認められているが、行為に関する形式主義を重んじ、少なくとも過去においては身分的秩序ならびに家族関係を注視する傾向があった。シナ人は民族的な自尊心をもち由来を遵守するが、必ずしもつねに国家中心主義とはならなかった。むしろ自然の本性に随順し、自然に帰一しようとし、天人相与の関係に注視する。存在するものには、それぞれ意義を認めて、安易に折衷融合をはかろうとする傾向が有力である。古来シナの支配階級は儒教に、一般民衆は道教その他の呪術的儀礼にたよっていたが、両者ともに以上のような特徴から離れていない。インドから仏教が入ってきても、おのずから変容して以上のような特徴をそなえるに至った。」(38) と（傍点は筆者)。

これは、あくまでも比較思想の立場からの分析であり、価値判断がはいっていないことに注意するべきであることは言うまでもなかろう。

比較思想の立場からいくと、中村氏〔28〕の言葉を借りれば、日本の思想はつぎのようになる。つまり、それは閉鎖的な人倫的組織を重視するから、一般に人間関係を重視し、個人に対する人間関係の優越を認め、有限なる人倫的組織を絶対視しようとする。これは歴史的に考えれば、家の道徳の遵守、階位的身分関係の重視から始まって、国家至上主義となって極まる。また日本人の間では、特定個人に対する絶対帰依の態度が著しいために、国家至上主義も天皇崇拝の形をとって現われることになる。さらに、宗派的派閥的閉鎖性が顕著であり、ひとたび形成された人倫的組織を愛護する念は、力にたよってでもそれを守りぬこうとする行動となってあらわれ、これが武勇の態度と一致する。人倫理的組織を重視するがゆえに道徳的反省も比較的鋭敏であるが、人間を越えたものを考えようとしないために、宗教の尊さに関する自覚はきわめて乏しいようである。また、非合理主義的であり、直観的情緒の傾向も著しく、複雑な表象も構成する能力に欠け、単純な象徴的表象を愛好し、客観的秩序に関する知識が乏しいために自然科学を発達させることができなかった。さらに、現世主義的であり、人間の自然の性情を容認し、寛容宥和の精神に富み、文化の重層性が認められるが、その反面、対決批判の精神が薄弱であり、容易な妥協に陥りやすい。日本人は仏教および儒学を摂取輸入したが、決してもとのままの形で受容したのではなく、日本人の思惟方法にしたがって、その実質を変容させたのである(39)、と（傍点は筆者)。

このように比較思想の立場からは、日本および中国の思想のそれぞれの特徴

があげられるけれども、たとえば、中国の「中国中心論」に似た日本の「八紘一宇」思想もあげることができる。

　この「八紘一宇」とは、八紘が四方と四隅、つまり天下（あめがした）を意味しており、一宇とは1つの宇宙、つまり世界は日本を中心にした1つの世界というきわめて中国の「中国中心論」に似た面をもっているけれども、その歴史性、強大さ等々の側面からみる限り、中国の比ではないように感じられる。

　また、ここで注意しなければならないことは、中国の「中国中心論」にせよ、日本の「八紘一宇」思想にせよ、それぞれ特徴をもったものではあるけれども、それ以外の国々にそれらと似た思想はないと考えてはならないことである。つまり、程度の差はあるけれども、いかなる国であれ、自国が1番素晴らしいという思想はあると私は信じている。つまり、重要なことは、どの国にもあるけれども（程度の差はあるものの）、中国の「中国中心論」こそ歴史的側面、浸透度合い等々、あらゆる角度から検討してみても、ひときわ際立ったものであるということができよう。

　さらにまた、「天命論」も「中国中心論」と同様に、たとえばアメリカの実用主義（プラグマティズム）とも共通した現実主義的思想ではあるけれども、「中国中心論」と同様にその歴史性、浸透度合い等々からみる限りその比にあらずと私は考えている。

　日本は中国と比較して、4面が海に囲まれた小島国家であり、言うまでもなく中国の25分の1位の面積しかない小国であり、そうであるがゆえに、人々がばらばらで生きていけば、まさに国そのものの存亡にもかかわってくるのであり、そのような状況から考えると、一致団結し、利己主義を可能なる限り抑制した習慣や生き方をせざるを得なくなってくるのは当然の帰結と言えよう。

　⑥「中国中心論」と「独立自主・自力更生」の相関

　つぎに「中国中心論」と「独立自主・自力更生」政策との関係について触れてみよう。

　この「独立自主・自力更生」の精神は、中国におけるこれまでの長い歴史の中で、その解釈および適用には、ある程度の差はあったものの、つねに厳然として政策の中心的位置に存在し、「中国中心論」の影響を強く受けたものとして考えることができよう。

　そこで、この中国の「独立自主・自力更生」という大きな1つの政策基調の分析を通じて、そのいくつかの弾力的変化によりもたらされた中国の対内外経

済政策を考察してみることにする。

1．「独立自主・自力更生」の意義

中国の対内外経済政策の基本方針として、つねに掲げられる「独立自主・自力更生」という言葉は、毛主席により、1945年の「抗日戦争勝利後の時局とわれわれの方針」の中や、1967年および1969年の「紅旗」の中でつぎのように示されている。すなわち、「われわれの方針は、なにを根底とすべきか。自分の力を根底とすべきで、これが自力更生である。」[40]とし、また、繰り返し、「自力更生し、艱苦奮斗し、迷信を打破し、思想を開放させよう」[41]と指摘している。

この「独立自主・自力更生」の方針は、これまでの中国の歴史からみても明らかなように、その解釈や適用面では、ある程度の弾力性があり、それにもとづき過去における中国の対内外経済政策の転換が生じてきたのであるが、このような意味から、両極端の狭義の「独立自主・自力更生」と、広義の「独立自主・自力更生」政策という観点に分析の焦点をおけば、中国の過去における大きな政策的転換が説明できると考える。

2．狭義の「独立自主・自力更生」方針

「独立自主・自力更生」方針は、狭義に極論すれば、個人（Individual）ということになるが、このような考え方は、思考上、あるにせよ、これが政策上、過去における中国の歴史において存在しえた事実はないし、また存在自体も不可能であることは当然である。なぜならば、個人（Individual）のみで生活することは不可能であり、社会において生存を可能ならしめうるものは、必然的に人間（Human Being）だからである。

かりに空想上、この状況が存在し得るものとしても、ケインズ〔35〕も指摘しているように、それは利己主義（Egoism）であり、平等（Equality）を志向する社会主義中国において、大きな闘争的矛盾となるのは当然である[42]。

もちろん、呉承明〔19〕の示唆にも示されるように、古来、中国においては、「大而全、小而全」という思想が強固に潜在し、そうであるがゆえに、なおさら後述するように、著しい政策上の矛盾や困難が生じてくるのである[43]。

しかしながら、いかに狭義の解釈と言えども、そのなかに含まれる基本的内容は、毛主席の指摘に示される主張であると考えてよいだろう。すなわち、「学習には2つの態度がある。1つは教条主義的態度で、わが国の事情にはおかまいなしに、適用できるものも適用できないものも、いっしょくたにもちこ

んでくる。こうした態度はよくない。もう1つの態度は、学ぶときに頭をつかって考え、わが国の事情に適したものを学ぶ。すなわち、われわれにとって有益な経験をくみとるのである。われわれに必要なのは、こうした態度である。」[44] と。

3．広義の「独立自主・自力更生」方針

狭義の「独立自主・自力更生」方針が、極論した形で存在しえないことは前述した通りであるが、それに近い方針として政策面であらわれてくるようになると、著しい矛盾と問題点を露呈してくることは、文化大革命で実証されている。すなわち、極端な精神主義のみでは、長期的に人間は生存不可能なのである[45]。

かず多くの計画や目標が高らかに掲げられるにもかかわらず、いくたびかの変更や「調整」[46] が加えられ、中国人民にとり、主観的に生活向上意識が鈍化したものとして感じられるようになってくると、政策上の転換を迫られるのは当然であろう。

このような状況を反映して、過去におけるこれまでのいくつかの対内外経済政策上の転換も、中国が社会主義国家であるがゆえに、大きなその制約との闘争のうえでのみ実現されてくるだけなのである。

中国で自由化が達成されえたとしても、それは全体的なものでは決してなく、つねに局部的なものであり、また、そうでなければ、当然のことながら、社会主義国家としての中国の存立基盤は存在しえないのである。

それゆえに、一定の許容されうる範囲を逸脱した状況が、徐々に露呈されてくるようになると、また逆に、場合によっては突然、大きな左傾化志向（Left Swing）が引き起こされ、このようにして、大なり小なりのいくつかの揺れ（Swing）を経験して、中国はその歴史を積み重ねてきているのである。

しかしながら、中国のこれまでにおける歴史のうえから分析するかぎり、その"Swing"は決して左右対称的なものではなく、場合によっては著しく左への"Swing"も経験してきてはいるのであるが、全体的観点からその軌跡をみれば、他の社会主義国家に比して、きわめて右よりの"Swing"が大きくなりつつあり、そのような意味で独特の要素を包含しているわけである。

ここに、中国型社会主義国家たるゆえんがあるものと考えられる。

4．「独立自主・自力更生」方針の起源

4大文明の1つの発祥地であり、文化的にも技術的にも、他の国々に比し著

しくすぐれた資質をそなえた中国が、主観的にも客観的にも、なぜ現在もなお、開発途上国なのであろうか。

エクスタイン〔7〕は、それに対する解答を、ヨーロッパおよび日本と中国の比較例証により、つぎのように示している。すなわち、彼は前者のケースでは、決定的な相違点として科学革命と科学の累積的進歩、外国貿易の発展および自治都市の成長を、後者のケースでは、類似点は多くあるものの、地形と政府構造をあげている[47]。

しかしながら、その究極的な根拠となれば、後者のケースで彼は、「その理由はきわめて複雑であり、把握することは困難であるが、両国経済間に、何らかの重要な差があり、それにより両国の著しい発展経済の相違がほとんど説明される」[48]として、解明不可能であることを示唆している。

エクスタイン〔7〕の2つのケースによるにしても、よらないにしても、結局のところ、この問題に対する解答は、中国の古来からの「中国中心論」や「天命論」が環境によってもたらされ[49]、それがさらに中国の科学技術の発明や停滞にも影響を与えたとする私の理解の詳細は別の機会に譲ることにする。

またこれらの2つの思想の中で、「中国中心論」こそがまさに中国の「独立自主・自力更生」方針の起源であると考える。すなわち、古来中国は、発生史的にみても世界経済の中心地であり、文化的にも技術的にも他の国々を凌駕し、広大な国土や豊富な資源および多くの人民にもめぐまれ、卓越したまさに実質的世界経済の中枢であり、世界における王者としての地位を確保していたのであるが、そうであったがゆえにまた、学ばれることの優越感に比し、学ぶことを拒否しつづけてきたのである。

さらにまた、進んだ技術知識をもちながら、ルソーのごとくあるがままの自然の姿を畏敬し、それに手を加えることを拒否してきたのである。

前者が、いわゆる「中国中心論」であり、後者が、「天命論」であるが、エクスタインによるR.H.トーニーからの引用にもみられるように、このような冒しがたい巨壁の思想のために、中国の農民は、「ヨーロッパが木を使っていた時代に鉄で耕作していたが、ヨーロッパが鋼を使うときにも、依然として鉄で耕作していた」[50]のである。

5. 狭義の「独立自主・自力更生」方針の政策への適用

1949年に中華人民共和国が成立し、1950年に中ソ友好同盟相互援助条約[51]が締結され、中国は「向ソ一辺倒」[52]の方針の下で、1953年から第1次5ヶ

年計画に着手しはじめるが、この時期における中国の対内外経済政策の指針は、狭義の「独立自主・自力更生」的観点からとらえられるものと考えられる。なぜならば、1950年の朝鮮戦争を契機として、中国と社会主義諸国、とりわけ旧ソ連とのつながりは、きわめて密接不可分なものとなり、また新中国成立以前の半植民地的経済体制からの脱却を熱烈に志向する中国人民の精神は、当然のことながら大なるものがあったが、それまでの旧ソ連との深い関係ならびに中国における自主的経済建設の達成可能性から判断して、社会主義諸国からの援助は容認されうる範囲内にあるものと考えられたのである。

そのような意味で、狭義の「独立自主・自力更生」的政策であったと判断することができよう。

このような政策は、貿易面においても如実に反映されてくる。すなわち、中国の外国貿易に占める対共産圏諸国貿易と、対非共産圏諸国貿易との比率でみると、1950年には、前者が28.9パーセントであったが、それ以降、51.5パーセント、69.6パーセント、67.7パーセント、さらに73.8パーセントを記録し、1955年には、最高の74.1パーセントを占めたのである（第10-2表参照）。

このような傾向は、当然のことながら、中日貿易にも影響を及ぼしてくるのである。すなわち、貿易総額でみると、1951年および1952年には、前年を100として計算すれば、それぞれ46.5パーセント、56.5パーセントを記録し（第10-3表参照）、また中日両国の貿易全体に占める中日貿易の比重でみると、日本の貿易に占める中日貿易の比重においても、中国の貿易に占める中日貿易の比重においても、それぞれ同じような著しい減少傾向を示している（第10-4表参照）。

もちろん、日本にとり、このようなきわめてきびしい状況があったにもかかわらず、日本の民間レベルでの並々ならぬ努力により、1952年に第1次中日貿易協定が調印され、以降、1958年の第4次中日貿易協定が締結されるまで、中日貿易は中国ペースではあったが継続されていったのである。

狭義の「独立自主・自力更生」方針が、きわめて厳格に政策面で適用されたのは、1965年に開始された文化大革命の影響によるものである。すなわち、1959年より生じた中ソの意見対立の激化により、中国は資本主義諸国への多角的接近を始め、文化大革命が開始されるまで、徐々にそれまでの方針の転換をはかりつつあったが、文化大革命により、そのような傾向そのものが拝外主義として痛烈なる批判の対象となり、一時的に中国国内が国際経済と隔絶した

第 10 - 1 表　中国の外国貿易額と貿易差額（1950～72 年）

(単位：百万米ドル)

年次	貿易総額				対共産諸国貿易				対非共産諸国貿易			
	合計	輸出	輸入	差額	合計	輸出	輸入	差額	合計	輸出	輸入	差額
1950	1,210	620	590	+30	350	210	140	+70	860	410	450	-40
1951	1,900	780	1,120	-340	975	465	515	-50	920	315	605	-290
1952	1,890	875	1,015	-140	1,315	605	710	-105	575	270	305	-35
1953	2,295	1,040	1,255	-215	1,555	670	885	-215	740	370	370	0
1954	2,350	1,060	1,290	-230	1,735	765	970	-205	615	295	320	-25
1955	3,035	1,375	1,660	-285	2,250	950	1,300	-350	785	425	360	+65
1956	3,120	1,635	1,485	+150	2,055	1,045	1,010	+35	1,065	590	475	+115
1957	3,055	1,615	1,440	+175	1,965	1,085	880	+205	1,090	530	560	-30
1958	3,765	1,940	1,825	+115	2,380	1,280	1,100	+180	1,385	660	725	-65
1959	4,290	2,230	2,060	+170	2,980	1,615	1,365	+250	1,310	615	695	-80
1960	3,990	1,960	2,030	-70	2,620	1,335	1,285	+50	1,370	625	745	-120
1961	3,020	1,530	1,495	+35	1,685	965	715	+250	1,335	560	775	-215
1962	2,675	1,525	1,150	+375	1,410	915	490	+425	1,265	605	660	-55
1963	2,770	1,570	1,200	+370	1,250	820	430	+390	1,525	755	770	-15
1964	3,220	1,750	1,470	+280	1,100	710	390	+320	2,120	1,040	1,080	-40
1965	3,880	2,035	1,845	+190	1,165	650	515	+135	2,715	1,385	1,330	+55
1966	4,245	2,210	2,035	+175	1,090	585	505	+80	3,155	1,625	1,530	+95
1967	3,895	1,945	1,950	-5	830	485	345	+140	3,065	1,460	1,605	-145
1968	3,765	1,945	1,820	+125	840	500	340	+160	2,925	1,445	1,480	-35
1969	3,860	2,030	1,830	+200	785	490	295	+195	3,075	1,540	1,535	+5
1970	4,290	2,050	2,240	-190	860	480	380	+100	3,430	1,570	1,860	-290
1971	4,720	2,415	2,305	+110	1,085	585	500	+85	3,635	1,830	1,805	+25
1972	5,830	3,055	2,775	+280	1,270	750	520	+230	4,560	2,305	2,255	+50

備考：①中国の輸出を F.O.B. に、中国の輸入を C.I.F. に調整した。
　　　②各金額を 500 万米ドル単位で概算した。そのために、個々の金額を加えても合計と一致しないことがある。

(出所)　Patrick M. Boarman, edit., *Trade with China, Assessments by Leading Businessmen and Scholars*, 1974, p.141. ちなみに本表は Joint Economic Committee, Congress of the United States, *People's Republic of China : An Economic Assessment*, 1972 および Central Intelligence Agency, *People's Requblic of China : International Trade Handbook*, 1973 より作成されている。

第 10 章　近代科学技術と経済との関係からみた中日比較研究

第 10 - 2 表　中国の外国貿易に占める対共産諸国貿易と対非共産諸国貿易の比重 (1950～72 年)

(百分率)

年　次	共産諸国	非共産諸国
1950	28.9	71.1
1951	51.5	48.5
1952	69.6	30.4
1953	67.7	32.3
1954	73.8	26.2
1955	74.1	25.9
1956	65.9	34.1
1957	64.3	35.7
1958	63.2	36.8
1959	69.5	30.5
1960	65.7	34.3
1961	55.8	44.2
1962	52.7	47.3
1963	45.1	54.9
1964	34.1	65.9
1965	30.0	70.0
1966	25.7	74.3
1967	21.3	78.7
1968	22.3	77.7
1969	20.3	79.7
1970	20.0	80.0
1971	23.0	77.0
1972	21.8	78.2

備考：第 1 表より作成

第10-3表 日中貿易の推移 (1950～74年)　　　　　　　　　　(単位：千米ドル)

年次	貿易総額		日本の輸出		日本の輸入		バランス	
	金額	対前年比%	金額	対前年比%	金額	対前年比%	金額	入超率出超率
1950	58,961		19,633		39,328		−19,695	50.1
1951	27,434	46.5	5,828	29.7	21,606	54.9	−15,778	73.0
1952	15,502	56.5	599	10.3	14,903	69.0	−14,304	96.0
1953	34,239	220.9	4,539	757.8	29,700	199.3	−25,168	84.7
1954	59,867	174.9	19,097	420.7	40,770	137.3	−21,673	53.2
1955	109,325	182.6	28,547	149.5	80,778	198.1	−52,231	64.7
1956	150,986	138.1	67,339	235.9	83,647	103.6	−16,308	19.5
1957	140,968	93.4	60,485	89.8	80,487	96.2	−19,998	24.8
1958	105,027	74.5	50,600	83.7	54,427	67.6	−3,827	7.1
1959	22,565	21.5	3,648	7.2	18,917	34.8	−15,269	80.7
1960	23,455	103.9	2,726	74.7	20,729	109.6	−18,003	86.8
1961	47,534	142.1	16,639	610.4	30,895	149.0	−14,256	46.1
1962	84,480	177.7	38,460	231.1	46,020	149.0	−7,560	16.4
1963	137,016	162.2	62,417	162.3	74,599	162.1	−12,182	16.3
1964	310,489	226.2	152,739	244.7	157,750	211.5	−5,011	3.2
1965	469,741	151.3	245,036	160.4	224,705	142.4	+20,331	8.3
1966	621,387	132.3	315,150	128.6	306,237	136.3	+8,913	2.3
1967	557,733	89.8	288,294	91.5	269,439	88.0	+18,855	6.5
1968	549,624	98.5	325,439	122.9	224,185	83.2	+101,254	31.1
1969	625,343	113.8	390,803	120.1	234,540	104.6	+156,263	40.0
1970	822,696	131.6	568,878	145.6	253,818	108.2	+315,060	55.4
1971	901,360	109.5	578,188	101.6	323,172	127.3	+255,016	44.1
1972	1,100,037	122.0	608,921	105.3	491,116	152.0	+117,805	19.3
1973	2,013,504	183.0	1,039,494	170.7	974,010	198.3	+65,484	6.3
1974	3,289,243	163.4	1,984,475	190.9	1,304,768	134.0	+679,707	34.3
1975	3,789,653	115.2	2,258,577	113.8	1,531,076	117.3	+723,501	32.0
1976	3,033,483	80.0	1,622,568	73.6	1,370,915	89.5	+291,653	12.9
1977	3,485,545	114.9	1,938,643	116.6	1,546,902	112.9	+391,741	20.2
1978	5,079,040	145.7	3,048,748	157.3	2,030,292	131.2	+1,018,456	33.4
1979	6,653,451	131.0	3,698,670	121.3	2,954,781	145.5	+743,889	20.1
1980	9,401,709	141.3	5,078,335	137.3	4,323,374	146.3	+754,961	14.9
1981	10,387,261	110.5	5,095,452	100.3	5,291,809	122.4	−196,357	3.7
1982	8,863,242	85.3	3,510,825	68.9	5,352,417	101.1	−1,841,592	34.4
1983	9,999,691	112.8	4,912,334	139.9	5,087,357	95.0	−175,023	3.4
1984	13,174,319	131.7	7,216,712	146.9	5,937,607	117.1	+259,105	3.6
1985	18,960,132	143.9	12,477,446	172.9	6,482,686	108.1	+5,994,760	47.6
1986	15,508,529	81.8	9,856,178	79.0	5,652,351	87.2	+4,203,827	42.7
1987	15,651,223	100.9	8,249,794	83.7	7,401,429	130.9	+848,365	10.3

(資料) 大蔵省通関統計

第10章　近代科学技術と経済との関係からみた中日比較研究　　259

第10-4表　中日両国の貿易全体に占める中日貿易の比重 (1950〜1976年)

(単位：100万ドル)

年次	日中両国の貿易 貿易総額 A	日本の貿易 日本の輸出 A'	日本の貿易 日本の輸入 A"	中国の貿易 貿易総額 B	中国の貿易 中国の輸出 B'	中国の貿易 中国の輸入 B"	中日貿易 貿易総額 C	中日貿易 日本の輸出 C'	中日貿易 日本の輸入 C"	日本の貿易に占める中日貿易の比重 C/A	日本の貿易に占める中日貿易の比重 C'/A'	日本の貿易に占める中日貿易の比重 C"/A"	中国の貿易に占める中日貿易の比重 C/B	中国の貿易に占める中日貿易の比重 C'/B'	中国の貿易に占める中日貿易の比重 C"/B"
1950	1,694.4	820.1	974.3	1,210	620	590	59.0	19.6	39.3	3.5	2.4	4.0	4.9	6.3	3.3
1951	3,349.6	1,354.5	1,995.0	1,900	780	1,120	27.4	5.8	21.6	0.8	0.4	1.1	1.4	2.8	0.5
1952	3,301.1	1,272.9	2,028.2	1,890	875	1,015	15.5	0.6	14.9	0.5	0.1	0.7	0.8	1.7	0.1
1953	3,684.5	1,274.8	2,409.6	2,295	1,040	1,255	34.2	4.5	29.7	0.9	0.3	1.2	1.5	2.9	0.4
1954	4,028.6	1,629.2	2,399.4	2,350	1,060	1,290	59.9	19.1	40.8	1.5	1.2	1.7	2.5	3.9	1.5
1955	4,482.0	2,010.6	2,471.4	3,035	1,375	1,660	109.3	28.5	80.8	2.4	1.4	3.3	3.6	5.9	1.7
1956	5,730.4	2,500.6	3,229.7	3,120	1,635	1,485	151.0	67.3	83.6	2.6	2.7	2.8	4.8	5.1	4.5
1957	7,091.6	2,858.0	4,283.6	3,055	1,610	1,440	141.0	60.5	80.5	2.0	2.1	1.9	4.6	5.0	4.0
1958	5,909.7	2,876.6	3,033.1	3,765	1,940	1,825	105.0	50.6	54.4	1.8	1.8	1.8	2.8	2.8	2.8
1959	7,056.0	3,456.5	3,599.5	4,290	2,230	2,060	22.6	3.6	18.9	0.3	0.1	0.5	0.5	0.8	0.2
1960	8,545.7	4,054.5	4,491.1	3,990	1,960	2,030	23.5	2.7	20.7	0.3	0.1	0.5	0.6	1.1	0.1
1961	10,046.0	4,235.6	5,810.4	3,020	1,530	1,495	47.5	16.6	30.9	0.5	0.4	0.5	1.6	2.0	1.1
1962	10,552.7	4,916.2	5,636.5	2,675	1,525	1,150	84.5	38.5	46.0	0.8	0.8	0.8	3.2	3.0	3.3
1963	12,188.5	5,452.1	6,736.3	2,770	1,570	1,200	137.0	62.4	74.6	1.1	1.1	1.1	4.9	4.8	5.2
1964	14,610.7	6,673.2	7,937.5	3,220	1,750	1,470	310.5	152.7	157.8	2.1	2.3	2.0	9.6	9.0	10.4
1965	16,620.8	8,451.7	8,169.0	3,880	2,035	1,845	469.7	245.0	224.7	2.8	2.9	2.8	12.1	11.0	13.3
1966	19,289.1	9,776.4	9,522.7	4,245	2,210	2,035	621.4	315.2	306.2	3.2	3.2	3.2	14.6	13.9	15.5
1967	22,104.7	10,441.6	11,663.1	3,895	1,945	1,950	557.7	288.3	369.4	2.5	2.8	2.3	14.4	13.9	14.8
1968	25,958.9	12,971.7	12,987.2	3,765	1,945	1,820	549.6	325.4	224.2	2.1	2.5	1.7	14.6	11.5	17.9
1969	31,013.5	15,990.0	15,023.5	3,860	2,030	1,830	623.5	390.8	234.5	2.0	2.4	1.6	16.2	11.5	21.4
1970	38,198.9	19,317.7	18,881.2	4,220	2,050	2,170	822.7	568.9	253.8	2.2	2.9	1.3	19.4	12.3	25.9
1971	43,730.6	24,018.9	19,711.7	4,635	2,347	2,288	901.4	578.2	323.2	2.1	2.4	1.6	19.4	13.7	25.2
1972	52,061.8	28,591.1	23,470.7	5,714	2,921	2,793	1,100.0	608.9	491.1	2.1	2.1	2.1	19.2	16.8	21.7
1973	75,243.6	36,930.0	38,313.6	8,790	4,120	4,670	2,013.5	1,039.5	974.0	2.7	2.8	2.5	22.9	23.6	22.2
1974	117,646.2	55,535.8	62,110.5	14,080	6,660	7,420	3,289.2	1,984.5	1,304.8	2.8	3.6	2.1	23.4	19.6	26.8
1975	113,615.9	55,752.8	57,863.1	14,575	7,180	7,395	3,787.0	2,258.0	1,529.0	3.3	4.1	2.6	26.0	21.3	30.5
1976	132,024.5	67,225.5	64,799.0	13,255	7,250	6,005	3,039.0	1,666.0	1,373.0	2.3	2.5	2.1	22.9	18.9	27.7

(注) 1950年〜1973年は第1表により, 1974年〜1976年は通商白書 (65) のp.95より計算。
(出所) 拙著 (70) のp.63による。

様相を呈し、経済面においても著しい影響を及ぼしたことは周知の事実である。その結果として、中国の外国貿易全体からみると、その影響は 1967 年に顕在化し、1969 年まで続き、また中日貿易の推移でみると、同様に 1967 年と 1968 年にその影響がうかがえる。

　6．広義の「独立自主・自力更生」方針の政策への適用

　中国経済は、1949 年から 1952 年まで経済回復期、1953 年から 1957 年までの経済建設期および 1958 年から 1959 年における、いわゆる大躍進期を迎えると、「共産風」が熱狂的に「一平二調」(53)の方針のもとに、中国国内を凌駕し、狭義の「独立自主・自力更生」政策が適用されたことは前述した通りであるが、1959 年に始まる中ソ関係の悪化、さらには 1960 年代初期の大躍進政策の反動および有史以来の大自然災害のため、好むと好まざるとにかかわらず、政策の転換が図られ、広義の「独立自主・自力更生」方針の下で、その政策への適用が開始されるのである。すなわち、1961 年以降、中国は米国を除く資本主義諸国との接触を深め(54)、カナダ、オーストラリアおよびアルゼンチンなどの非共産圏諸国からの穀物輸入が始められる（第 10 - 1 表及び第 10 - 2 表参照）。

　このような中国の対外政策を反映して、中日貿易も対日政治 3 原則（すなわち、①中国敵視政策をやめること。②2 つの中国をつくる陰謀に加わらないこと。③中日両国の国交正常化を妨げないこと。）および対日貿易 3 原則（すなわち、①政府の保証しない民間貿易協定は無意味であるとする政府間協定の必要性、②協定のない間も、条件が熟すれば民間契約は結べるという民間契約、③中小企業に特別の困難があれば、総評と中華全国総工会が斡旋するという個別的配慮物資取引）という日本側にとり、きわめてきびしい局面を展開しながらも、世界経済情勢として、東西貿易の緩和が進展してくるにつれ、一定の成果を示し始めるのである。すなわち、1962 年には、対前年比率で 77.2 パーセント増を記録し、1964 年には中日貿易史上、対前年比率で最高の 126.3 パーセント増を示し（第 10 - 3 表参照）、中日両国の貿易全体に占める中日貿易の比重でみても、それぞれ、1964 年には前年の約 2 倍を達成している（第 10 - 4 表参照）。

　しかしながら、その内容を分析すれば、バランスの面で、依然として減少はしてきつつあるものの、日本の入超傾向は 1964 年まで続いていたのである(55)（第 10 - 3 表参照）。

　広義の「独立自主・自力更生」方針が、もっとも明確に政策面であらわれてくるのは、文化大革命後の 1969 年以降ということになるが、なかんずく、そ

の傾向は70年代以降において著しく見受けられた[56]。すなわち、対外的側面では、1971年の中国の国連への復帰を契機として、1972年のニクソン訪中、さらに同年における中日国交正常化や1979年の中米国交正常化が実現され、そのような開放的対外姿勢を背景として、合弁法の制定、自由貿易地域の拡大および補償貿易方針、ならびに委託加工貿易方式の促進および開発が積極的におこなわれ、一方、対内的側面では、企業自主権の拡大、市場メカニズムの導入および契約労働制度の復活などがみられた[57]。

中国のこのような広義の「独立自主・自力更生」政策が、中日貿易にも好影響を及ぼしてくることは当然である。すなわち、1970年の対日貿易3原則の補足として示された、形式的には依然としてきびしい内容の、いわゆる「周4条件」にもかかわらず、1967年および1975年に一時的減少は示したものの、中日貿易は1972年には、対前年比率82パーセント増、1973年には63.4パーセント増を記録し、以後、今日に至るまで著しい飛躍的増加を示し、1980年には、中日貿易史上、それまでの最高記録を達成しているのである（第10－3表参照）。

歴史上、中国の対内外経済政策の中心に、厳然として存在する「独立自主・自力更生」の方針は、表象面の反映として、時には狭義の「独立自主・自力更生」政策となり、また時には広義の「独立自主・自力更生」政策として、現実の状況に適用されているのである。

かりに中立政策があるとするならば、それを基準として、つねに左右への一定した"Swing"をともなって、中国の対内外経済政策は進められてきているようである。

今日、著しく顕著になってきた中国の広義の「独立自主・自力更生」政策も、そのような意味では、かつての、いわゆる「調整」政策にもみられるように、一定の歯止めがかけられようとしており、決して広義の「独立自主・自力更生」政策が、何らかの"Flash Over Point"（爆発点）を契機として、一人歩きすることが考えられないことは、これまでの議論から当然である。

なぜならば、中国は確固とした社会主義国家であり、その「独立自主・自力更生」的精神は、これまで詳細に見てきたことからも明らかになったように、中国を理解する上で密接不可分なものと考えるからである。

そのような意味から考えても、中国にとり不可避的な「中国中心論」から派生した「独立自主・自力更生」的精神を常に念頭におきながら、われわれは中

国のこれからの対内外経済政策を考える必要があるであろう。

　また、そうしなければ、研究する側においても、たびたびの変更や修正を余儀なくされることになり、結局、それに対して払われた努力も徒労におわり、その成果も砂上の楼閣と帰すことになるだろう。

　前述したように、1950年代前半に旧ソ連からの借款があったことはこれまでに述べてきた通りであるが、これは「向ソ一辺倒」という毛沢東路線によるものであった。

　しかしながら、輸入に伴う外貨不足は中国政府にとってきびしい現実であった。

　そのために、已むを得ず、借款の定義が問題にされるようになってきたのである。つまり、それまでの定義によれば、借款とは、①プラント輸入代金の延払い②民間資金の借り入れ、③政府間借款の3つが借款として定義され、狭義の「独立自主・自力更生」路線をとる中国政府は、①を商習慣の一部であるとして例外的に受け入れてきていたが、それ以外はすべて拒否してきたのである。

　ところが、1977年後半になって、建国以来の新しい決定である資本主義諸国からのあらゆる借款の受け入れが表明されたのである。

　1977年には、さらに驚くべき決定がなされた。すなわち、中国国内での私企業の活動を認めていなかった中国政府が、社会主義をとる中国政府が、外国資本の活動を認めたのである。つまり、「改革・開放政策」が号令されたのである。

　実質的には、外資の導入は1979年になってであるが、中国にとって大転換の時期を迎えることになったのである。

　もちろん、そこに至るに当たっては、借款の定義に対するさまざまな論争があったことは言うまでもないが、たとえば、①借款は「自力更生」と両立するのか？②共産主義政権成立以前の約100年に及ぶ屈辱の近代史が借款と結びついていた事実を思い出させることにならないか？等々、であるが、結局、1978年は中国にとって「改革・開放政策」の大きな転換の年になったのである。

　しかしながら、この大転換政策が、鄧小平による1978年の「南巡講話」という、いわゆる、これまでと変わらない大指導者のツルの一声で決定されたわけではあるが、社会主義中国といえども一枚岩では決してなく、現在の対外路線を根本的にくつがえすかも知れない（現実の可能性としては、ほぼ100パーセントに近い確率でありえないと予想されるけれども）極左勢力の台頭も今後、念頭にわれわれは入れておかねばならないだろう。

第 10 章　近代科学技術と経済との関係からみた中日比較研究　　　263

補節　ニーダム逆説

＊本補説は、大連理工大学社会科学学院の劉則淵教授による「ニーダム逆説：近代科学技術はなぜ中国で1番最初に起源しなかったのか？」（九州国際大学経営経済論集第10巻第1号、2003年7月、第2号、12月および第3号、2004年3月）を、著者と共訳者の了解を得て転載したものである。

①はじめに

中国の近代以来の科学技術の発展を歴史的に回顧しながら、歴史上の経験を総括し、「ニーダム逆説」の謎を解明し、中国の科学技術の歴史や社会文化を根底から見直すことにより、今世期中葉までに完全な科学技術現代化を実現させる対策を探ることこそが、中国科学学の1つの重要な使命であると考える。

すばらしい古代の科学技術を完成させた中国で、なぜ近代科学技術の起源・発展が外国に比して立ち遅れたのか、すなわち、近代科学はなぜ先ず中国ではなく、18世紀半ば頃に、中国よりも立ち遅れていた欧州に起源したのかという歴史的事実が、近代以来、世界の多くの専門家諸氏や各界名士の抱いていた問題であり、そしてその結果として、それぞれの人々がそれぞれ独自の解答を提出してきた。

ニーダム（Joseph Needham）は、その大著である「中国科学技術史」の第1巻の序言の中で、この問題に対して集中的な総括をしたが、その後に世界の人々は、さらに一層、この問題に対して興味をもつようになっていった。

この問題は通常、『ニーダムパズル』とか『ニーダムの謎』と言われているが、私は、ニーダム自身がいくつかの逆説を設定して論証した分析手法にしたがって、「ニーダム逆説」と呼んでいる。

『ニーダムパズル』の研究では、これまでまだ世界的に公認された統一的解答は得られておらず、そしてまた『ニーダムパズル』そのものに対する疑問や問題点も数多く指摘されてきているが、現在でもなお数多くの人々の『ニーダムパズル』に対する研究の情熱は冷めておらず、『ニーダムパズル』に対する研究の過程は、その結論にも増して勝っていることがうかがえるのである。

中国で有名な学者の1人である範岱年先生は、「中国の近代科学立ち遅れの原因に関する討論」[58]の中で、80有余年以来の中国の近代科学落伍の研究と

『ニーダムパズル』問題の状況に対して、全面的な回顧、総括および評価を展開している。

　私は、彼の「我々は、『ニーダムパズル』の有しているいくつかの問題点を修正することは可能であるけれども、古代から現在までの中国と欧米諸国との文化史や科学史に関する比較研究は、一貫して1つの学術的意義や現実的意義に加えて巨大な魅力も有している課題である」という考え方に対して積極的に賛成したい。

　『ニーダムパズル』を1つの「虚偽的問題」[59]と見做しても、依然としてその問題に対する解答を求め続けている人々がいるはずである。

　梨の木に桃が実るのかどうか[60]、鶏の卵から鴨が孵化するのかどうか[61]、そしてまた南と東への2つの道をそれぞれ歩いて行く人[62]が、最終的にローマに到着できるのかどうかという問題は、おそらく実践によって結論を出さなければならないが、少なくとも中国では、基本的に4つの現代化を実現する前には、『ニーダムパズル』の問題にピリオドを打つことはできないであろう。

　私は長い間、この『ニーダムパズル』論争には介入してこなかったが、この10数年来、理科と工学科の博士過程の学生に対する理論の講義をする過程で、終始、「ニーダム逆説」(すなわち、『ニーダムパズル』)を専門的な問題の1つとして取り上げており、この間、一貫して学界の『ニーダムパズル』に対する研究やその進展に注目してきた(付録を参照のこと)。

　そこで、これまでの講義の内容を整理してまとめたものを以下に述べさせて頂くが、それに対してこの問題に関する専門家諸氏の御意見を伺えれば幸いである。

　②ニーダム逆説の三重の内包

　中国の近代科学技術の立ち遅れの原因に関する問題に対して、ニーダムは『科学と世界に対する中国の影響』(1964年)[63]という著書の中で3つの「逆説」、——私はこれを「ニーダム逆説」と呼んでいるが——、に対する分析に基づいた彼の主張にほぼ賛成している。すなわち、ニーダムはこの著書の中で、中国古代の大量の科学技術の成果を実証した後に、学界で長期にわたって存在している3つの論点、つまり、①中国無科学論、②制度による発明抑圧論および③中国文明停滞論に対して強力な論駁をしているのである。そしてその結論部分で3つの「逆説」を提起しているが、その「逆説」の3つの内容が前述した3つの論点に似ていないように見えて実はよく似ているという見解に対して

第10章　近代科学技術と経済との関係からみた中日比較研究　　265

も分析を加え、反駁し、その結果として、中国の近代科学がなぜ立ち遅れたのかという問題をさらに一層、深化させてきているが、それゆえに私は、その問題に対して積極的意義を考慮して「ニーダム逆説」と呼ぶことにしたのである。

ニーダム自身が自ら提起した問題に対して、多くの専門家がつぎつぎとその解答を捜し求め、修正が加えられて更にこの問題は深化してきている。

「ニーダム逆説」に対して今や我々は、この逆説が次第に深遠な3つの内容、或いは3つの逆説を包括して1つにしたものであると明確に言うことができる。

　1．中国無科学論とニーダムの第1逆説

注意して頂きたいことは、馮友蘭先生の「中国にはなぜ科学がないのか」(1936年) という論文の見解を引用している「中国無科学論」問題のキーポイントが、人々の「科学」という概念に対する理解の結果として存在するということである。

「科学」とは、経験、実用および思弁という形態の古典科学と数学、実験および仮説という形態を基礎としている近代科学を包括しており、これらの集合体として「科学」は形成されている。

もしも「科学」が、ただ単に近代科学だけに限定されるとすれば、厳密な意味ではルネッサンス以前のヨーロッパにも「科学」は存在していなかったことになる。

「科学」を古典科学も包括した「科学」とするならば、5世紀から15世紀までの中国の科学技術の成果には輝かしいものがあり、そしてヨーロッパよりも先進的なリードであった（もちろん、これは全体的なリードであり、どの分野でも中国がヨーロッパをリードしていたわけではない）。

このように、中国科学の近代化の立ち遅れの問題は、そもそも当初から中国の科学が立ち遅れていたわけでもなければ、もともと中国に科学技術がなかったわけでもなく、さらに古代の科学技術と近代の科学技術との間に何らかの関係があったわけでもなく、結局、中国では近代科学が生み出されなかっただけのことであり、その結果として、中国の近代科学は立ち遅れたのである。

それゆえに、ニーダムの第1逆説は、古代の科学技術が非常に多くの成果を生み出した中国で、なぜ近代科学は生み出されなかったのか、或いは逆に、近代科学がなぜ中世紀に、科学技術が中国よりも立ち遅れていたヨーロッパに起源したのかとも表現することができる。

2．制度による発明の抑圧論とニーダムの第2逆説

　中国科学の近代化の立ち遅れの原因に関して、単純に中国の官僚封建制が科学の応用や技術の発明を抑圧したという一般的説明を、ニーダムは、説得力のある例証を用いて否定している。すなわち、紀元前5世紀から15世紀にかけて中国の官僚封建制度は、自然の知識を応用するという面では、ヨーロッパの軍事貴族封建制或いは奴隷制の古代文明よりもかなり有効な制度であったということを証明している。たとえば、中国の漢王朝期には、地動儀を用いて地震が発生したという情報とか、その地震の方角を確認してから宮廷の皇帝に知らせたり、また唐代では、探検隊を派遣してインドシナから蒙古までの1500余マイルの長さの子午線の弧度経線のラジアンを測ったり、そしてジャワから南天極（南の天球を天球儀で測ることの可能な範囲のこと）の20度以内の星図の図面作成に成功したり、さらに宋代では、雨や雪の計量ステーションのネットワークの確立に成功しているのである。それゆえに、中国で近代科学が生み出されなかった原因が、中国の官僚封建制による抑圧の結果であったと言うならば、それではなぜ、漢・唐代以降、封建的朝廷がかなりの分野で科学の応用を奨励していたのかということになり、まさにこれこそ明白な1つの逆説になるのである。

　私見ではあるが、この逆説は、人々に探究に値する意義深い疑問、すなわち、相当に広範囲にわたって科学の応用を奨励していた中国の封建制度が、なぜ近代科学の中国での起源ということとつながらなかったのかという問題として提起することができるのである。

3．中国文明停滞論とニーダムの第3逆説

　早くも19世紀のフランスで、大作家であるヴィクトル・ユーゴー（1802～1885）は、自分の作品である「笑顔の人」の中で、次のように述べていた。すなわち、「印刷術、大砲、風船および麻酔薬というようなこれらの発明は、中国人の方が我々より早かった。しかし、中国には1つの独特の特徴があった。つまり、ヨーロッパでは1つの発明があると、たちまち生気溌剌として一種の奇妙なものとして発展していったが、中国では逆に、依然として胚胎の状態で誰にも知られないように深々として停留させているが、これはまさにアルコールの入ったガラス瓶の中に胎児を保存しているのと同一である」と。

　これは中国社会が停滞して進歩しなかったことに対する辛辣な諷刺のようであり、この時以降、これは中国人と外国人が中国と西洋との文化を比較する時

の常套手段となっていき、世界の人々に思考停止の次のような潜在意識を植え付けたのである。すなわち、中国という国は、永久不変の文明停滞の国であり、そして西洋とは、文明が永久に大変動する地域であるということを。

ニーダムは、厳粛に次のように指摘している。すなわち、「あらゆるこれらの奇妙な比較は、歴史上、すべて偽りであるということを証明することが可能である。中国人による発見や発明は、ほとんどすべてのものが広範囲に応用されてきたが、しかしながら、これらの応用は、ただ単に一種の相対的に安定し、かつまた標準的な社会体制下での制御の下であった」と。

ニーダムは、中国文明停滞論に反対しており、「西洋の人々の誤解により、停滞という古くさくて出たら目な論調が引き起こされ、従来、全くこのようなことが中国に適用されたことはなかった。中国は、ただ緩やかにかつまた安定的に発展し、西洋のルネッサンス以降、近代科学の指数に基づいた発展やその他の一切の成果を超越してしまった」と考えたのである。

もちろん、ニーダムもヨーロッパが起源となった近代科学が、中世紀の科学技術の基礎の上に確立されたものであることと、中世紀の科学技術の大部分が、ヨーロッパを起源としているものではなく、それらは主としてアジアから、そして特に中国から来たものであることは明確に強調している。そしてさらに、中国での発見や発明、その中でも特に火薬、羅針盤および印刷術がヨーロッパに伝播し、欧米諸国の社会構造を打ち砕く時限爆弾になったのである。

この第3の逆説は、もっと広範囲な、そしてまたもっと深刻な社会の有する意味をもっている。すなわち、中国古代の科学技術は、なぜ中国社会の変革を引き起こさなかったのか、そしてまた逆に、なぜヨーロッパ社会の変革や近代科学を生み出した重要な梃子となったのかということである。

これらの3つの逆説は、相互に関連しており、そして近代科学がなぜ中国で引き起こされなかったのかということを明らかにするには、単純にその理由を中国の封建制度に求めるやり方は不十分であり、近代科学を生み出したヨーロッパでも中世紀の封建制度は相当な暗闇の中であったし、しかも中国の封建時代の科学技術は、ヨーロッパよりもさらに先進的なものであった。それゆえに、なぜ近代科学の起源がヨーロッパだったのかという疑問に答えられなければならないはずである。

要するに、「ニーダム逆説」の内包を理解するということが、中国の近代科学技術の立ち遅れの原因の解剖に非常に役に立つものと考える次第である。

③「ニーダム逆説」の経済的背景

その性質から言えば、「ニーダム逆説」とは、ただ単に世界の人々からさらに注目されるようになった問題、つまり、なぜ立ち遅れたのかという問題の一部分に過ぎない。

ここで言う近代中国の立ち遅れとは、ヨーロッパの資本主義時代への突入以降、近代における中国全体の立ち遅れ、その中でもとくに近代経済の立ち遅れを意味している。

我々は科学や技術および経済との間に、1つの複雑な非一次方程式の関係があることは知っているけれども、しかしながら、それは単純な一次方程式の関係でもない。

しかしながら、科学技術は生産力として、生産力の発展や経済成長と、間接的にせよ直接的にせよ、また潜在的にせよ顕在的にせよ、そしてさらに縮小的にせよ拡張的にせよ、多かれ少なかれ正の相関性を必ず有しており、それは全く疑いのないことである。

もしも中国と欧米諸国との科学技術の発展の長い道程の比較と同時に、多少とも中国とヨーロッパとの経済史の比較をやってみるならば、我々は近代中国の衰退のひどさをさらに深く痛感することができ、多分、「ニーダム逆説」の内包に対しても正確な意味の把握ができるものと私は考えている。

有名な経済学者であるアンガス・マディソン（Angus Madison）の中国とヨーロッパの経済成長の比較分析での歴史的考察[64]によれば、紀元1世紀から紀元17世紀末にかけて、中国の人口は4,000万人から1億3,000万人に増えており、1人当たりの所得は、宋朝の時代にはおよそ3分の1増大し、元朝時代（13世紀～14世紀）の所得は減少しているが、明・清朝の時代にはおよそ同一のレベルになっている。

第10-5表　中国とヨーロッパの1人当たりGDPと推定人口

（数字は1人当たりGDP、1990年の米ドル換算、括弧内の人口は100万人）

年　　　代	50（東漢）	960（北宋）	1280（元初）	1500（明朝）	1700（清朝）
中　　　国	450（40）	450（55）	600（100）	600（103）	600（138）
ヨーロッパ	450（34）	400（40）	500（68）	550（72）	870（96）

（出所）アンガス・マディソン（Angus Madison）『中国経済の長遠の未来』、新華出版社、1999年。なお、ヨーロッパの数値にトルコと旧ソ連は含まれていない。

第10章 近代科学技術と経済との関係からみた中日比較研究　　269

　中国とヨーロッパの比較では、紀元1世紀のヨーロッパと中国経済の発展のレベルは、ほとんど同じであったが、中世紀に入るとヨーロッパの1人当たり所得は、すでにもう中国が大きな差を示しており、ヨーロッパは中国に比して大きく立ち遅れ、中国の人口がヨーロッパより相当に増大しているという状況を考慮に入れるならば、両者の差異はかなり明確に察知することができる。

　しかしながら、17世紀になると、ヨーロッパ人の1人当たり所得が急速に増大し、中国に比してきわめて高くなっていることが示されている（第10-5表を参照）。 欧米諸国の資本主義時代への突入以降、中国は依然として封建専制社会のまま停滞し、経済は相対的に立ち遅れてしまった。

　しかしながら、19世紀初めのアヘン戦争前まで、中国経済は継続して世界全体の3分の1を占めていたが、1人当たりの国民所得は世界の平均水準に比して低く、ヨーロッパとアメリカの半分ほどであった。

　清朝政府は、天朝大国として古い殻に閉じこもって進歩を求めようとはせずに鎖国政策をとったため、その結果として中国経済は衰退し始め、さらに欧米

第10-6表　**中国と世界全体およびその他の諸国との経済水準の比較**

(A.Madison、1999)

年代	中国	日本	ヨーロッパ	アメリカ	ロシア	インド	世界全体
1人当たり国民総生産（単位：1990年の米ドル換算）							
1700年	600	600	870	600	600	531	604
1820年	600	675	1,129	1,260	751	531	673
1952年	537	2,351	4,374	10,645	2,928	609	2,268
1978年	979	12,581	10,860	18,251	6,565	972	4,382
1995年	2,653	19,720	13,951	23,377	4,383	1,568	5,194
国民総生産（単位：1990年10億米ドル）							
1700年	82.8	16.2	83.5	0.6	12.6	81.2	359.0
1820年	228.6	20.9	188.0	12.6	33.8	111.22	706.4
1852年	305.7	202.9	1,758.2	1,677.1	512.6	226.6	5,916.1
1978年	935.9	1,446.2	5,220.9	4,062.3	1,715.2	630.8	18,683.1
1995年	3,196.3	2,476.3	7,004.8	6,149.5	648.7	1,437.0	29,421.3

（出所）アンガス・マディソン（Angus Madison）『中国経済の長遠の未来』、新華出版社、1999。

第 10-2 図　中国とヨーロッパの 1 人当たり GNP の比較

（紀元 50 年～1995 年）

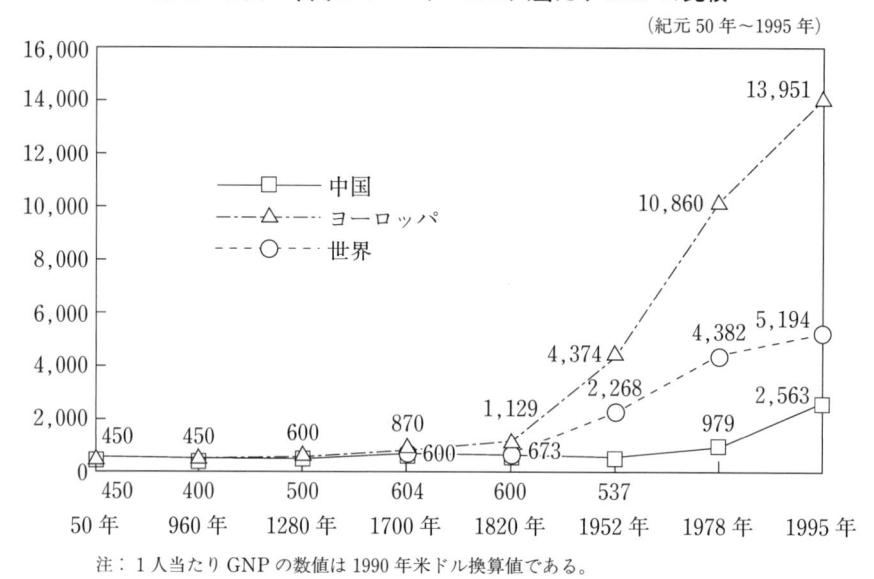

年	中国	ヨーロッパ	世界
50 年	450	450	
960 年	400	450	
1280 年	500	600	
1700 年	604	870	
1820 年	600	1,129	600
1952 年	537	4,374	2,268
1978 年	979	10,860	4,382
1995 年	2,563	13,951	5,194

注：1 人当たり GNP の数値は 1990 年米ドル換算値である。

第 10-3 図　世界の GNP 分布

（1700 年～1995 年）

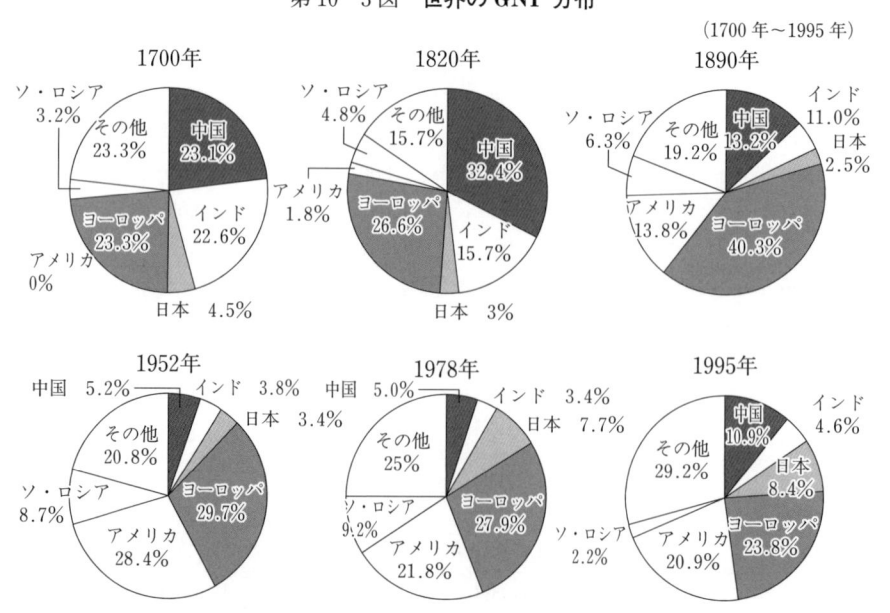

1700 年
- 中国 23.1%
- インド 22.6%
- 日本 4.5%
- アメリカ 0%
- ヨーロッパ 23.3%
- ソ・ロシア 3.2%
- その他 23.3%

1820 年
- 中国 32.4%
- インド 15.7%
- 日本 3%
- アメリカ 1.8%
- ヨーロッパ 26.6%
- ソ・ロシア 4.8%
- その他 15.7%

1890 年
- 中国 13.2%
- インド 11.0%
- 日本 2.5%
- アメリカ 13.8%
- ヨーロッパ 40.3%
- ソ・ロシア 6.3%
- その他 19.2%

1952 年
- 中国 5.2%
- インド 3.8%
- 日本 3.4%
- アメリカ 28.4%
- ヨーロッパ 29.7%
- ソ・ロシア 8.7%
- その他 20.8%

1978 年
- 中国 5.0%
- インド 3.4%
- 日本 7.7%
- アメリカ 21.8%
- ヨーロッパ 27.9%
- ソ・ロシア 9.2%
- その他 25%

1995 年
- 中国 10.9%
- インド 4.6%
- 日本 8.4%
- アメリカ 20.9%
- ヨーロッパ 23.8%
- ソ・ロシア 2.2%
- その他 29.2%

注：GNP 分布の数値はドル換算値である。

の列強諸国から侵略を受けるようになり、20世紀半ばに至ると中国経済は、世界のわずか5％を占める国となり、1人当たりGDPは、世界平均水準の4分の1になってしまったのであった。

　もしも前記の経済分析（第10-5表、第10-6表、第10-2図および第10-3図）と科学技術の発展の統計分析（第10-7表と第10-8表）[65]を対比するならば、中国とヨーロッパの科学技術と経済との間に明確に正の相関関係が表されており、とくに技術と経済との相関が最も際立って出現していることが理解できる。

　15世紀以前、中国とヨーロッパの科学技術の発展の全体像から言えることは、技術的成果では中国がヨーロッパより優れ、理論科学の成果の面ではヨーロッパの方が中国より優れていたが、15世紀以降のヨーロッパの技術的成果では、総積分の中での比重が速やかに増加していることが挙げられる。

　しかしながら、5世紀から15世紀までの間、すなわち、晋朝から明朝までの時代にかけて、中国は科学技術全体からみるとヨーロッパよりもはるかに先進的であった。

　もっともヨーロッパの5世紀から11世紀にかけての科学技術の成果は、統計によるとほとんど空白に近い状態であった。

　この事実は、経済統計分析の結果と非常に密接な関係をもっていることを示している。

　我々は、再び第1表に基づいて作成した第10-4図に、ニーダムの『世界科学の講演』の中での、「世界の科学発展の中でのヨーロッパと中国の役割」を示した曲線（第10-5図）と参考文献の中での統計曲線を比較対照として加えるならば、科学技術の進展と経済成長との間に存在する対応状況と正の相関の度合いが、より一層、明確に際立っていることを理解するのである。

　もちろん、ニーダムが用いた図では、中国の科学技術がヨーロッパよりも先進的であった時期が、かなり前に推定はされている。

　アンガス・マディソンも、ニーダムの著書が中国とヨーロッパ諸国の技術発展に1つの比較の視座を提供したことは評価しながらも、技術開発の経済にもたらしたショック〔(64)のP.36の注2を見よ〕を考慮しておらず、さらに一方で、中国がヨーロッパ諸国に比して先進的であった時期に対してもかなり前の時期として推論していると指摘している。またニーダムの経済成長の変化に対する推論が、時間的間隔の尺度から見ると過大であり、もしもそのように考え

るならば、中国がヨーロッパ諸国よりも先進的であった時代は、少なくとも隋朝と唐朝よりも早かったということになる。

ニーダムの彼の図による推論と、彼の『科学と世界に対する中国の影響』(1964年)の中での推論も一致しておらず、後者は、中国が5世紀から15世紀にかけてヨーロッパよりも先進的であったと認められる点に関しては、おおよそという観点から理解されるべきである。

以上のことから次のような結論を得ることができる。すなわち、既に述べた「ニーダム逆説」の基本となっている内包は、十分な歴史的事実に依拠しており、『ニーダムパズル』を根本から否定しようとする企図、すなわち、「ニーダ

第10-7表 欧米諸国の理論、実験および技術の各世紀の積分中に占める比重 (%)

世紀	-6	-5	-4	-3	-2	-1	1	2	3
理論	49	57	77	72	51	38	70	60	75
実験	9	8	11	12	37	25	13	6	6
技術	42	35	12	16	25	24	17	34	19
世紀	4	12	13	14	15	16	17	18	19
理論	18	90	21	2	5	47	61	31	33
実験	46	5	23	1	6	20	22	20	29
技術	36	5	56	97	89	33	17	49	38

(出所) 金観涛・樊洪業・劉青峰『文化的背景と科学技術の結合の変遷——問題と方法集撰——』、上海人民出版社、1986年のP.168より引用。

第10-8表 中国歴代の理論、実験および技術の総積分中に占める比重(%)

朝代	春秋	戦国	秦	西漢	東漢	魏	西晋南北朝	
紀元	~前475	~前221	~前206	~8	~220	~265	~589	
理論	12	23	0	6	10	13	15	
実験	2	8	0	9	14	1	13	
技術	86	69	100	85	76	86	72	
朝代	隋	唐	五代	北宋	南宋	元	明	清
紀元	~617	~906	~960	~1127	~1279	~1368	~1644	~1911
理論	2	8	—	4	19	8	16	40
実験	0	11	—	6	7	12	3	1
技術	98	98	—	90	74	80	81	59

(出所) 第10-7表と同じ。

ム逆説」を否定しようとするいかなる見解も成り立たないということである。

　ここで指摘されるべきことは、新中国の成立以降、中国人民は立ち上がったけれども、経済や技術は依然として立ち遅れていたということ、そして改革・開放以降の20年の間に、中国経済は目覚ましい発展を遂げ、世界の総生産の10分の1を占めるようにまでなった（アンガス・マディソンによるドル換算値での推定値）ということであり、中国の歴史上、この20年間は発展が最も急速であり、かつまた中国にとってはベストの時期でもあったということである。

　我々はいつこの比例関係を、人口の増加率に等しい比例関係の22パーセントに上昇させることができるのであろうか。

　我々に科学技術の角度から、あの回顧に堪えられない歳月を逆にじっくりと考えさせて貰える機会を与えて頂けるならば、多分、過去の忌まわしい事実が何人かの人々を深く考えさせ、啓発させるものを引き出させたのかも知れないと考えている。

　④中国近代科学史の時期区分基準とニーダムの法則

　周知の通り、中国近代史はアヘン戦争から始まっている。これは中国近代科学技術史を説き起こすと、不思議なことに中国の近代史の時期区分と一致している。

　杜石然等の編による『中国科学技術史稿』の最後の章によれば、「近代の科学技術」の時期は、「清末、民初の時期、すなわち、1840年～1919年」と画定されている。

　しかしながら、当該本の最後の章の前でわざわざもう1章を用いて「欧米諸国からの科学技術の伝播の開始」に関して触れており、その時期を「明・清代の後半、つまり、17世紀～1840年」としているが、これは明らかにただひたすら「伝統的科学技術の緩やかな発展（明・清代の前半、つまり、1368年～17世紀）の1つの補完(66)」であった。

　確かにこの1時期における中国が主導的地位を有した伝統的科学の性質や特徴に着目するならば、このような時期区分には道理がないとは言えないであろう。

　これまで中国国内で編集された世界科学技術概論や教科書などで中国の科学技術の発展の問題について触れられる時、ありとあらゆるものが世界の近代科学技術史前の古代科学技術史の中に組み込まれていたのである。

　国内外の学術界では、「ニーダム逆説」を究めていた研究的な著書でさえ、

第10-4図　中国とヨーロッパの1人当たりGDPと人口の推定値

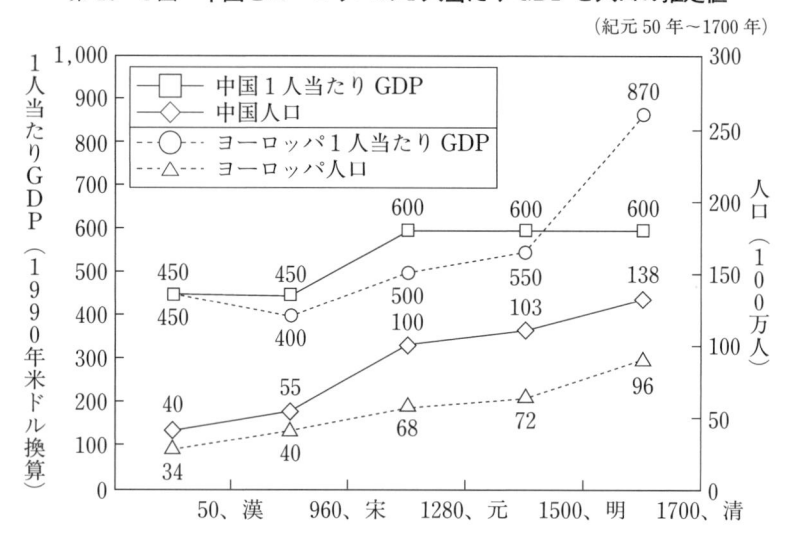

（紀元50年～1700年）

第10-5図　ヨーロッパ近代科学の中国伝統科学に対する超越点と融合点（ニーダム）

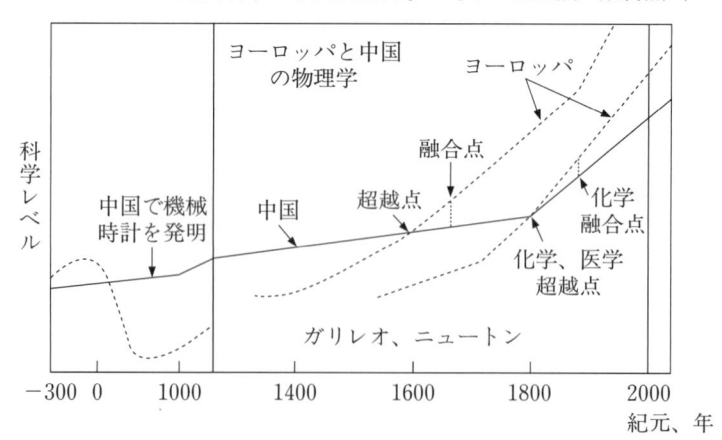

欧米諸国の近代科学が中国に広く伝え始められたという歴史に関しては、余り語られたことはなかったのである。

　私見ではあるが、この時期にこそ「ニーダム逆説」の解答に値する歴史的事実が存在していると考えている。

　中国の科学技術史研究の権威ある専門家として知られているニーダム博士は、

第10章　近代科学技術と経済との関係からみた中日比較研究　　275

この時期区分の問題に対して議論したのであろうか？

　ニーダム博士は、直接、中国の近代科学技術史の時期区分の問題に対して明確な画定はしなかったけれども、中国の科学技術史の研究の中で、常に中国と欧米諸国の科学思想の比較という視点を貫いており、そしてさらに中国と欧米諸国間の科学や文化の触れ合い、双方の交流や伝播を中心問題の1つとして取り扱っていたのである。

　ニーダム博士は、次のような1つの歴史的事実を解明し、そしてそれによって実質上、中国の近代科学の起点問題を提起したのであった。すなわち、歴史的偶然の一致により、近代科学のヨーロッパでの出発時点とイエズス会宣教師による中国での活動がほぼ同一時期であり（たとえば、マテオ・リッチは1610年に北京で死去している）、これを契機として近代科学はたちまちのうちに中国の伝統科学と融合したのであると[67]。

　日本の科学技術史学の専門家である湯浅光朝氏も、ニーダム博士とほとんど同じ考え方を述べている。すなわち、「近代文化の1つの著しい特徴は、科学技術が極めて高い地位を占めていたということである。それゆえに、東方各国 ── 日本、中国およびインド ── の近代化の道程は、西ヨーロッパの科学技術が伝播した歴史と完全に並行していた」と。

　湯浅氏は、『科学文化史年表解説』の中で、「中国近代科学史」を独立した1つの時期として取り上げ、アヘン戦争を境としてアヘン戦争前（マテオ・リッチが中国に到達してからアヘン戦争が始まるまでの約250年間）と、アヘン戦争後（1839～1927年）という2つの時期に区分している[68]。

　著名な華僑のアメリカ人科学技術史専門家の楊振寧氏は、中国と西洋との文化面における衝突という視点から中国の近代科学の発展の歴史を分析し、次のような時期区分を主張している。すなわち、最初の時期は1600年から1900年、つまり、マテオ・リッチが北京に到達してから8ヶ国の連合軍が中国を侵略した年までの300年間であり、この期間は中国の伝統文化が優位に立ち、西洋科学は軽視され、抑制されていた時期であった。

　そして次の時期は1900年から1950年までであり、この時期は、非常に早いスピードで西洋の科学技術が導入され、修得された時期であった。

　そして最後の時期は、1950年以降の中国が独立して科学技術を自力で発展させた時期である[69]。

　中国の近代科学史の時期区分に対して異なった見解が存在する理由は、時期

区分の基準が相違しているからである。

　科学技術史の専門家は、科学技術の研究に対して、通常、所謂、内史と外史という2つの区分を使用している。そのため、基本的には科学技術史の時期区分に2つの基準が存在することになり、前者は主として科学技術の発展過程に沿って研究されてきたが、一方、後者は主として科学技術の発展が一種の社会史的過程として研究されてきたのである。

　後者の基準によれば、経済社会の形態の相違によって社会の進展の時期や段階を区分することに加えて、科学技術の時期区分を確定することになる。

　この基準では、1840年のアヘン戦争後は、中国社会の特徴には根本的な変化、すなわち、封建社会から半封建半植民地社会という変化が生じているのである。

　それゆえに、中国の科学技術史では、自然に1840年が古代と近代の境界とされることになる。

　しかしながら、この時期区分では、ただアヘン戦争前後の中国の異なる社会段階の科学技術の発展の状況を説明することはできるけれども、これによって中国古代の科学技術が、1840年前後から近代科学技術の新段階に突入したと断定することはできない。

　一方、前者の基準に基づいて研究するならば、すなわち、科学技術の内在的特徴から中国の近代科学技術史の起点と時期区分をするならば、中国がいつから近代科学技術の新段階に入ったかということをどのように判定するかが最大の難しい問題になってくる。

　それゆえに、今日までこの内史という時期の区分法を用いて中国の近代科学技術史を論じているものを私は未だ見たことがない。

　しかしながら、西洋の近代科学史には、このような困難な問題は存在していない。

　中国や外国の科学技術史の専門家は、ヨーロッパに起源した近代科学は、15世紀のルネッサンスや宗教改革の後に直ぐに生まれたと考えており、この科学は中世紀の思想と異なって宗教や神学の教えを突き破り、思惟弁別の哲学からも分離し、数量分析や実験・観察の基礎の上に独立して発展して行ったのである。

　通常、コペルニクスが主張した地動説（太陽中心宇宙説）〔1543〕が近代科学の起点とされた（さらに早いものとしては、15世紀のダ・ビンチが起点とされたり、

逆に、遅いものとしてはガリレオが起点とされた)。

　以上のことから、ヨーロッパの近代科学史と近代社会史がおおよそ重なっていたことが理解されよう(前者は後者よりもやや遅れたけれども、近代科学の出現は、ヨーロッパの近代社会の発展の推進力となるとともに、突出的な特徴を有していたのである)。

　それゆえに、所謂、内史と外史という区分は、あくまでも相対的な言い方であることが解る。なぜならば、科学技術は一種の社会現象であり、常にある一定の社会条件の下で存在するとともに、発展もするからである。

　一方、社会の発展史という視点から見れば、社会形態の変化は、生産力によって決定され、科学と技術は生産力を発展させる重要な要素である。

　ニーダム、湯浅光朝氏および楊振寧氏による中国の近代科学技術史に関する起点や時期区分に対する考え方にきわめて新しい意味があるのは、3者全員が科学技術と社会文化という同一の視点から考察し、さらに世界の科学史と文化史という視点から考察しているからである。

　そのように考えるならば、次にニーダムが1967年に提起した科学に関する「世界的規模での創生法則」について触れておく必要があろう。

　これは中国の近代科学技術史の起点や時期区分の確立に対して重要な方法論としての意義を有している。

　所謂、科学の世界的規模での創生法則 (the Law of Oecumenogenesis) というのは、西洋の近代科学が中国の伝統科学を超越し、最終的には融合するまでの法則のことである。

　我々は、以下、これを「ニーダムの法則」と呼ぶことにする。

　ニーダムは、この法則について次のように述べている。すなわち、「ヨーロッパの或る近代的な自然科学が、誕生から中国の同じ該当分野の科学と結合して近代の自然科学の世界的統一体となるのに必要な時間と、その生物学的内包は、正比例の関係にある」と。そして「1つの科学研究の対象は、有機的度合いが高ければ高いほど、またそれが波及する総合性が強ければ強いほど、ヨーロッパ文明とアジア文明の間での当該科学の超越点と融合点の時間的間隔は長くなる」と[70]。

　ニーダムの研究結果に基づけば、数学、天文学および物理学の分野では、ヨーロッパの中国に対する超越点は1610年であり、植物学の超越点は1700年から1780年、融合点は1880年、医学分野では外科手術と病理解剖の超越点は

1800年、治療効果の超越点は1870年から1900年の少し前であるが、西洋医学と漢方医学との全体的融合の道程は今なお進行中であり、未完成の状態にある。（第10‐4図を参照せよ）。

このようにニーダムの法則は、我々に中国の近代科学技術史の起点と時期区分の確定に必要な1つの基本的な方法論上の法則、すなわち、世界的規模での科学の統一性の法則を提供してくれたのである。

近代科学の起源が、ヨーロッパより起ったことが明確にされたからには、つぎの中国の近代科学技術史の検討には、近代科学の中国への伝播や発展の過程を考察するとともに、中国社会による西洋諸国からの科学技術の受け入れや吸収の状況も考察されねばならない。

その問題に関しては、ニーダムの法則によれば、中国の近代科学技術史の起点は1582年ということになり、そしてそれ以降は、以下の4つの時期に分けられると考えられる。

1．西洋科学の東漸による復興期（1582～1840年）

この時期は、イタリア人であるイエズス会メンバーのマテオ・リッチの1582年に中国の広東への到達を起点として、1840年のアヘン戦争開始までの長い2世紀半の期間である。

この時期は、西洋諸国の近代科学が中国へ伝播し始め、中国側がそれを消極的に防止したり、受動的に受け入れたりした時期でもあった。

中国の伝統的科学技術は、当然のことながら全くその影響を受けることなく、依然として少しずつではあったが発展して行ったのである。たとえば、明代の李時珍による『本草綱目』（1590年）、宋応星による『天工開物』（1637年）および徐興啓による『農政全書』（1637年）等々が世に出たが、残念なことにそれらのいずれもが当時の社会からも、また、明・清両政府からも重要視されなかったのであった。

この時期は、康熙・乾隆という2人の皇帝の全盛期で、かつまた平和な時代でもあったにもかかわらず、両皇帝の個人的趣味による行動の結果、学術の面ではある時期に繁栄したこともあったが、ヨーロッパの近代科学と同じような巨大な成果は収められず、ヨーロッパ諸国の科学は、ただただ奥深い宮殿の中でおもちゃにされたに過ぎなかった。

このように、西洋諸国の近代科学の中国への伝播は、中国の伝統的科学の緩やかな発展と並行し、逆転はしなかったけれども、部分的には両者の融合も見

2. 清朝末期の洋務運動期（1840～1895年）

この時期は、アヘン戦争の敗北から日清戦争（甲午戦争）の敗北以降の清代末頃までのおよそ半世紀以上の時期である。すなわち、これは中国が敗北の屈辱から反省し、自発的に西洋の科学技術を導入した時期である。

この洋務運動は、西洋の技術を大量に導入することから始まって軍事工業を発展させ、外国の技術の導入を通じて官営の軍事工業や官監商営の工業を発展させることにより、中国を近代工業化の初期段階に突入させるとともに、それと同時に中国に官僚資本、民族資本および歴史上、初めての産業労働者階級を誕生させたのであった。

洋務運動の主導思想は、後に洋務派の重要人物となった張之洞が提起した「中学を体とし、西学を用とする」というものであり、その目的は、西洋の実用的製造技術の長所の習得や応用であったが、その一方で、中国の封建社会の伝統的な儒学、支配権力の法律的根拠および制度の強化や維持にも力を注いだ。

そのため、洋務運動は、中国の経済社会の立ち遅れを改めることができなかっただけでなく、逆に西洋の列強諸国の経済的侵略と外資工業の中国での独立勢力が一体となって中国を半封建半植民地社会にしてしまったのであった。

日清戦争中、中国最大の北洋艦隊は全滅し、中国の洋務運動より6年遅れて明治維新が始まった日本に敗北し、洋務運動の失敗が宣告されたのであった。

3. 西学の導入期（1895～1949年）

これは中国が日清戦争に敗北し、北洋大学が開設された1895年から、新中国が成立し、中国科学院が開設された1949年までの55年間の時期である。すなわち、中国が近代の教育科学技術制度を習得して西学の導入をスピードアップさせた時期である。

1895年にレントゲンによるX線が20世紀初めの物理学革命の曙の光をもたらした時期に、中国は、逆に屈辱的『馬関条約』に署名し、列強諸国による国土の分割という憂き目を負い、亡国の暗闇の中に置かれていたのである。

この時期の特徴は、近代の科学技術と近代の実業（農業、工業および商業など。——訳者）を同時に導入し、並行して発展させた所にあり、西洋の学術面での社会化の制度や教育制度を同時に導入して、速やかに発展させた所にある。そしてさらに、隋・唐朝からの科挙制が廃止され、数多くの大学、高校、中学校および小学校や多くの学術団体科学研究機構も開設されたのである。また、

科学思想と社会変革が相互に交錯して交互に発展し、康有為や孫中山から毛沢東まで、社会改良から社会革命まで、人々による救国と強大かつ繁栄する道の探求や研究は、この時期の中国社会の良き知恵の主たる道程であると同時に、この時期も比較的に速やかに中国が近代の科学技術知識や科学思想を導入した時期であったと言えよう。

しかしながら、全般的に言うならば、この時期の中国の科学技術は、もう既に非常に立ち遅れており、世界の先進的レベルとの乖離もきわめて大きいだけでなく、中国古代の輝ける文明や科学技術の成果に対して見事に明白なコントラストを描いていたのである。

1949年、新中国の成立後、直ちに中国共産党と中国人民政府は、科学と教育を重点的に発展させるべく中国科学院を開設し、数多くの大学と関係のある科学技術教育機構を設立したのである。

これより、中国の科学技術が独立的かつまた自主的に発展していく新時代に突入していくのである。

⑤近代科学の形態的特徴とその発生学モデル

農学、医学、天文学および算術という4大実用科学を代表する中国古代の科学形態の特徴は、経験的知識の記述と思弁性的臆測が相互に混在しており、臆測は、ただ単に直感に頼るのみであり、経験的に証明された方法はなく、そのために内在的動力には乏しかった。

西洋の近代科学の誕生と同時期の明朝末期の4部の中国の古代科学の集大成となる大著の李時珍（1518～1593）による『本草綱目』、徐光啓（1562～1633）による『農政全書』、徐霞客（1586～1641）による『徐霞客の旅行記』および宋応星（1587～?）による『天工開物』には、中国の明代中期資本主義の芽生え以後の科学技術発展の状況が記述されている。

しかしながら、逆に伝統的な実用科学の経験という形態を打破することはできず、同時代のヨーロッパの科学者であるコペルニクス、ガリレオ、ケプラー、デカルト、ハーヴィーおよびニュートンの成果と比較して、反対に少しも遜色ないものと考えられていたのである。

ヨーロッパに起源した近代科学の形態的特徴は、数式化された仮説の論理体系と系統的にコントロール可能な実験法（系統的な自然観察も含む）という2つが結合したものであり、その論理と実験との間の矛盾運動が科学発展の内在的動力になっていた。

近代科学のこの2つの特徴を構成していた基礎は、既にヨーロッパの学術的伝統の中に蓄積されていたけれども、中世紀には暗闇の中に葬り去られたような状況にも置かれたが、アラブの国々には残されていた。

アインシュタインは、かつて中国と西洋の科学形態のこのような差異について、次のように明確に指摘したことがあった。すなわち、「西洋の科学の発展は、2つの偉大な成果を基礎とし、それが古代ギリシアの哲学者が発明した論理体系（ユークリッド幾何学の中での）と伝統的な実験を通じて因果関係の発見につながった可能性があることに気づいた（ルネッサンスの時期に）。私見ではあるが、中国の賢い哲学者達がこの2つに辿りつけなかったことは、それほど驚くようなことではなかった」と[71]。

また江沢民も、次のように指摘している。すなわち、「中国古代の科学技術には、輝かしい成果があったけれども、足りなかったところもあり、重要なことは、実験科学の伝統と完全な学科システムが形成されなかったことであり、科学技術はあるべき社会的地位を取得することができなかった。そしてさらに、科学技術を通じた社会生産力の発展を促進させる原動力とメカニズムに欠けていた。これがなぜ、近代の科学技術がまずルネッサンス以後のヨーロッパに出現したのか、そしてなぜ、中国に出現しなかったのかという問題の原因の1つであるう」と[72]。

このようにして、中国と西洋の科学形態の差異は、既に中国人と外国人双方の常識となったのである。

近代科学の形態のこの2つの特徴の源泉は、既に存在していたわけであるが、注目に値することは、ヨーロッパ中世紀の科学が文化的特徴上、一方では宗教的神学に丁寧かつまた従順でありながら、もう一方ではまた哲学母体の中（古代ギリシア哲学以来の伝統）にも融合していたということである。

この事実に対しては、更にもう1つ強く問いかける必要がある。すなわち、それはなぜヨーロッパで論理と実験が相互に結合して近代科学の形態が生み出されたのか、そしてさらに中国の古代科学はなぜこの2つに辿りつけなかったのかということである。

『幾何原本』と系統的な観察方法が中国に伝播してから、中国はなぜ近代科学に追い付けなかったのだろうか。

これまでの説明で理解できるように、西洋の近代科学を構成していた2つの特徴の基礎は、ただ単に必要条件ではあったけれども、依然として十分条件で

はなかったのである。

そのために、今後は近代科学の形態はいかなる条件の下で形成されてきたのかという問題に答えるべきではなかろうか。

そこで近代科学の発生学モデル（第10-6図）を用いて以下のように説明していくことにする。

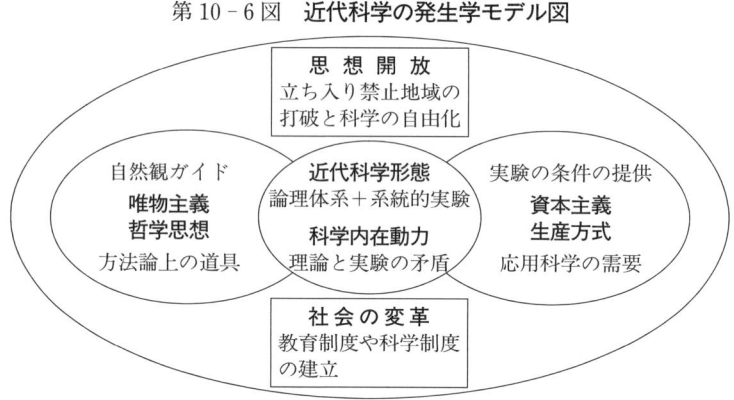

第10-6図　近代科学の発生学モデル図

```
            ┌─────────────────┐
            │   思 想 開 放    │
            │ 立ち入り禁止地域の │
            │ 打破と科学の自由化 │
            └─────────────────┘
  自然観ガイド    近代科学形態    実験の条件の提供
  唯物主義     論理体系＋系統的実験   資本主義
  哲学思想      科学内在動力      生産方式
  方法論上の道具  理論と実験の矛盾   応用科学の需要
            ┌─────────────────┐
            │   社 会 の 変 革  │
            │ 教育制度や科学制度 │
            │    の建立        │
            └─────────────────┘
```

このように、近代科学の形態的特徴が明瞭に表わされたことから、次のように要約することができると考える。すなわち、まず第1に、自然界や現実の世界に直面して自由な探索を行うべき必要があり、またいかなる思想にも立ち入り禁止地域を設置することはできない。それゆえに、封建社会の思想上の束縛を打破する思想解放運動は、近代科学が生じる上での主要な前提であったということ。

そして第2に、科学は真理を追求したり、自然の規律の提示を第1の要義とするべきであり、かつまた実験を真理の検証の唯一の基準とするべきであったし、そしてそれは厳密な論理システムによって検証されるべきであった。それゆえに、唯物主義の自然観が導いていた方向や方法論の道具は、近代科学発生の哲学的基礎であったということ。

そして第3に、そのために必要な実験や観察の道具や条件を提供するべきであり、人々に科学を探索させたり、応用させたりすることを奨励することこそが社会の原動力であったにもかかわらず、昔からの小生産方式は、この2つのことを実行しなかったばかりか、逆にただひたすら資本主義の生産方式の開始

第10章　近代科学技術と経済との関係からみた中日比較研究　　　283

の着手のみに終始し、その範囲内での条件や需要を賄うことができたに過ぎなかったのである。それゆえに、これこそが近代科学発生の根本的原因であると言うことができるということ。

　第4に、近代科学の形態的特徴は、有能な人材と実験設備の整った専門的機関を必要としており、そのために一般化された科学教育制度や科学技術制度の建立が、近代科学の発生や発展にとって重要な社会的条件であったということである。

　以上のモデルによる、ヨーロッパと中国の歴史的歩みを対照的に分析していくと、近代科学がなぜヨーロッパに起源し、中国ではなかったのかという問題に達する解答が明らかになってくるのである。

⑥近代科学の起源が中国ではなくヨーロッパであった理由
　1．近代科学発生の重要な前提である科学の侵入禁止思想の打破と近代科学が中国で発生する社会文化の根源的障害となった封建制下の思想上の束縛

　イタリアが源泉となったルネッサンスは、思想解放運動としてただ単に文化や芸術の復興や繁栄のみならず、人文主義の中世紀のスコラ哲学に対する批判や闘争にまで拡大し、これは新興の資産階級が歴史の舞台に登場するための思想上の障害を排除するだけでなく、古代のギリシア哲学思想を復興することを通じて、科学を宗教や神学の束縛から解放し、ヨーロッパ社会で知識階級の科学に対する自由探求の精神を喚起させ、人々を天国という世界から生活中心の現実の人間世界や自然界へ回帰させたのである。

　これこそポーランド人であるコペルニクスの地動説（日心説）やガリレオの近代物理学の新しい方法が、イタリアに生み出された1つの重要な原因であった。

　しかしながら、一方でイタリア教会は、科学者に対して残酷な迫害を加え、それがまた科学の衰退する原因になったのである。

　15世紀はルネッサンスが繁栄した時代であり、中世紀の封建制度が崩壊した時代である。

　しかしながら、封建制度を打破し、資本主義制度の形成の重要な推進力となったのは、遠洋の航海技術（航海羅針盤、天文観測機器および航海天文暦を含む）、火薬および印刷術という3大発明であり、中世紀に中国からヨーロッパに伝播した初歩的創造技術の基礎の上に改良と進歩が加えられていたのである。

マルクスは次のように指摘している。すなわち、「火薬、羅針盤および印刷術の発明は、ブルジョア階級社会の到来を予告する3大発明であり、火薬は騎士階級を粉砕し、羅針盤は世界市場を開拓させて植民地を建設させ、印刷術はプロテスタンティズムの、総じて、それらは科学の復興手段となり、精神の発達に不可欠な前提条件をつくるための最も強大な梃子になる」と[73]。

なぜ3大発明は、それらの故郷である中国の封建制度を打破する推進力にはならず、逆にヨーロッパで大きな力を発揮したのであろうか。

この疑問に対して湯浅光朝氏は、次のように指摘している。すなわち、「社会の変革の推進力となる技術は、さまざまな所で絡み合い結合して推進力となるのである」と。

秦・漢代以来、確立された封建的専制社会および封建的かつ専制的思想の支配は、一貫して学術界に精神的圧迫を加え、束縛（枷鎖）したのであった。

「百家を排除し、儒教のみを尊ぶ（罷黜百家、独尊儒術）」という政策は、知識階級を儒家経典の袋小路に引き込んでしまったのである。

16世紀から17世紀にかけて、ヨーロッパで近代科学が生み出されて中国へ伝播して行った頃、中国はまさに程朱学（原著では程朱理学となっているが、これは儒学、とくに宋代の程朱学を指し、また道学とも呼ばれている——訳者）の隆盛期であった。

顧炎武の「経世至用」の考証学の隆盛期には、科学は全く何の役にも立たなかったのである。

清代の康熙帝は、西洋学に興味はあったけれども、科学を宮殿の奥深くへ閉じ込め、結果として一般社会への伝播はなかった。

また、擁正帝は、自分の殻に閉じこもるような政策を実施し、キリスト教を禁止し、「文字の獄」（支配者が知識人に迫害を加える目的で、著書の中から不穏な文言を見つけ出し、冤罪を着せて投獄すること。——訳者）を実行した。

さらに乾隆帝の時代には、『四庫全書』の編集を通じて、学術界に再び考証学が隆盛期を迎えたのであった。

要するに、中国の知識人の間では、終始一貫して「文字の獄」という社会的な背景の下で古典の文献が考証され、この籠の中に閉じ込められていたのである。

それゆえに、西洋の近代科学や2つの方法論の思想が16世紀に中国へ伝播してからも、知識人の間で広範囲の反響はなく、これまで説明してきたことか

ら、そのような状況の根源が当時の中国の社会的、文化的背景や思想にあったことが理解できよう。

梁啓超は、かつて宋・明代の理学の対立に関する乾嘉の考証学派とヨーロッパのルネッサンスを同列に論じてきたが、これは全くレベルの異なる議論であると私は考えている。

2．近代科学発生の哲学的基礎である唯物主義自然観・方法論と近代科学の中国での発生を阻害する重要な原因となった自然と生産の現実の無視および大勢的訓詁学考証

ルネッサンスが中世紀のヨーロッパ封建社会を洗浄し、17世紀にイタリアの商・工業や科学・文化が衰退していた時期に、もう既に資本主義が徐々にではあったが進展していたイギリスによって取って代わっていたのである。

イタリアの人文主義や自然科学を学んだフランシス・ベーコン（弗郎西期・培根——1561〜1622）等の哲学者達は、先達のロジェール・ベーコン（罗吉尔・培根——1214？〜1292）の実験科学を重視する唯物主義の伝統を継承して、実験や帰納法的論理を特徴とする唯物主義哲学を唱導し、近代科学がイギリスで発生し発展するための科学的自然観への誘導や方法論としての道具を提供した。

ロジェール・ベーコンは、「知識は力である」というスローガンを提唱し、科学や技術によって主導される理想国家である「新大西島」構想をもっていた。

マルクスは、それに対して次のように的確に指摘している。すなわち、「イギリスの唯物主義とすべての現代の実験科学の正真正銘の元祖は、ベーコンである」（「神聖なる家族」、『マルクス・エンゲルス選集』第2巻の163ページ）と。

このようにして、唯物主義哲学は、哲学という母体から科学が分離し、近代科学の形態の種子となったのである。それゆえに、近代科学の最初の完成体となるニュートン（牛頓）の大著、『自然哲学の数学的原理』がイギリスで誕生したことは偶然ではなかったのである。

実際、ヨーロッパでは、イタリアからイギリスまで、フランスからドイツまで、徐々に科学の中心となったすべての国家では、早い時期に哲学革命や思想革命の高揚期が出現し、近代科学の当該国での誕生や発展にとって思想上の準備が整っていたのである。

中国の古代の実用科学には、西洋近代科学の2つの特徴や伝統はなく、古代哲学には確かに唯物主義の自然観もあったけれども、自然を対象とし、解釈上の仮説の自然観への示意図の提供や事実観察を通じてこの仮説を検証する論理

的な段階を踏むことには欠けており、結局、そのために近代科学の方法論の種を生み出すことも、提供することも全く不可能であった。

　自然界や人間と自然との関係の研究は、終始、学術の主流から排除され、知識人が関心を示し注目することは、あくまでも封建社会の政治や倫理・道徳（綱常）および経済或いは政治からの回避、そして古代書籍の解釈であった。

　たとえ或る種の素朴な弁証法や論理の思想が存在していたとしても、それらは自然の観察とは全く関係のないものであった。

　任鴻雋による「中国無科学論」という言い方は、正しいものではなかったが、中国の学術・伝統に対する言論による非難は、逆に中国の急所も突いていた。すなわち、「秦・漢代以降、人心はその時期の学問の制約を受け、事物を観察する時に表面だけを見て、なぜそうなるのかその理由を知らず、その学問を選んでいるだけで空虚にぞろぞろと大勢に流されて、現実から学ぶことを避けていた」り、「知識人の多くが反故（紙が貴重であった時代に、文字や絵の書いてある紙の不要になったモノ）を深く研究したり、ある事物の性質の理論を大い議論したり、あるいは王陽明のように格物致知（具体的な事物に対する観察や沈潜によって知見を深めること）に7ヶ月も座考して没頭したり、また顔習斉の講学（同志が集って研究切磋すること──訳者）に加わり、ただひたすら3つの物にこだわったりしたが、それは確かにいくらか得るものはあったけれども、これも科学とは全く関係のないことであった」し、「或いは、訓詁を多少とも実行し、古代の人々の奴隷となり、書籍以外の知識をいつまでも見つけることができなかった」[74]のである。

　明末の科学者である宋応星の『天工開物』との遭遇は、人々を深く考えさせることになった。

　彼はその序文の中で、その本が皇族の暇遣しの対象として取り扱われ、「すべての文人は、必ずやその本を机の片隅に捨て置き、その本に何の長所もなければ、出世とも何の関係もない」と述べている。

　説明するまでもなくその本は、中国国内では広がらず、逆に日本へ送られ、そしてさらにフランス語、ドイツ語、日本語および英語等々の多くの言語に翻訳され、1926年には、日本からその本の翻訳本が中国へ送られ、中国の解放後に中国国内で1637年の初版本が発見された。

　このように、実用科学の書籍は、中国の知識人には全く重要視されていなかったのである。

その本の一部分を読んだ日本人の三枝博音氏は、その本が技術と資材との関係から、自然そのものへの着目に無類な思想的深さがあることを指摘している。

また湯浅光朝氏は、その本が「ヨーロッパの近代技術の中で、先駆的役割を果たした『冶金学』（原著によれば、『鉱山学』、つまり『デ・レ・メタリカ』となっている――訳者）(1530 年、ドイツの学者、アグリコラ――1490～1555――による著書) に相当する技術書である」し、その本の「影響が小さかったことの理由は、原本そのものが散逸が早かったということよりも、むしろ清朝の文化の性格が、その本を高く評価するだけの実力をもっていなかったのであろう」、と指摘している。

3．近代科学発生の根本的原因の新興資本主義方式と経験則の打破に失敗した根本的原因である封建制度下の自然経済的小生産方式

近代科学は 17 世紀のヨーロッパに誕生したが、ヨーロッパでの資本主義的生産方式は 13 世紀に芽生えたばかりであり、実際に形成されたのは 16 世紀であった。

「商品流通は資本の起点である。商品生産と発展する商品流通、すなわち、商品取引は、資本が生み出される歴史的前提である。世界貿易と世界市場は、16 世紀に資本の近代生活史の門を開いた」（『資本論』）。

もしも資本主義の芽生えがルネッサンスという嵐を引き起こし、ルネッサンスのために封建制度という障害を排除したと言うならば、資本主義的生産方式の確立は、偉大な自然科学の革命を推進したと言うことができるであろう。

これに対してマルクスは、次のように完璧かつ深い主張を論理的に展開している。すなわち、「資本主義的生産方式が初めてもろもろの自然科学を直接的生産過程に役立てるのであるが、他方では逆に、生産の発展が自然の理論的征服にその手段を提供するのである」。「この生産方式においてはじめて科学にもとづかなければ解決できない実際的な諸問題が現われる。実験と観察－そして生産過程そのものの必要－が、ようやく今、科学の応用を可能にし、かつ必然にするという一段階に達したのである」。「自然科学そのもの（それはすべての学識の基礎をなす）の発達は、生産過程に関係するすべての学識がそうであるように、自然科学のために研究・観察・実験の物質的手段の大部分を初めて作り出す資本主義的生産の土台の上で、それ自体が新たな展開を遂げるのである」。「科学の応用とは、経験的に継承されてきた知識、観察、手工芸の秘法を、一方では集積すること、そしてもう一方では、それらを科学（生産過程の分析

のための）にまで発展させることである」(75) と。

　唯物主義的哲学革命が育った近代科学形態特有の方法論の種子は、新しく生まれた資本主義的生産方式という肥沃な土地で育てられ、出芽し成長した。

　近代科学がヨーロッパで生み出された根本的原因は、資本主義的生産方式がヨーロッパで他に先んじて確立されたからである。これは言うまでもないことである。

　逆説的に言うならば、近代科学がなぜ中国に起源しなかったのかという問題の根本的原因は、中国の封建社会の自然経済的生産方式が先進的な資本主義的生産方式に転換しなかったことにある。

　秦・漢以来、確立された封建的専制制度は、経済を始めとして国家の政権を絶えず強化しかつまた完全なものとし、そのために自給自足的技術や経済は、一貫して小農経済やそれに対応した伝統的実用科学や経験的技術を比較的に安定させて発展させ、その結果として、中国の科学が昔から終始、世界をリードすることができたのである。

　しかしながら、これによって形成された「農業本位、商業蔑視」、「重農抑商」、「重本抑末」および厳禁通商、閉関自守の政策は、逆に市場経済の発展、商業資本の形成および手工業の工場制手工業への転換を抑制するとともに阻止し、その結果として、資本主義の出現を遅らせ、明朝中期に芽生えてきた資本主義的生産方式は、封建主義の桎梏を突破することができなかったのである。

　中国の長期にわたる封建社会では、資本主義的生産方式の形成や確立は不可能であった。

　その結果として、生産の不断の変革や発展の必要性もなかったし、また科学そのものが独立して発展する必要性もなかったのである。そしてさらに、科学的条件を利用して伝統的知識や経験を近代科学や資本占有の発展に使用するという状況への転換もできなかったのである。それゆえに、中国の科学技術や文明そのものが停滞していたわけではなく、経験的科学形態そのものが停滞し、前へ進まなかったのである。

　マルクスは、次のように指摘している。すなわち、「資本は科学を創造しないが、資本は科学を搾取し、科学を生産過程に取り込む。同時にそれに伴って、生産に応用される科学としての科学の直接的労働からの分離が生じる。他方、以前の生産段階では、限られた量の知識や経験が、労働そのものと直接的に結びついていて、労働から分離した独立の力としては発達せず、それゆえにまた

全体としてみれば、伝統的に実践されてきた、非常にゆっくりと少しずつしか拡大しない技法集の範囲を出ることは決してなかったのである（それぞれの手工芸の秘法の経験による習得）」[76]と。

近代科学形態の種子が中国に存在しなかった17世紀の初めに、芽生えたばかりの西洋の近代科学やその方法が、中国で芽生える環境はなかったのである。

これこそ古代の科学技術が発展していた長遠の中国で、近代科学が生まれなかった経済的な根源だったのである。

4．近代科学発生の社会的条件である近代教育制度と科学制度の確立および近代科学が中国に起源しなかった重要な社会的原因である科挙制を中心とした封建的教育制度と社会化されなかった科学技術制度の確立

科学者の集団と組織は、科学的探索の主体であり、当然のことながら、近代科学発生の社会的基礎でもあった。

1169年のイギリスのオックスフォード（牛津）大学の創立を契機として、イタリア等の国々は、修道院に附設された学校を基礎として大学を創立し始め、13世紀中葉、ヨーロッパの各国には、すでに基本的な大学の教育制度が成立しており、これがルネッサンスの先導役となった。

教会の学校と大学がスコラ（経院）哲学の砦であったとは言え、学生達はアラビア語の古代ギリシア経典の翻訳書を通じて、古典哲学や科学書の中から新鮮な養分を吸収し、スコラ哲学者の中から自然観察を重視する少数の進歩的科学思想家が誕生し、分派して行った。

さらには、イタリアを源としたルネッサンスがヨーロッパ全体に拡大し、大学に爽快な思想解放の清風を吹き込んだのである。

大学も近代科学誕生のために、数多くの人材の配置や養成に熱心であった。

一部の大学が古典文学を重視し、科学に対してそれほど興味を示さなかった時に、少数の新しい科学に関する社会団体や科学研究機構、たとえば、ナポリ（那不勒斯）の自然科学社（1560年）、フィレンツェ（佛罗伦薩）のシメント・アカデミー（Academie del Cimento、1657年）、ロンドン（伦敦）の皇家学会（1662年）およびパリ（巴黎）のフランス科学院（1666年）が設立され、各国政府による資金援助の下で、実験科学の研究や学術交流を繰り広げていた。

その後、科学教育は各国の大学に浸透し、W.フンボルト（洪堡）創設のベルリン（伯林）大学（1809年）は、「教育課程と科学研究の統一的原則」を提起し、近代の大学の優秀な伝統を築いた。

社会的変革を通じて、教育や科学の社会化が推進され、一般化された大量生産に適応した科学教育制度や社会化された科学制度の建立は、近代科学形成の組織的基礎であり、かつまた基本的指標であった。

科学は、個人的興味によって独占されていた時代から、訓練を経てかなりの素質を有した職業人としての科学者として、限界まで奮闘する社会的事業となり、そして尊敬される高い社会的地位を獲得したのであった。

これこそが、ヨーロッパの近代科学が急速に発展し、中国を追い越した重要な社会的原因だったのである。

反対に中国を見てみると、古代の伝統的科学の中の一部、たとえば、天文学のように暦法を定める必要性から、皇帝の「受命改制」の道具として封建的朝廷から何がしかの保護を受けたり、また別の一部（たとえば、農学）もまた、生産面での経験的知識が漸次、蓄積されていった。

前者は、民間から個別に天才を選抜し、天命を受けた天子のために、天文現象の観測や暦法の制定、そしてさらには皇族専門の医者にされ、また後者は、生産的労働に直接的に関連する農民や職人であったので、何らかの専門的な科学技術の能力は必要ではなかった。

そのために、長期にわたる封建的社会の中では、専門的な科学技術的訓練をする科学教育制度とか専門的に科学的研究と学術交流に従事する社会的な科学団体や機構は必要なかったのである。

しかしながら、中国古代の科学が、反対に世界の最先端を歩んでいたことの理由は、総じて中国の人口の多さや勤勉かつ知恵のある中華民族が、巨大な創造的潜在力を有していたということと、発明の成功率が概して高かったというところにあるのである。

これこそ、「卑賤者は最も聡明なり」と言うことの典型である。

封建時代に、中国の科学技術がヨーロッパをリードしていたという説明では、北京大学「中国経済研究中心」主任の林毅夫教授のモデルと観点が一番、説得力がある。

中国に科学教育制度はなかったけれども、反対に封建社会での主導的地位を占めていた科挙制を代表とする封建的教育制度はあり、これが封建専制の上部構造の組成部分であった。

官職世襲のない科挙制およびその附属の、いかなる身分であれ、どんな人でも教育を受けることができる（有教無類）と言われていた私塾制は、中世紀の

ヨーロッパの教育システムよりも優れていたにもかかわらず、一貫して封建的支配体制の維持を目的とし、忠君官僚の選抜育成を目指し、巧名と俸禄を囮とし、儒家の経典を内容とし、天子の勅裁を経て刊行する経典注釈や注釈を解釈する文字をよりどころとして、八股文（中国古代の紋切り型の文章）に基づいて官吏を選出し、知識人を古書籍に没頭させたり、考証に専念させて生産から離脱させ、自然観察から遊離した袋小路に引き込んでしまったのである。

　このような教育制度下での知識人は、ただひたすら封建官僚の唯一の昇進の階段へ向かわせられるのみであり、近代科学に必要な科学技術的人材の養成は不可能であり、その一方で官途を断たれた者の中に、李時珍や宋応星のような人材もいたのである。

　当時の中国がこのような状況であったがゆえに、教会の統制やスコラ（経院）哲学の禁忌を打破したヨーロッパ諸国の近代教育制度と中国の教育制度を同列に論じることは不可能であった。

　同様に中国では、近代的科学の誕生に必要な社会化された科学制度の樹立にも欠けていた。

　そのような状況に中国は置かれていたけれども、ある数人の官僚達が取り組んでいた科学技術事業や活動は、かつていくつかの応用科学の大事業、たとえば、明代末に定められた暦書で康熙帝の時代の大地の測量や地図の作成などにも成功していたのである。

　しかしながら、これらの官僚の取り組んでいた科学技術事業は、ほとんどすべて科学技術を理解できない幹部官僚にその実権が掌握されており、管理は乱れ、官僚としての仕事もいい加減であり、汚職の気風が蔓延し、その結果として、科学の社会生産に対する促進作用を制限していたのである。

　近代科学の中国への伝播以降、かつて康熙と乾隆という2人の皇帝の科学に対する真剣な興味は引き起こしたけれども、科学を奥深い宮廷から一般社会へ誘導させることはできず、その結果として、社会化された科学制度の樹立に失敗し、近代科学発展の主流に追いつくこともできず、さらにまた融合させることもできなかったのである。

　以上、述べてきたように、このような2つの理由から、近代科学は中国に起源しなかったし、また近代科学が中国へ導入された後も、その影響がかなり小さかった重要な原因の1つでもあったのである。

5．近代科学技術の発展能力を喪失させた重要な原因である欧米の列強諸国による中国への侵入

　我々は、中国の近代科学技術の立ち遅れの原因を検討してきたが、科学技術という側面から近代以降の中国の立ち遅れの重要な原因を考察してきたとも言える。

　しかしながら、中国の全体的立ち遅れの根本的原因について提示してきたとは言え、これまでの分析が十分なものであるとはまだ言えない。

　江沢民氏は、次のように指摘している。すなわち、「中国はなぜ立ち遅れてしまったのか？　近代になり、林則徐以降、数多くの知識人（志士仁人）が一貫してこの歴史的課題を提起し、さまざまな角度から考察してきた。しかしながら、それらのいずれも正確な解答を発見することができなかった。その後、毛沢東や鄧小平を代表とする中国共産党の人民は、唯一の正しい解答を提出した。すなわち、中国の立ち遅れの理由は、生産力の立ち遅れと社会政治の腐敗があったからである。欧米の列強諸国による中国に対する侵犯が、さらに中国経済の立ち遅れと国家の衰退を激化させた。立ち遅れていたら、打たれるのは当然である」[77] と。

　歴史的事実は、毛沢東、鄧小平および江沢民が提出した解答が完全に正確であったことを示している。

　我々は、欧米の列強諸国がどのようにして中国経済の立ち遅れと国家の衰退を激化させたかに重点を移して、以下分析していくことにする。

　清代、アヘン戦争以前に中国はすでに科学技術の面で相対的にヨーロッパ諸国に立ち遅れていたが、結局、中国諸民族の統一と広大な国土は死守されていた。

　清朝政府は、諸民族の団結を通じて周辺国境の防備を強化し、国境線を明確にさせ、1820年時点の中国の面積は1,200万平方キロメートルに達し、国民総生産は世界の3分の1を占めていた。

　中国はイギリスに対して茶と多くの貨物を輸出し、出超の状態にあり、一方、イギリスは貿易赤字を補填するため、違法にアヘン貿易に参入し、中国の白銀の海外への大量流失を招いていた。

　清朝政府は、天朝大国のために古い仕来たりに閉じ籠もって進歩を求めようとせず、この閉関鎖国の結果として衰退し、受動的になり、諸外国から打たれる状態になってしまったのである。

第10章　近代科学技術と経済との関係からみた中日比較研究　　　293

　これこそが、アヘン戦争発生の経済的背景であった。
　1840年のアヘン戦争は、欧米の列強諸国が初めて中国に侵入した事件であり、それ以降、中国は半植民地・半封建社会と資本帝国主義の従属国となり、中国人民は、帝国主義、封建主義および官僚資本主義という「3つの大山」の抑圧を受け、100年の苦難と屈辱を経験することになった。
　マルクスは、この中国の敗戦問題を論じる中で次のように指摘した。すなわち、「1つの国、ほとんど人類の3分の1を占めていた大帝国は、時勢をものともせず、現状に安んじ、人為的に世界から隔絶していたために、天朝が善美の極致を尽くすものとして自分自身を騙していた。このような1つの帝国は、必ずや最後に1回の命掛けの決死の戦いの中で打ち崩されるべきである。つまり、この決死の戦いの中で、陳腐な世界の代表は道義に憧れ、一方、最も現代的な社会の代表は、反対に安く買い、高く売るという特権を獲得するために－これは確かに一種の詩人の誰でも考えつかない一種の奇異な対連式の悲歌であった」と（『マルクス・エンゲルス選集』、第1巻のp.716）。
　このアヘン戦争を契機として、資本帝国主義は、絶えず中国に対する侵略戦争を発動させた。
　列強諸国は、1回毎の中国に対する侵略戦争を通じて、腐敗した清朝政府から強制的に組織的（一系列）権益を奪い、国辱的不平等条約に調印させ、宗教の自由を認めさせ、不平等な貿易通商、鉱山の開拓、道路の築造、税関の制御、治外法権および領事裁判権等々の組織的特権を獲得したのであった。
　その他の国々も、機に乗じて門戸開放や利権の均等を求め、合計すると13ヶ国が中国内での特権を獲得したのである（付表3を見よ）。
　列強諸国は、中国で勢力範囲を画定させ、広大な中国の領土を蚕食し、横領し、割譲させ、そしてさらに租借もさせたのである。
　その中で、永久的割譲と奪取された領土面積の総合計は、200万平方キロメートルにも達し、中国の当時の国土面積の6分の1を占めていた。それと同時に、侵略戦争も仕掛けられ、中国周辺の隣国も侵略されて領土を奪取され、イギリス、フランスおよび日本の植民地となり、中国に対して包囲と分割という状況が形成されたのである。
　列強諸国は、中国に対する侵略戦争の中で、焼殺し、掠奪して大量の罪無き人民を殺戮し、中国に巨大な生命財産の損失をもたらし、それとは全く正反対の行動として中国に対する侵略戦争の「損失」という名目で、清朝政府に強制

的に戦争賠償金の支払いを求め、その総合計は、白銀で12.66億両（1両＝50グラム）という巨額に達した。

その中でも、日清戦争での日本に対する賠償金は2.3億両であり、これは日本の年間財政収入の4倍、国民総生産の3分の1に相当し、日本の1895年から1903年までの8年間の国内総資本の17パーセントを占め、中国の国庫にはすでに何もなく、そのために清朝政府は外国から2.4億両の借金をしたのであった。

1900年（庚子年）の賠償金は4.5億両であったが、39年間の歳月の後に完済し、年利息4厘（1厘＝100分の1両）、元金と利息の合計982,238,150両[78]は、関税や塩税を担保としたために、中国の国内は列強諸国の手に落ちた。

9.8億両の賠償金は、清朝政府の年間財政収入の12倍に相当し、1938年までの実際の賠償金額は6.5億両に達していた。

欧米列強諸国の中国侵略と海外に対する掠奪は、資本主義と植民地主義の発展を加速させ、一方で、それとは反対に、中国や植民地の貧窮や立ち遅れを激化させた。

欧米諸国の発展や繁栄は、中国、アジアおよびアフリカの貧しい国々の人々の白銀、黄金および鮮血によって醸成されたものであった。

このような状況の下で、中国はすでに科学技術を発展させる財政能力を喪失し、「科学による救国」、「教育による救国」および「実業による救国」とは何なのかを論ずることさえできなくなり、さらに科学技術に依存して経済を発展させることさえ不可能になったのである。

1820年から1949年までの中国経済の成長率はゼロ、1人当たり国民総生産の増加率は－0.08パーセントとなり、中国経済の世界に占める地位は恒常的に下落し、1890年の国民総生産は、1820年の32.3パーセントから13.2パーセントにまで世界に占める比率を下落させ、解放前には、すでに5パーセントにまで下落し、1人当たり国民総生産は、世界の平均レベルの4分の1にまで下落していた[79]。

我々はこの100年の悲惨な歴史を固く脳裏に刻みつけ、決して永遠に忘れてはならず、忘却は裏切り者同然と言うことになろう。

我々は過去の屈辱を奮気して自強の策とし、中華振興の原動力にするべきである。

⑦工業革命の起源が中国ではなくヨーロッパであった理由
 1．技術需要不足論と技術供給不足論
 20世紀の70年代以降、数多くの学者が経済学的視点から「ニーダム逆説」に対する研究を進めてきた。
 林毅夫氏は、このような学者の視点を以下の2つに分けて説明している。すなわち、その1つは技術需要不足論であり、もう1つは技術供給不足論である(80)。
 これまで述べてきたように、技術需要不足論は、ニーダムが反論された考え方である。
 アメリカ人の中国問題専門家であるジョン・キング・フェアバンク（費正清）は、『アメリカと中国』と題する著書の中で次のように述べている。すなわち、「人力の豊富なことは、労働を節約する機械装置を輸入することを妨げた」(81)と。
 林毅夫氏によれば、その後、エルヴィン（埃尔凡、Mark Elvin 1973年）、唐宗明（1979年）および趙剛（1986年）の3人が、同じようなことを再度、繰り返して主張している。すなわち、彼らは、中国の人口の急増のため、人に対する土地の比率の上昇を招き、労働力が日増しに安くなっていき、労働代替型技術の需要もそれにしたがって下がっていったと主張している。
 彼らは、中国の技術創造力の消えたさまざまな伝統的見方に反論し、中国の人口の急増のために、人に対する土地の比率の上昇を招き、労働力は日増しに安くなっていき、労働代替型技術の需要も、それにしたがって下がっていったと主張するのである。
 林毅夫氏は、この主張には賛成せず、この見方は歴史的事実に適合していないことを論証するとともに、その一方で技術供給不足論を提起している。
 林毅夫氏は、それぞれ2つの側面から「ニーダム逆説」に対する解答を提起している。すなわち、その1つは、工業革命はなぜ中国に起源せず、ヨーロッパに起源したのかということであり、もう1つは、科学革命はなぜ中国で発生せず、ヨーロッパで発生したのかということである。
 この問題に対応するために林毅夫氏は、1つの技術発明のモデルを提起している。すなわち、発明の源泉は間違いの試験なのか、それとも間違いの改革なのかと仮定し、間違いの試験と間違いの改革は、経験型と実験型という2つの型に分類できると。

古代の発明は、経験型の間違いの試験と間違いの改革であり、農夫と職人の作業は生産過程の中での自発的行為であり、1人の農夫あるいは1人の職人は、生産過程の中でただ1回しか間違いの試験の機会はなく、そのために発明は、職人と農夫の経験的基礎の上での偶然の結果であると同時に、生産過程中の副産物でもあり、人口が多ければ多いほど、間違いの試験と間違いの改革の機会が多くなり、発明の数は、人口規模の増加にしたがって増加していくのである。

　その一方で、近代の発明は、実験型の間違いの試験であるとともに間違いの改革でもあり、発明者の作業は、一種の新技術を発明するための意識的活動であり、実験を通じて繰り返し何度でも間違いの試験と間違いの改革を実行することが可能である。

　しかしながら、これは割高の代価を発生させ、経済的考慮を必要とし、より高いレベルの技術の発明の成功率は、発明者の有する科学的知識の蓄積量によって決定される。

　古代の発明は経験型の発明であったので、中国は秦・漢代からそれ以降、人口数はほとんどヨーロッパの2倍であり、その結果として、中国の発明技術は、継続してはるかにヨーロッパをリードしてきたのである。

　しかしながら、17世紀の科学革命以降、ヨーロッパの発明は経験型から実験型に変化し、科学と技術はさらに緊密に結合して発明の成功率が著しく向上し、結果として、中国を追い越すことになったのである。

　なぜ科学革命が中国で起こらなかったのかという問題に対して林毅夫氏は、古代科学の発現は、少数の天才によって、自然を観察する時に自然にもたらされたけれども、近代科学の発現は、数式化された仮説による自然現象やコントロール可能な実験の描写を通じて得られたものであり、これは特殊な訓練を受けた科学者だけができるものであったと述べている。

　中国では、おそらく科挙制が人々の科学研究に必要な人的資本への投資を阻んでいたがゆえに、伝統的科学から近代的科学への躍進の確率が非常に低下していたと考えられるわけである。

　この仮説は、かなり説得力があるように思えるけれども、歴史的事実からみると反対にそうはならなかったのである。

　18世紀、まずイギリスで起こった工業革命は、その起点が直接的労働対象である系列的工作機械としての紡績機械の発明であり、それらの発明のほとんどは職人によるものであった。

科学は、一般的な動力としての蒸気機関に対して重大な改良型の発明や機器の大量生産に必要な重大な役割を果たしていたにもかかわらず、実際は、ただ傍役を演じていただけであり、その主役を務めたのは、やはり職人の経験的知識であった。

ヨーロッパでは、職人の経験的基礎の上での発明が工業革命を引き起こした起点となったが、一方でなぜ、さらに多くの職人による発明を有していた中国で工業革命が引き起こされなかったのかという問題に対する解答は、依然として1つの謎のままである。

科学の技術発明に対する役割については、反対に1つの長期にわたる道程を経験してきた。

我々は、ヨーロッパの近代科学が16世紀の下半期に基本的に完成し、中国を追い越していたことを知っている。すなわち、2世紀近くをかけて18世紀中頃のヨーロッパの数多くの職人の経験型発明や生産の過程で工業革命は引き起こされ、19世紀まで、科学は絶えず技術発明に対して主導的役割を果たしていたのである。

事実上、林毅夫氏自身もこの点に着目している。すなわち、「科学が18世紀の工業革命の主要な貢献的要素であったのか否かについての問題は、かつて多くの論争を引き起こしてきた。しかしながら、少なくとも19世紀の中葉まで、科学はすでに技術開発の中で非常に重要な役割を果たしていた」と。

それゆえに、技術供給不足の仮説と技術需要不足論は、結局のところ、同じであり、十分な事実の拠り所が乏しかっただけのことである。

しかしながら、林毅夫氏の「ニーダム逆説」に関する論文は、これまでのこの問題に対する解答の中では最も深い考察がなされており、最も創意に満ちた主張の1つであると言うことができよう。

2．林毅夫氏の発明モデルの補正

林毅夫氏の技術発明モデルは、経験型と実験型という2つの発明の成功率の分布を指摘しているが、それぞれが人口規模と知識の蓄積量の函数になっている。

これは正確な一面をもつ一方で、不十分な側面も有しており、工業革命がなぜヨーロッパに起源し、中国ではなかったという原因を理解するには不十分なものであった。

それゆえに、その説明には補充と補正を加える必要があるのである。

①技術的発展、機会型技術および経験的技術から知識型技術までの歴史的道程を見ると、発明は機会型の発明、経験型の発明および実験型の発明に区分される。職人の経験は、蓄積や世々代々の伝承を通じて発明の成功率を向上させるものであり、原始人の機会型技術とは明確な区別が存在していたのである。しかしながら、林毅夫氏のモデルは、この2つを混在させて議論している。

②経験型の発明から実験型の発明への転換は、同時にまた工具技術から機器技術（規則技術）への過渡期を伴っていたのである。これによって工業革命が引き起こされたのであり、ただ単に工具技術の発明だけで工業革命を引き起こすことは不可能だったのである。この点について、林毅夫氏のモデルでは、現在のところ依然としてまだ説明がなされていない。

③発明成果の生産への応用（商業的応用）は、一種の経済的プロセスであり、一定の生産方式という条件下のものであったということである。発明の類型は、必要条件ではあるけれども、生産方式は十分条件なのである。林毅夫氏は、経済要素は論じているが、生産方式からの論証をしていないのである。

3．中国の技術が15世紀以前に世界の中で先進的であった原因

秦・漢代以降、中国の封建制度と農業社会では、日増しに完璧な体制へと近付いていき、農業を基本とする政策と士農工商の等級は、農業と手工業の分業と発展を促進させ、小農経済、手工業の工場および早期の商品経済が相互に結合した生産方式が、職人による経験型の発明の生産への応用のための条件を形成していた。

中国の封建制度や生産方式は、中世紀のヨーロッパよりもさらに完璧なものになっており、加えて農業生産技術の改善や拡散に有利な状況にあった。

それゆえに、職人の経験的技術は、徐々に蓄積されて、機会型技術と比較すると新発明や古い技術を突破する成功率を向上させていたのである。

これによって、封建時代の技術発明と創新のピークは、ヨーロッパではなく中国に出現したのである。

しかしながら、この生産方式や重農抑商の政策は、商品経済や市場メカニズムの発展を抑制し、商人階級や資本主義的生産方式の形成を阻止したのである。

4．工業革命が中国ではなくヨーロッパに起源した原因

18世紀の中頃、イギリスに端を発した工業革命は、16世紀の資本主義的生産方式の形成後、17世紀の科学革命を基礎として、18世紀に初めて技術革命の進行の中で相伴って生み出されたのである。

しかしながら、その工業革命の中での技術発明で主導的な役割を果たしていたのは、手工業の工場の中での熟練した職人の経験的知識であった。

科学革命の中ですでに成熟していた力学は、工業革命のピークの到達に確固とした基礎を築き上げていたのである。ただ科学や技術の進歩だけがあっても、工業革命を引き起こすには不十分であった。

マルクスは次のように指摘している。すなわち、「18世紀には、イギリスでも、フランス、スウェーデン、ドイツでも、数学、機械学、化学の分野における進歩と発見は、ほとんど同じ程度に行なわれた。たとえば、フランスにおける諸発明もそうだった。しかし、当時それらが資本主義的に利用されたのは、イギリスにおいてのみであった。それは、資本による科学的進歩の搾取を可能にするほどの経済的諸関係が発展していたのは、ひとりイギリスだけであったからである（その場合、とくに決定的であったのは、イギリスの農業諸関係と植民地の領有であった）」[82]と。

中国の職人の技術発明が、なぜ工業革命を引き起こさず、反対にイギリスの職人による技術発明が1つの工業革命を引き起こしたのであろうか。

結局、その原因は、資本主義的生産方式の形成に関係しており、その中の家内手工業の過渡期から分業を基礎とする工業製手工業までが、機器の発明や生産過程への応用に、そして機器大工業や工場制度の形成に決定的な役割を果たしたのである。

これこそが、近代の工業革命の中での技術的創新と制度的創新の早期の結合をもたらしたのであった。

しかしながら、中国の封建社会の手工業には、それとは反対にそのような変革は生じなかったのである。

マルクスは、次のように指摘している。すなわち、「最初の機械類は、手労働に、つまり、マニュファクチュアにもとづいて作られたのである」[83]と。また「マニュファクチュアの萌芽は、手工業のふところで生まれ、早くもあちこちで、個々の分野で、また個々の過程に対して、機械が使用されはじめるのである。この最後に述べたことは、個々の過程に水力と風力を利用している本来のマニュファクチュア時代には、一層よくあてはまる。……最も偉大な発明――火薬、羅針盤そして印刷術――は、最も驚嘆すべき自動装置の1つである時計と同様に、手工業の時代に属している。それはちょうど、天文学におけるコペルニクスとケプラーの最高に天才的かつ革命的な発見が、観測の機械的補

助手段がすべてまだその幼年期にあった1時代に属していたのと同じである。同様に、紡績機械や蒸気機関も、手工業とマニュファクチュア —— そこで組み立てられた —— にもとづいて、同じくまた、この時代に発達した機械学などにもとづいて作られたのである」[84] と。

中国の封建時代の手工業は、相当に発達しており、工場製手工業の芽生えも出現し、ある地方では、また機器を使用して大規模な生産も行なわれていたが、これらはすべて個別範囲に限定されたものであり、そうであったがゆえに、工業革命は中国で発生しなかったのである。

⑧中・日・欧比較による中国の近代科学落伍の原因

　1．中・欧の近代科学技術発展の比較

これまで、ニーダムの主張に対して論じてきたが、ヨーロッパ諸国の科学は、1610年以降に急速に中国を追い越し、中国とヨーロッパ諸国は、数学、天文学および物理学等々の分野で、相次いで融合したのであった。

しかしながら、これまでに触れた融合とは、ただ徐光啓や李之藻というごく僅かの官吏だけによる認識であり、絶対多数の知識人は、これに対して茫然として何も知らず、さらに実験や数学という近代科学的方法で研究を進めることも、論じることもできなかったのである。

ヨーロッパの植物学、化学および医学は、1世紀半から2世紀を費やして中国を追い越したのである。

19世紀に至るまで、中国の経済や科学技術は、依然としてすべての面でヨーロッパ諸国に立ち遅れていたのではなく、また何度も近代科学を発展させ、工業化を実行する機会はあったのである。

しかしながら、機会は何度もあったにもかかわらず、1度も摑むことができなかったのである。

　2．中・欧に対する『幾何学原本』の影響の比較

『幾何学原本』やニュートンの『原理』（本書の中にある3法則とは、①慣性の法則②運動の法則および③作用・反作用の法則である。—— 訳者）の中国国内での影響の状況から、中国とヨーロッパの近代科学発展の差異を見つけることができる。

1607年、徐光啓とマテオ・リッチは、『幾何学原本』の前6巻を翻訳し、またマテオ・リッチは、すでに数学で中国の人々の心を籠絡するという目的に達したと認識したため、全書の翻訳は結局、しなかったのである。

後 9 巻は、1853 年まで李善蘭（1811〜1882）とイギリス人のアレキサンダー・ワィリー（偉烈亜力、Alexander Wylie, 1815〜1887）によって共訳された。

この本は、近代科学の特徴の 1 つである方法論を学び、自分の物にする良い機会であったが、『幾何学原本』は、中国ではそれほど大きな影響を及ぼさず、僅かに数学界で多少の影響を与えたに過ぎなかったと言われている。中国人数学者の梅文鼎（1633〜1721）は、中国の伝統的な三角法（釣股弦）を用いて、『原本』の第 2 巻から第 6 巻までの数多くの命題を証明した。

それゆえに、梅文鼎の結論は、「幾何とは、三角法なり」ということになったのである。

梅文鼎は、中国の伝統的数学を集大成し、天文学にも頗る造詣があったにもかかわらず、『幾何学原本』の緻密な論理の組み立て方や科学の意義を会得することはできなかった。

『幾何学原本』は、中国での出版後、80 年も経過していたが、ニュートンは、『原本』の公理－演繹体系と幾何学法に基づいて、1683 年に偉大なる名著、『自然哲学の数学的原理』を完成させ、近代科学で初めての理論の総合化を完成させた。

ニュートンの『原理』が、世に問われてから、170 年余りの後の 1859 年に、李善蘭とジョセフ・エドキン（Joseph Edkin、イギリス人宣教師、1823〜1905）により共訳された『重学（Mechanics）』の中で、初めてニュートンの 3 法則が中国に紹介されたのである。

李善蘭はまた、『自然哲学の数学的原理』を翻訳しようとしたが、未完成に終わり、出版されなかった。

なぜ『幾何学原本』は、中国とヨーロッパ諸国で、同じではない 2 つの結果を生み出したのであろうか。そしてさらに、『原本』は、ヨーロッパでなぜ、17 世紀になって初めて科学に対して著しい影響を及ぼしたのであろうか。

これもまた、深く掘り下げて研究する価値のある問題であった。

3．康熙帝・ルイ 14 世・ピョートル 1 世の比較

康熙帝、すなわち、清朝聖祖愛新覚羅・玄燁（1654〜1722）は、中国で在位期間が 1 番長かった皇帝であるが、彼は自然科学を熱愛し、科学の発展に最も貢献した皇帝の 1 人であった。

彼がヨーロッパ諸国の科学に接触していた時期に、直ちにヨーロッパ諸国のイエズス会士に科学に関する書籍を満語と漢語に翻訳させ、また宮殿の中で学

術講演もさせている。

　康熙帝は、ユークリッド（欧几里得、Euclid、紀元前300年頃のギリシアの数学者で、『幾何学原本』13巻を著してギリシア数学を集大成し、幾何学を証明的学問にした。）幾何学、測量、天文、物理、化学、解剖学、医学および哲学等の科目を習得し、また宮殿の中に化学や薬学の実験室ももっていた。

　康熙帝の指導の下で、ヨーロッパ諸国の宣教師は、中国人学者と共同で『康熙永年暦』を公布し、『数理精蘊』等の著書も編纂し、中国全土の地形を測量して全国地図を完成させ、さらにダムの築造時に、自ら儀器を用いて測量し、方位の測定もしたのである。

　しかしながら、近代科学の役割に対してはこれだけに限定し、近代科学を宮殿の大門から流出させず、一般社会へは浸透させなかった。

　我々は、このような朝廷個人の科学好きにより、逆に科学を社会に対する影響物として生み出せなかった現象を、「康熙現象」と呼んでいる。

　この現象は、さらに康熙帝の孫である乾隆帝（愛新覚羅・弘暦、1736～1795）にも受け継がれ、これは本当に中国の人々を深く考え込ませる問題であった。

　康熙帝は、程朱里学（中国宋代の1つの学派の理論で、客観的唯心主義を主張。程顥、程頤から始まり、朱熹によって完成され、宋代以後の歴代の封建王朝に崇拝された。）を崇拝し、推賞して科挙制を維持、保護し、全国に義塾の設立を主張する一方で、もう一方では依然として四書・五経も唱道していた。それゆえに、康熙帝と同時代のフランス王のルイ14世やロシアのピョートル1世大帝等による科学技術やその社会的役割を唱道するヨーロッパ諸国の帝国君主とは、比較することさえ無駄であった。

　康熙帝の在位期間中に、丁度、ヨーロッパ諸国に初めての科学革命が発生し、自然科学の全面的な変革の黄金時代が開始されたが、ヨーロッパ諸国の科学は、急速に間断なく世界の他の国々や中国へも伝播して行った。

　イギリスと比較して遅れをとったヨーロッパ大陸の国家は、中興の道を相継いで歩み始めていた。

　康熙帝の幼年8歳の即位に似たように、フランス国王のルイ14世（1638～1715）は5歳で即位し、1661年の親政後、君主専制支配を実行し、重商主義を推進させ、手工業による工場を保護し、資本主義的商・工業の発展を奨励したが、その間、皇家科学院の建立やイギリスの先進的科学技術の学習と応用を唱道し、これは後来のフランス思想解放の啓蒙運動を引き起こし、封建

王朝自体の転覆をももたらしたにもかかわらず、反対に、フランスがイギリスの後を継ぎ、世界の科学活動の中心になる（1780～1840）ための基礎を固めることになったのである。

　康熙帝が、奥深い宮殿でヨーロッパ諸国の科学を習得している時、同時代のロシアのツアー大帝は、変名して自ら西ヨーロッパをおよそ2年間（1697～1698）、視察したのである。

　ピョートル大帝（1672～1725）は、執政後の2年目に、変名して使節代表団と共に西ヨーロッパを訪問し、イギリス、オランダおよびオーストリア等の諸国の政治、経済、軍事、科学技術および文化等の視察を全面的に実施し、さまざまな専門家を召聘してその数は1,000人にも達し、帰国後、全面的な改革を実行し、冶金、紡績、製革および造船等の工業を発展させ、商人に投資して開鉱や工場の経営を奨励し、外国の技術者や専門家を招聘して外国人にロシアでの投資や工場の経営も許可し、さらにまた科学院の創立や学校、病院および劇場等の科学教育や文化事業の経営も実行し、立ち遅れていた封建ロシアを資本主義的工業化の道に誘導したのであった。

　ピョートル大帝の前、ロシアの軍事力は中国に劣っており、その拡張的野心と侵略行為は、康熙帝の大軍による辺境守備の抵抗を受けていた。

　その後、ロシアが日増しに強化される一方で、中国は徐々に衰退し、広大な面積の国土をロシアに割譲されることになった。

　フランスとロシアの2人の国王は、すべての封建貴族階級の支配を維持していたとは言え、封建社会の中から芽生えた資本主義のすべての代表とされた新興資産階級の利益も反映させていた。

　しかしながら、康熙帝は、中華民族の統一を維持し、保護したけれども、遅れをとった遊牧民族の封建貴族階級の利益を主として支えたのである。

　彼は同時に、中学と西学が対面するようになった時、反対に、主要なものは宋明理学（宋代と明代の唯心主義的哲学思想、すなわち、宋代から宇宙の本体やその現象の説を唱えた哲学であり、程朱理学とも呼ばれている。）の中から治国方略を捜し求めていた。

　これこそが彼の民族と階級に対する限界であったと言えなくもない。

　所謂、康熙帝と乾隆帝の盛んな時期に、中国は科学技術の発展や近代工業化の実現にとって初めての機会を失ってしまい、この時期が中国の栄枯盛衰の転換点となったのである。

4．中・日近代科学技術発展の比較

中国と日本は、ヨーロッパの近代科学技術との接触や導入がほとんど同一時期であり、また時期と段階もほとんど接近しており、そしてさらにその期間中、数回の閉関鎖国により阻止していた状況も非常に似ていたが、最後の結末は、反対に、全く相違することになった。

この事に関して1つの比較の試みは、非常に有意義なことであると考える。

ポルトガル人が、中国船に乗って日本に鉄砲を伝えた1543年に、近代科学を伝えるコペルニクスの『天体運行論』が世に問われていた。

40年後、マテオ・リッチが『幾何学原本』等の科学書をもって中国へやって来た1582年前後は、丁度、ガリレオが近代的実験物理を開拓した時期である。

この2つの事件は、特別な象徴性をもっていたのである。すなわち、中国と日本は、西学を全く異なる方法で導入していたのである。つまり、中国は、まず生産とは遠くかけ離れた数学や物理を導入したが、日本は、現実の生産に関連する技術を導入したのである。

5．中体西用と和魂洋才の比較

中日両国の西学導入の主導思想と主導方針は、著しく異なっていた。

張之洞が唱導した「中学を体とし、西学を用とする」とは、封建的専制支配を維持し、儒学を主体としてヨーロッパ諸国の技術の長所を採用して、中学の短所を補うものであった。すなわち、「中学は内学と外学を含み、中学は心身を治すが、西学は世間の俗事を処理し」、そして「中国の学術は精微であり、綱常名教および経典大法に備わっていないものはないけれども、ヨーロッパ人の製造に関わる長所をとって中国の不足を補う」、というものであった。

ヨーロッパ諸国の技術設備を導入しても、近代科学技術と相互に適応し合ったり、相互に補完し合う体制や機構は欠けており、ただただ格好だけを整える状況であり、消化したり、吸収したりすることはなく、その結果として、中国では工業革命が発生しなかったのであった。

日本は、外国の物を学習してそれを日本化させるという長い伝統をもっており、「和魂漢才」や「和魂蘭才」から「和魂洋才」まで、すべて1つの精神により貫かれており、外国の経世済民の才を用いて、日本の大和民族の魂を強化したのであった。

ヨーロッパ諸国の科学技術、才能および学問を導入すると同時に、またそれに相応しい社会化された科学技術制度の設立も導入したのである。

日本は、導入したヨーロッパ諸国の科学技術を消化し、吸収して、全体的な創新も加えて、東方で初めて比較的に早く工業革命を成し遂げ、近代化や工業化を実現させたのであった。

中国と日本のこの 2 つの、一見すると似ているけれども、実質は全く反対に、極めて異なった考え方が、両国の科学技術の導入に対する結果にどのような役割を果たしたかということに関して、もう少しさらに深く比較研究することは、非常に意義深いことであると考える。

6．洋務運動と明治維新の比較

これらはそれぞれ、中日両国の近代化、工業化の起点であったが、反対に全く異なる 2 種類の結果をもたらし、1894 年の日清戦争（甲午戦争）の勝敗が、洋務運動の失敗と維新変法の成功を宣告していたのである。

実際、それは封建社会の失敗と資本主義の勝利でもあった。

日本の明治維新の成功の原因は、徳川幕府の封建制を覆したところにあり、基本的に日本の特徴である君主立憲制が実施され、ヨーロッパ諸国の金融制度、教育制度および科学技術が導入されて、それらの社会的確立が達成され、資本形成、科学技術の人材および科学技術知識といういくつかの方面から、大々的にヨーロッパ諸国の技術が導入され、それらを消化、吸収して工業化推進の条件を創造したのであった。

中国と比較すれば、天朝大国による古いしきたりに閉じ籠もって進歩を求めず、中体西用の信条を死守し、ヨーロッパ諸国の技術的装備は導入したけれども、反対にそれを動かす技術的人材や消化、吸収できる科学技術制度の確立には欠けていたのである。

19 世紀末まで継続的に、中国は列強諸国による侵略戦争に敗北して初めて、近代的科学教育制度や科学技術制度の設立を導入し始め、科挙制を廃止したが、これは日本に比べておよそ 50 年も遅れていたのである。

なぜ洋務運動は、中国に工業革命を発生させず、反対に日本は東洋で 1 番最初の工業革命を実現させた国家となったのか、これは当時の中国の人々を確実に深く考え込ませることになったが、この問題は、さらに深く掘り下げて研究する価値があると私は考えている。

ヨーロッパの列強諸国による侵略的脅威の下で、中国も日本も両国ともに、近代科学の発展や立ち遅れを抜け出す同じ機会を有し、さらに中国は日本と比較して、もっと早くその機会を摑むこともできれば、もっと大きな有利性も有

していたにもかかわらず、反対に中国はその機会を摑むことができず、一方の日本は、西学に接触して、その導入が中国よりも多少遅かったにもかかわらず、その機会を摑んで速やかにのし上がっていったのである。

　中国、日本およびヨーロッパとの比較から示されたように、そもそも科学や技術が立ち遅れていたフランス、ロシアおよび日本が速やかにのし上がり、結局、立ち遅れていた国々が先を越し、中国人の我々に巨大な啓発を与えたのである。

　各国の国情はそれぞれ異なっていても、先行国との距離が甚だしく大きなものであっても、相互の差は桃と梨の差では絶対になかったし、鶏と家鴨の違いでもなく、すべての国が発展の内在的同一性を有しており、すべての国に光輝く未来があると考える。

　今日の中国は、そのような状況ではないだろうか。

第10章 近代科学技術と経済との関係からみた中日比較研究

付表1　中国、日本およびヨーロッパの科学技術発展の主な事項の比較

年	ヨーロッパ	年	中　　国	年	日　　本
1543	コペルニクス革命	1582	マテオ・リッチ中国に到着、月蝕の観察	1543	鉄砲伝来
1583	ガリレイ、運動を論じる	1590	李時珍：『本草綱目』	1590	活字印刷導入
1600	ブルーノ焚殺	1600	マテオ・リッチ北京に入り、万国図を献上		西洋航海術
1638	ガリレイ：『力学の対話』		幾何、天工、農政	1627	和算新興
1642	ニュートン誕生	1644	清王朝海禁（閉関鎖国）	1639	鎖国令
1669	ニュートン、微積分発明		暦解禁	1696	『農業全書』、『大和本草』
1687	ニュートン：『原理』	1674	全域地図、火砲鋳造	1720	洋書解禁、洋学新興
1755	星雲説	1736	鉱山開拓奨励、図書集成	1800	日本全土測量
1765	紡織機械・蒸気機関		火砲、軍艦製造	1839	洋書審査批准
	工業革命	1840	アヘン戦争	1853	アメリカ軍艦、下関を砲撃
1858	ダーウィンの進化論		物理、微積分導入	1868	明治維新、舎密局（化学局）
1864	電磁理論	1861	法典を借り、自分を強め、洋務を盛んに営む	1877	東京大学、学会、電話
	ジーメンス社・モーター		同文館、洋砲局	1889	東京－京都鉄道開通
1895	X線、放射性、電子	1895	北洋大学、馬関条約	1894	日清戦争、国産機関車製造開始（1893）
1900	量子論　無線通信機	1900	八ヶ国連合軍中国侵略	1900	東京工業試験所
1905	相対論、飛行機	1905	科挙制度廃止、学堂新興	1911	工業革命完成
	電子管	1911	辛亥革命、地学会	1931	中国侵略戦争
1938	ウラン原子核分裂		科学社、中央研究院	1935	湯川中間子論
1945	原子爆弾、コンピュータ	1949	新中国成立	1945	敗戦降伏
1953	分子生物学革命		中国科学院成立	1949	湯川、ノーベル賞を獲得

（出所）　湯浅光朝『科学文化史年表解説』（北京：科学普及出版社、1984年）より整理して引用。

付表2　中国、日本およびヨーロッパの近代科学技術発展の主な特徴の比較

	1682年～1840年 西学東漸初期	1840年～1895年 洋務運動期	1895年～1949年 快速導入期	1949年～ 自主発展期
中国	①西学が緩やかに散らばって伝播 ②中学も平行して発展 ③社会による消極的抑制 ④封建的土地制度下では、自然経済の生産方式には科学の応用が困難	①技術装備の積極的導入 ②官営の軍事工業の発展 ③工業化の開始 ④近代科学の制度建立の不足 ⑤工業革命の発生に失敗	①ヨーロッパ諸国の教育制度の導入 ②初めて近代科学の社会制度の建立 ③私人による資本主義工業の発展は、すでに日本に半世紀余りの立ち遅れ	①独立自主を中心とした科学技術の発展 ②初めて研究開発体系、現代教育体系および工業体系の成立 ③「左」による政策への妨害行為の発生
	1543年～1868年 技術の伝播期	1868年～1895年 明治維新期	1895年～1945年 軍事工業期	1945年～ 高度成長期
日本	①鉄砲伝来 ②蘭学移入 ③儒学導入 ④封建制度と鎖国政策による障害 ⑤西学の中国からの間接的導入から直接的導入への転換	ヨーロッパ諸国の法律制度、銀行制度、教育制度、科学技術制度の建立およびヨーロッパ諸国の科学や軍事技術を大量に導入して資本主義工業化の道を推進	①軍事工業主導の工業技術体系の建立と工業革命の完成 ②世界の主流的地位を確保して技術を導入し、吸収して技術的基礎を建立	教育立国、技術立国および貿易立国を実行し、速やかなる経済の回復、産業構造の知識化を推進して世界第2位の経済大国の実現に成功
	1543年～1755年 第1次科学革命	1755年～1895年 第2次科学革命	1895年～1953年 第3次科学革命	1953年～ 第4次科学革命
ヨーロッパ	①理論と実験に結び付いた近代科学 ②科学と資本主義的生産方式の相互転換の創出 ③第1次の技術革命と工業革命の発生	①自然科学の全面的変革 ②科学の技術への転換の加速化 ③電磁気理論による電気技術中心の第2次技術革命と産業革命の発生	①科学が物質構成の両極に展開して発展し、ミクロ的物理学革命と宇宙学革命の発生 ②統制論とコンピュータによる智力開放の実現	分子生物学革命、凝聚態物理学革命およびミクロエレクトロニクス技術・情報技術革命による深刻な人類の生産、生活および思惟方式の変化

付表3　1840年～1919年に調印された中国の不平等条約の総数（709項目）

国別	条約数	国別	条約数	国別	条約数
1．イギリス	163	6．アメリカ	41	10．オランダ	5
2．日本	153	7．ベルギー	26	11．オーストリア	5
3．ロシア	104	8．ポルトガル	13	12．スペイン	4
4．フランス	73	9．イタリア	7	その他の国家	68
5．ドイツ	47	総　　　計			709

（出所）　石培華等『歴史と国情』（上海人民出版社、1992年）より作成。

第10章　近代科学技術と経済との関係からみた中日比較研究　　309

〔註〕
(1) 日本経済新聞、2002年1月13日付朝刊。
(2) 今堀〔31〕のp.157を見よ。私見であるが錯覚を、古いつながりからもたらされる歴史的錯覚と、地理的に近いことより生ずる地理的錯覚および人種的錯覚、文化的錯覚などのように分類してみると種々の問題がうまく整理される。なお、陸井〔32〕も同じような指摘をしている。〔32〕のpp.21〜22をみよ。
(3) 野村〔22〕のp.52参照。
(4) 野村〔23〕のp.38を見よ。
(5) 貝塚〔24〕のp.316からの引用。なお、貝塚氏は中国崇拝を自認しながらも、一方で日本文化に対する自信もまた示している。〔24〕のpp.362〜367を参照せよ。
(6) バターフィールド〔13〕のp.6参照。
(7) 知ろうと努力しても、一般的に社会主義国家特有の閉鎖性がつねに障害となりうるわけであるが、とくに旧ソ連のような、いわゆる"Potemkin Village Strategy"的要素が、中国の場合、かなりとり除かれてきており、われわれとしては、さらにそのような方向を大いに期待している。ここで注意しなければならないことは、"Potemkin Village Strategy"的要素は社会主義国家固有の戦略と誤解されることであり、これは劣等国家が優等国家に対してとる一つの戦略であり、決して固有の戦略などではなく、資本主義国家、あるいはその他の特殊な国家であれ、劣等であればそれを隠そうとしてとりうる戦略だということである。
(8) 津田〔25〕のpp.202〜317を参照。その中で彼は、日本の文化を東洋文化に含めることに反対し、同文同種についても異議を唱えているが、結論に対しては同意できるものの、部分的にみられるその偏見的理由こそが問題であることは指摘するまでもなかろう。家永氏は、戦前の津田の中国蔑視は、その他の明治期の人々と同様に日本の進歩を妨げる前近代的思想の有力なる一つとして支那思想を考えたところから由来し、中国蔑視が、もっぱら観念的世界の問題とされていると同時に、日本の前近代的なものへの勇敢なる戦いの武器になるという論理的関連の想起の必要性を指摘している。詳細は家永〔33〕のp.455をみよ。なお、結論に関しては溝口〔43〕のpp.19〜38にも、消極的ではあるが同じような指摘がみられる。
(9) 和辻〔27〕のp.255からの引用。
(10) 福沢〔30〕のpp.325〜326をみよ。
(11) 津田〔25〕と〔26〕をみよ。ここで特に注意すべき点は、一般にきわめて強い偏見の代表者として津田氏はよく例に出されるが、ただそれのみが強調されるばかりで、鋭敏なる思想家としての分析の評価が不足していることである。たとえば、われわれと共通する基本的態度をも示している。すなわち、「このことは、シナ思想がシナの特殊の政治形態、特殊の社会組織、またシナ人の特殊の生活、特殊の心理を離れては意味の甚だ少ないものであることを示すものである」と。詳細は

津田〔26〕のpp.202〜203を参照のこと。
(12)アドラー〔11〕の序文をみよ。
(13)フェアバンク〔5〕のpp.183〜190を参照。好意的偏見の代表者としては〔8〕のバックがあげられよう。
(14)エクスタイン〔10〕のpp.3〜36を参照せよ。
(15)対中国観でよく例証される「没法子論」でも同じようなことが言えるだろう。すなわち、好意的にみれば、天の思想からもたらされた運命に対する不動の精神と深部に秘められた、たくましいエネルギーと解釈され、悪意的にみれば、無気力と結びつけられるのである。なお「没法子論」からの考察については、尾藤〔34〕pp.322〜325を参照せよ。
(16)アーサー・ミラー〔9〕のp.1を見よ。
(17)ミラー〔9〕のpp.1〜2。
(18)根岸〔18〕のpp.6〜7を見よ。
(19)チョン・スー・シー〔21〕のp.125を見よ。
(20)同上のpp.126〜128を見よ。
(21)朝日新聞1995年4月5日付夕刊。
(22)同上。
(23)ニーダム〔4〕のpp.24〜25および〔3〕のpp.149〜150を見よ。
(24)バック〔8〕を見よ。
(25)チョン・スー・シー〔44〕を見よ。
(26)林語堂〔16〕と〔17〕を見よ。
(27)根岸〔18〕のpp.6〜7を見よ。
(28)大辞林〔36〕のp.539より引用。
(29)ブラーシュ〔6〕のp.53をみよ。
(30)詳細は和辻〔27〕のpp.24〜120を参照。
(31)日本では、一般的にこの両者は「中華思想」と「天の思想」と呼ばれているが、大連理工大学人文社会科学学院院長の刘則渊先生の指摘を受け入れて、ひとまず「中国中心論」と「天命論」という言葉に変えている点に注意して頂きたい。
(32)津田〔25〕にも同じような指摘が見られる。津田〔25〕のp.202をみよ。
(33)この分類は岡田〔29〕によっている。詳細は岡田〔29〕のpp.115〜124をみよ。
(34)林語堂〔17〕のp.52をみよ。
(35)同上〔17〕のp.71をみよ。
(36)同上〔17〕のp.282をみよ。
(37)ラング〔15〕のp.13をみよ。
(38)中村〔28〕のpp.202〜203を引用。
(39)中村〔28〕のpp.203〜204を参照せよ。

第 10 章　近代科学技術と経済との関係からみた中日比較研究　　　　　　　311

(40)毛沢東〔37〕の p.103 をみよ。
(41)毛沢東〔37〕の p.103 をみよ。
(42)ケインズ〔35〕の pp. 2 ～ 4 を参照。
(43)呉承明〔19〕で、中国の企業の考え方として、古くから中国では、規模の大小にかかわらず 1 つの工場が生産の全過程を備えておるべきであるとの思想があり、これが商品経済および市場の役割を無視あるいは軽視することになり、結果として、商品不足や供給不足を発生させていると述べている。p. 7 参照。
(44)毛沢東〔37〕の p.105 をみよ。
(45)中国では、このような極端な精神主義を示すスローガンが、いつの時代にも、かず多く見受けられ、その例には枚挙のいとまがないが、80 年代にも、広義の「独立自主・自力更生」政策の行き過ぎを戒めるかのように、文革期に叫ばれた「興無滅資」の風が生じていた。詳細は、〔38〕の 8 月号、p.57 参照。
(46)ブルッキングス研究所のバーネット博士は、中国の近代化の動き自体に、1949 年の革命以来、最大の中国の転換点との評価をくだし、ある程度の調整はおこなわれたとしても、今後、中国は独自の市場社会主義（マーケット・ソーシャリズム）の道を歩み、1976 年以前の中国に逆戻りすることはなかろうと述べている。詳細は、〔12〕の 11 月号、p.20 参照。
(47)中国で外国貿易が発展しなかった具体的理由として、エクスタインは、強烈な内陸志向をあげている。すなわち、近隣のどの国よりも大きな省が 6 つもあり、中国の貿易は、依然、国内市場志向型で、海外には向けられなかったのであり、今日に至るまで、中国経済を特徴づけてきたというのである。エクスタイン〔7〕pp. 3 ～ 8 をみよ。
(48)エクスタイン〔7〕p. 6 をみよ。
(49)同じようなことが、〔17〕の p. 2 にも見られる。
(50)エクスタイン〔7〕の p. 4 をみよ。
(51)この条約は、1980 年 4 月 10 日に廃棄されている。
(52)毛沢東〔39〕の「人民民主主義独裁について」の中に、この主張が見られる。すなわち、「一辺倒、これは孫中山の 40 年の経験と、共産党の 28 年の経験がわれわれに教えるところであり、勝利に到達し、勝利をかためようとすれば、どうしても一辺倒でなければならないことをふかく知ったのである。40 年間と 28 年間の経験からして、中国人は、帝国主義一辺倒か社会主義一辺倒かのどちらかであり、ぜったいに例外はないのである。二股膏薬は通用せず、第 3 の道はない。われわれは帝国主義一辺倒の蒋介石反動派に反対するし、第 3 の道についての幻想にも反対する。」と。詳細は毛沢東〔39〕の p.464 をみよ。
(53)これは平均主義と、さらに物を徴発して移動させてしまうことである。たとえば、食糧を生産すれば、それを必要であるからといって持って行き、生産手段も勝手

に本人達の承諾も得ずに、必要な所に移動させてしまうやり方を指している。呉承明〔20〕の pp.8～9 をみよ。

(54) 1957 年 7 月の英国によるチンコム（1952 年にココム委員会で決定された中国だけを対象にしたココムの 2 倍のきびしい内容をもった中国委員会）廃止の決定により、中国に対し寛大な政策をとるポンド圏への接触が始められたのである。

(55) クラットは、中国貿易が輸出面では香港、日本の順であるが、輸入面では日本、西ドイツと続き、最近の中米接近を考慮して、アメリカ、日本および西ドイツの間の競争が激化することを予想していたが、中日貿易の今後の大きな問題点として、このバランスの問題が前面に出てきたことは周知の通りである。詳細は、クラット〔42〕の pp.134～135 参照。

(56) 北京周報〔40〕の 1981 年第 6 号によれば、「「独立自主・自力更生」を前提とした対外開放の経済政策、反覇権主義、世界平和擁護の対外政策なども変わりはしない」と述べられ、また〔40〕の 1981 年第 8 号によれば、中国の対外経済貿易活動について、中国は国際市場における交流、外国との経済技術協力を通じて、さらに国内の生産能力を伸ばし、国内市場を活発にし、国民経済の弱い環を強化し、自力更生の能力を増強することができると述べられている。詳細は〔40〕の p.21 と p.29 を参照せよ。

(57) 詳しくは拙著〔41〕の pp.47～48 をみよ。

(58) 範岱年「中国近代科学立ち遅れの原因に関する討論」、http://www.cuhk.edu.hk/ics/21c/issue/article/970922ghlm.

(59) 江暁原「中国人民に誤解されたニーダム」、『自然辯証法通迅』、2001 年 1 月号。

(60) 呉国盛「世紀の交わりの転換を論じる」、『科学』、1999 年 3 月号。この中で呉氏は、「ニーダムパズルが意義のあるものとは言い難い。もしも誰かになぜ梨の木に桃が実らないのかと聞かれた場合、人々はこれが 1 つの有意義な問題であるとは認め難いであろう」と述べている。

(61) 田松「鶏と鴨とニーダム——ニーダム問題の言語環境に対する分析」、http://jp.sjtu.edu.cn/shep/index.html.2001 年 2 月 5 日。この中で田氏は、「ニーダム問題には、やや怪しい所があり、これはなぜ鶏の卵から鴨が孵化しないのかという問題と似ている。答は、鶏の卵は鴨の卵ではないということである」と述べている。

(62) 袁幼鳴「ニーダムパズルは偽りの問題か？」、『南方周末』、2001 年 5 月 30 日。このコラム訪問の中で江暁原氏は、「ニーダムが言うように中国の科学技術には、非常に長い間、世界をリードする状況が存在し、その結果として、かなり大幅なフィクションになってしまった。——事実上、欧米諸国の人々は、他の道を歩いていた。その後に従っていく人がいなかった場合、中国の『リード』とは、どのように説明すればいいのだろうか。これが 1 人は東に向かって行き、もう 1 人は南に向かって行くという比喩であり、この場合、南に向かう人が遅れるとか、また

東に向かって行く人が先んじるとかということは言えないのではないか」と述べている。

(63)潘吉星主編『ニーダム論文集：科学と世界に対する中国の影響（1964年）』、遼寧科学技術出版社（沈陽）、1986年。

(64)アンガス・マディソン（Angus Madison）『中国経済の長遠の未来』、新華出版社、1999年の pp.32〜58 を見よ。

(65)金観涛・樊洪業・劉青峰『文化的背景と科学技術の結合の変遷——問題と方法集撰——』、上海人民出版社、1986年の P.168 を見よ。

(66)杜石然等編著『中国科学技術史稿（下）』、北京科学出版社、1982年。

(67)潘吉星主編『ニーダム論文集：ヨーロッパと中国の役割（1967年）』、遼寧科学技術出版社、瀋陽、1986年。

(68)湯浅光朝著『科学文化史年表解説』、科学普及出版社、北京、1984年。

(69)楊振寧「科学技術発展の歴史と最近の数十年の科学技術の発展と経済発展の関係」、『今日東方』創刊号、香港、1997年。

(70)註(67)と同じ。

(71)アインシュタイン「J.E.スヴェルへの手紙（1953年）」、『アインシュタイン論文集』第1巻、商務印書館、1977年。

(72)江沢民「全民族の科学素質を高めよう！（1999年12月23日）」、『論科学技術』、p.177、（北京）、中央文献出版社、2000年。

(73)マルクス『機械。自然諸力と科学の応用』、北京、人民出版社、1976年の p.67。

(74)(73)と同一。

(75)マルクス『機械。自然諸力と科学の応用』、北京、人民出版社、1976年の pp.206〜208。

(76)註(75)と同一の pp.206〜207。

(77)江沢民「全民族の科学的素質を高めよう！（1999年12月23日）」、『論科学技術』、北京、中央文献出版社、2000年の pp.176〜177 を見よ。

(78)1901年の6月に「辛丑条約」12条が締結され、その第6条に賠償金支払い相手国としてロシア、ドイツ、フランス、イギリス、日本、アメリカ、イタリアおよびオーストリア（俄、徳、法、英、日、美、意、奥）の8ヶ国とベルギー、オランダ、スペイン、ポルトガル、スイスおよびノルウェー（比、荷、西、葡、瑞、挪）の6ヶ国が並び、これは「庚子賠款」と呼ばれた。

(79)アンガス・マディソン（Angus Madison）『中国経済の長遠の未来』、新華出版社、1999年。

(80)林毅夫「ニーダムパズル：工業革命はなぜ中国に起源しなかったのか？」、『制度、技術と中国農業発展』、上海、三联書店、1994年、pp.244〜278。

(81)杜石然等編著『中国科学技術史稿』下巻、北京、科学出版社、1982年より引用。

(82)(75)と同一の pp.223～224。
(83)(75)と同一の p.89。
(84)(75)と同一の pp.110～111。

参考文献

〔1〕Needham, J., '*Science and Civilization in China*, Volume I', Introductory orientation, The Syndics of Cambridge University Press, England, 1954.（礦波護、杉山二郎、脇本繁、田辺勝美共訳『中国の科学と文明』第1巻序編、思索社、1974年）

〔2〕Needham, J., '*Science and Civilization in China', Volume* II'、'*History of Scientific Thought*', The Syndics of Cambridge University Press, England, 1956.（吉川忠夫、佐藤保、木全徳雄、島尾康共訳『中国の科学と文明』第2巻思想史（上）、思索社、1974年）

〔3〕Needham, J., *Clerks and Craftsmen in China and the West, lectures and addresses on the history of science and technology*, Cambridge Univesity Press, 1970.（山田慶児訳『東と西の学者と工匠』（上）巻、河出書房新社、昭和49年）

〔4〕Needham, J., *Chinese Contribution to the World*, Kinseido, LTD., Tokyo, 1970.

〔5〕Fairbank, J.K., *China :The People's Middle Kingdom and U.S.A.*, Cambridge, 1967.（衛藤瀋吉訳『人民中国論』、読売新聞社、昭和45年）

〔6〕Paul Vidal de la Blache, *Principes de Humaine*, Publiés d'apres les manuscrits de I'Auteur par Emmanuel de Martonne. Armand Colin, Paris, 1922.（飯塚浩二訳『人文地理学原理』、岩波書店、昭和42年）

〔7〕Eckstein, A., *China's Economic Revolution*, Cambridge University Press, 1977.（石川滋監訳『中国の経済革命』、東京大学出版会、1980年）

〔8〕Buck, P.S., *China-Past and Present*, edited with Notes by T. Shirai, Shinozaki Shorin, 1979.

〔9〕Miller, A. & Morath, I., *Chinese Encounters*, edited with Notes by K. Yamaji, Shinozaki Shorin, 1980.

〔10〕Eckstein, A., Galenson, W. & Liu, T. (ed.), *Economic Trends in Communist China*, Aldine Publishing Co., Chicago, 1968.

〔11〕Adler, S., *The Chinese Economy*, Monthly Review Press, New York, 1957.（本橋渥訳『中国の経済』、岩波書店、1958年）

〔12〕Barnett, A.D., *Uncertain Passage :China's Transition to the Post-Mao Era*,

第10章　近代科学技術と経済との関係からみた中日比較研究　　　315

　　　　The Brookings Institution, 1974.（石川忠雄・山田辰雄共訳、『中国－毛沢東以
　　　　後への過渡期－』上巻、時事通信社、昭和58年）
〔13〕Butterfield, F., *China, Alive in the Bitter Sea*, Times Books, 1982.（佐藤亮
　　　　一訳『中国人』上巻、時事通信社、昭和58年）。
〔14〕同上書、『中国人』下巻。
〔15〕Olga Lang, *Chinese Family and Society*, Yale University Press, 1946.（小川
　　　　修訳『中国の家族と社会』I、岩波書店、1953年）
〔16〕林語堂『東西の国民性』（魚返善雄訳、増進堂、昭和21年）。
〔17〕林語堂『我国土、我国民』（新居格訳、豊文書院、昭和14年）。
〔18〕根岸佶『買辨制度の研究』（日本図書、昭和23年11月）。
〔19〕呉承明「中国の社会主義改造と現代化（I）」、『アジア経済旬報1150』、中国研
　　　　究所、1980年5月上旬号。
〔20〕呉承明「中国の社会主義改造と現代化（II）」、『アジア経済旬報1151』、中国研
　　　　究所、1980年5月中旬号。
〔21〕南亮進『中国の経済発展』、東洋経済新報社、1990年9月。
〔22〕野村浩一「日本と中国－日中問題の思想的課題」、『世界』第304号、pp.35～52、
　　　　岩波書店、1971年。
〔23〕野村浩一「中国革命と革命中国」、『世界』、第310号、pp.38～49、岩波書店、
　　　　1971年。
〔24〕貝塚茂樹『中国とは何か』、貝塚茂樹著作集第10巻、孫文と毛沢東、pp.
　　　　281～333、中央公論社、昭和53年。
〔25〕津田左右吉『シナ思想を語る』、津田左右吉全集第23巻、論叢（二）、pp.
　　　　451～453、昭和40年。
〔26〕同上書、津田左右吉全集第20巻、『歴史学と歴史教育』、pp.195～335、岩波書
　　　　店、昭和40年。
〔27〕和辻哲郎『モンスーン的風土の特殊形態』、和辻哲郎全集第8巻、風土、イタ
　　　　リア古寺巡礼、pp.121～169、岩波書店、1977年。
〔28〕中村元『比較思想論』、岩波書店、1960年。
〔29〕岡田武彦『中国と中国人』、啓学出版、昭和48年。
〔30〕福沢諭吉『本素世界づくし』、福沢諭吉集、pp.3～8、『唐人往来』、同書、pp.
　　　　325～330、筑摩書房、昭和52年。
〔31〕今堀誠二「中国革命と毛沢東選集」、『現代と思想』、季刊No.35、pp.156～177、
　　　　青木書店、1979年。
〔32〕陸井三郎「反革命世界戦略"デタント"と中国外交」、『現代と思想』、季刊
　　　　No.35、pp.20～57、青木書店、1979年。
〔33〕家永三郎『津田左右吉の思想史的研究』、岩波書店、昭和47年。

〔34〕尾藤正英編『日本文化と中国』、中国文化叢書第 10 巻、大修館書店、昭和 43 年。
〔35〕ケインズ（Keynes, J.M.,）*The End of Laissez-Faire & A Short View of Russia*, Kenkyusha Modern English Reders 27, Feb 1981.
〔36〕大辞林、三省堂、1989 年 3 月。
〔37〕同書編写組編、「『関於正確処理人民内部矛盾的問題』浅節」、上海人民出版社、1974 年 11 月。（坂元ひろ子訳、「毛沢東『人民内部の矛盾を正しく処理する問題について』入門」、長崎出版、1976 年 5 月。
〔38〕「80 年代の日中関係」、7、8、9、11、12 月号、ティ・エー・シー企画、1980 年。
〔39〕毛沢東著作選読編集委員会編、『毛沢東著作選読（甲種本）』、外文出版社、1967 年。
〔40〕「北京週報」、1980 年第 5、7、9、22、34、36、41、46、50 号および 1981 年第 1、4、10、14 号、北京週報社。
〔41〕拙著、「日中貿易論」、北九州貿易協会、昭和 56 年 6 月。
〔42〕Klatt, W., "China's New Economic Policy :A Statistical Appraisal", *The China Quarterly*, December 1979, Number 80, 1979, pp.716〜733.
〔43〕溝口雄三、「中国における公私概念の展望」、『思想』No.669、pp.19〜38、岩波書店、昭和 55 年。
〔44〕CHONG SU SEE, *The Foreign Trade of China*, AMS PRESS, New York, 1970.
〔45〕劉則淵「ニーダム逆説：近代科学技術はなぜ中国で一番最初に起源しなかったのか」（李鋒伝・劉志栄・坂元千曉・山下睦男共訳、九州国際大学経営経済論集第 10 巻第 1 号、第 2 号及び第 3 号、2003 年 7 月、12 月及び 2004 年 3 月）

〔執筆者略歴〕

山下　睦男（やました・むつお）

　1946年鹿児島県生まれ。69年北九州大学商学部卒業、79年神戸商科大学（現兵庫県立大学）大学院経済学研究科博士課程満期退学。86年9月～87年7月、93年8月～同年9月、2001年8月～2002年7月東北財経大学（中国）客員教授・客員研究員、92年同大名誉教授。現在、九州国際大学国際関係学部教授。専攻＝貿易論、日中経済論、中国経済論。

　著書に『日中貿易論』（北九州貿易協会、1981年）、『貿易論講義』（共著、北九州貿易協会、1985年）、『中日経済論研究序説』（葦書房、1990年）、『中国流通経済論』（葦書房、2000年、共著）など。訳書に『満鉄史』（葦書房、1999年、共訳）。

　アジア共生学会副会長、中国・登封市・嵩山・少林寺俗家弟子（法名・釈延睦）。

仙頭　佳樹（せんどう・よしき）

　1946年福岡県生まれ。69年北九州大学商学部卒業、76年神戸商科大学（現兵庫県立大学）大学院博士課程満期退学。現在、神戸市外国語大学外国語学部国際関係学科教授。主な著書に『貿易論講義』（共著、北九州貿易協会、1985年）、『あなたにもわかる国際経済論』（多賀出版、1991年）『最もやさしい国際経済学国際貿易・国際マクロ』（多賀出版、2003年）。

〔学会活動〕国際経済学会、日本経済学会、日本貿易学会、汎太平洋フォーラム（理事）、国際東アジア研究センター

国際貿易関係論講義
<small>こくさいぼうえきかんけいろんこうぎ</small>

2005年4月10日初版発行

著 者　山下 睦男、仙頭 佳樹

発 行　弦書房
〒810-0041　福岡市中央区大名2-2-43-301
TEL 092-726-9885　FAX 092-726-9886
E-mail：books@genshobo.com
http://genshobo.com/
印　刷　九州電算株式会社
製　本　篠原製本株式会社

Ⓒ Yamashita Mutsuo, Sendou Yoshiki
ISBN 4-902116-34-0

乱丁・落丁本はお取替え致します